TOKYO

47 都道府県ご当地文化百科

東京都

丸善出版 編

丸善出版

刊行によせて

　「47都道府県百科」シリーズは、2009年から刊行が開始された小百科シリーズである。さまざまな事象、名産、物産、地理の観点から、47都道府県それぞれの地域性をあぶりだし、比較しながら解説することを趣旨とし、2024年現在、既に40冊近くを数える。

　本シリーズは主に中学・高校の学校図書館や、各自治体の公共図書館、大学図書館を中心に、郷土資料として愛蔵いただいているようである。本シリーズがそもそもそのように、各地域間を比較できるレファレンスとして計画された、という点からは望ましいと思われるが、長年にわたり、それぞれの都道府県ごとにまとめたものもあれば、自分の住んでいる都道府県について、自宅の本棚におきやすいのに、という要望が編集部に多く寄せられたそうである。

　そこで、シリーズ開始から15年を数える2024年、その要望に応え、これまでに刊行した書籍の中から30タイトルを選び、47都道府県ごとに再構成し、手に取りやすい体裁で上梓しよう、というのが本シリーズの趣旨だそうである。

　各都道府県ごとにまとめられた本シリーズの目次は、まずそれぞれの都道府県の概要（知っておきたい基礎知識）を解説したうえで、次のように構成される（カギカッコ内は元となった既刊のタイトル）。

　Ⅰ　歴史の文化編
　「遺跡」「国宝 / 重要文化財」「城郭」「戦国大名」「名門 / 名家」
　「博物館」「名字」
　Ⅱ　食の文化編
　「米 / 雑穀」「こなもの」「くだもの」「魚食」「肉食」「地鶏」「汁

物」「伝統調味料」「発酵」「和菓子 / 郷土菓子」「乾物 / 干物」
Ⅲ　営みの文化編
「伝統行事」「寺社信仰」「伝統工芸」「民話」「妖怪伝承」「高校
野球」「やきもの」
Ⅳ　風景の文化編
「地名由来」「商店街」「花風景」「公園 / 庭園」「温泉」

　土地の過去から始まって、その土地と人によって生み出される食
文化に進み、その食を生み出す人の営みに焦点を当て、さらに人の
営みの舞台となる風景へと向かっていく、という体系を目論んだ構
成になっているようである。
　この目次構成は、一つの都道府県の特色理解と、郷土への関心に
つながる展開になっていることがうかがえる。また、手に取りやす
くなった本書は、それぞれの都道府県に旅するにあたって、ガイド
ブックと共に手元にあって、気になった風景や寺社、歴史に食べ物
といったその背景を探るのにも役立つことだろう。
＊　　　　＊　　　　＊
　さて、そもそも47都道府県、とは何なのだろうか。47都道府県
の地域性の比較を行うという本シリーズを再構成し、47都道府県
ごとに紹介する以上、この「刊行によせて」でそのことを少し触れ
ておく必要があるだろう。
　日本の古くからの地域区分といえば、「五畿七道と六十余州」と
呼ばれる、京都を中心に道沿いに区分された8つの地域と、66の「国」
ならびに2島に分かつ区分が長年にわたり用いられてきた。律令制
の時代に始まる地域区分は、平安時代の国司制度はもちろんのこと、
武家政権時代の国ごとの守護制度などにおいて（一部の広すぎる国、
例えば陸奥などの例外はあるとはいえ）長らく政治的な区分でも
あった。江戸時代以降、政治的区分としては「三百諸侯」とも称さ
れる大名家の領地区分が実効的なものとなるが、それでもなお、令
制国一国を領すると見なされた大名を「国持」と称するなど、この
区分は日本列島の人々の念頭に残り続けた。
　それが大きく変化するのは、明治維新からである。まず地方区分

は旧来のものにさらに「北海道」が加わり、平安時代以来の陸奥・出羽の広大な範囲が複数の「国」に分割される。政治上では、まずは京・大阪・東京の大都市である「府」、中央政府の管理下にある「県」、各大名家に統治権を返上させたものの当面存続する「藩」に分割された区分は、大名家所領を反映して飛び地が多く、中央集権のもとで中央政府の政策を地方に反映させることを目指した当時としては、極めて使いづらいものになっていた。そこで、まずはこれら藩が少し整理のうえ「県」に移行する。これがいわゆる「廃藩置県」である。これらの統合が順次進められ、時にあまりに統合しすぎて逆に非効率だと慌てつつ、1889年、ようやく1道3府43県という、現在の47の区分が確定。さらに第2次世界大戦中の1943年に東京府が「東京都」になり、これでようやく1都1道2府43県、すなわち「47都道府県」と言える状態になったのである。これが現在からおよそ80年前のことである。また、この間に地方もまとめ直され、京都を中心とみるのではなく複数のブロックで扱うことが多くなった。本シリーズで使っている区分で言えば、北海道・東北・関東・北陸・甲信・東海・近畿・中国・四国・九州及び沖縄の10地方区分だが、これは今も分け方が複数存在している。

　だいたいどのような地域区分にも言えることではあるのだが、地域区分は人が引いたものである以上、どこかで恣意的なものにはなる。一応1500年以上はある日本史において、この47都道府県という区分が定着したのはわずか80年前のことに過ぎない。かといって完全に人工的なものかと言われれば、現代の47都道府県の区分の多くが旧六十余州の境目とも微妙に合致して今も旧国名が使われることがあるという点でも、境目に自然地理的な山や川が良く用いられているという点でも、何より我々が出身地としてうっかり「○○県出身」と言ってしまう点を考えても（一部例外はあるともいうが）、それもまた否である。ひとたび生み出された地域区分は、使い続けていればそれなりの実態を持つようになるし、ましてや私たちの生活からそう簡単に逃れることはできないのである。

＊　　　　＊　　　　＊

　各都道府県ごとにまとめ直す、ということは、本シリーズにおい

ては「あえて」という枕詞がつくだろう。47都道府県を横断的に見てきたこれまでの既刊シリーズをいったん分解し、各都道府県ごとにまとめることで、私たちが「郷土性」と認識しているものがどのようにして構築されたのか、どのように認識しているのかを、複数のジャンルを横断することで見えてくるものがきっとあるであろう。もちろん、47都道府県すべての巻を購入して、とある県のあるジャンルと、別の県のあるジャンルを比較し、その類似性や違いを考えていくことも悪くない。あるいは、各巻ごとに精読し、県の中での違いを考えてみることも考えられるだろう。

　ともかくも、地域性を考察するということは、地域を再発見することでもある。我々が普段当たり前だと思っている地域性や郷土というものからいったん身を引きはがし、一歩引いて観察し、また戻ってくることでもある。有名な小説風に言えば、「行きて帰りし」である。

　本シリーズがそのような地域性を再発見する旅の一助となることを願いたい。

2024年5月吉日　　　　　　　　　　　　執筆者を代表して

　　　　　　　　　　　　　　　　　　　　森岡　　浩

目　　次

【注】本書は既刊シリーズを再構成して都道府県ごとにまとめたものであるため、記述内容はそれぞれの巻が刊行された年時点での情報となります

東京都

▌知っておきたい基礎知識▌

- 面積：2194km²
- 人口：1400万人（2024年速報値）
- 都庁所在地：新宿区
- 主要都市：千代田区、新宿区、台東区、品川区、世田谷区、町田市、府中市、調布市、八王子市
- 都の植物：ソメイヨシノ（花）、イチョウ（木）
- 都の動物：ユリカモメ（鳥）
- 該当する旧制国：東海道武蔵国（むさしのくに）（主要部）と下総国（しもうさのくに）（隅田川以東、但し1686年以降は全域が武蔵国）
- 該当する大名：徳川幕府（徳川氏）
- 農産品の名産：コマツナ、ウド、ナシ、キャベツなど
- 水産品の名産：カツオなど
- 製造品出荷額：8兆5千億円（2024年現在）

●都　章

太陽を図案化したものであり、1889年に旧東京市のマークとして制定された由緒正しいもの。イチョウ型のマークも有名だが、そちらは戦後に制定されたシンボルマークである。

●ランキング1位

・**新宿駅**　JR山手線と中央線、小田急線、京王線、地下鉄の新宿線と丸ノ内線などが乗り入れる新宿駅は、一日の乗降客数が全体で300万人を数えるとされる世界でも屈指の駅である。なお、JR東日本管内の駅乗降客数のランキングでは、次は池袋駅、さらに東京駅と続く。池袋も郊外電車のターミナル駅として知られており、東京への非常な通勤客の多さがうかがえる。

●地　勢

　南関東1都3県の一つであり、全国で最も人口が多い都道府県である。関東平野を形成する川のうち多摩川・隅田川(すみだがわ)・荒川の下流部に位置するが、その実は多摩丘陵に代表される低平ながらも多数の切れ込みを持つ緑の部分と隅田川による沖積平地(ちゅうせきへいち)にまたがって東京特別区の都市域が広がる。残る西側の多摩地区は、多摩川などが古くに形成した隆起扇状地を主体とした多摩丘陵からなる。

　海岸線は、かつては砂浜や遠浅(とおあさ)の干潟が広がっていたようだが、現在では該当する一帯がほぼすべて埋め立てられるなどした人工的な海岸となっている。また、羽田空港やお台場に代表される多数の人工島が現在でも埋め立てにより広がり続けている。唯一の例外として、伊豆半島沖からはるか南まで伸びる伊豆・小笠原諸島は火山島がほとんどであり、それによる岩がちな浜辺も見られる。

　山岳地帯としては甲武信ヶ岳(こぶしがたけ)を頂点にして、奥多摩地域に関東山地の比較的深い山並みが広がっている。観光地としては低山ながら高尾山も有名である。

●主要都市

・**千代田区・中央区・港区**　東京都の中でもさらに中心部、政府機関や大企業が集中する一帯。中央区には日本の道路の始まりたる道路元標がある日本橋、国会議事堂前の公園にある高さの基準たる水準原点など、「はかる」ことに関しても基準が存在する一帯である。

・**新宿区・渋谷区・豊島区**　東京市街地のやや山側、JR山手線が縦断する副都心と位置付けられる一帯。新宿にある都庁はその昔、上水の浄水場

があったところが再開発された一帯である。なお、いずれも東京郊外に向かう電車のターミナルであり、それゆえに人が集中し発達したという一面がある。

・**江東区・墨田区**　中心部を流れる隅田川の東側に広がる低平地。富岡八幡や向島といった江戸っぽさを感じる町がある地域としても有名だが、歴史上、江戸全体としては新開地である。ちなみに、この地域にある「両国橋」の由来は、かけられた当時は下総国と武蔵国の「両国」にまたがっていたことに由来する。

・**町田市**　ちょうど神奈川県に向かって入り込んでいることと、多摩地方が神奈川県から東京都に編入されたという歴史を持つために、周辺住民からさえ時折どちらの都県に所属しているのかがあいまいになる都市のひとつ。とはいえ、都市としての発展自体は八王子から横浜港に生糸を移出する道沿いに栄えた位置にあることが始まり、とほぼ確定している以上、この議論の発生はややしょうがないのかもしれない。

・**八王子市**　多摩川支流の浅川に沿って栄えた、多摩西部地方の中心都市。もともと山梨方面に抜ける交通の要所として、「八王子千人同心」という警護担当者が江戸時代より常駐する土地であった。また、織物が盛んなことでも実は有名で、「桑都（そうと）」の異称を持つ。

・**府中市**　武蔵国府がおかれたことに由来する古い歴史のある町。町の中心にある大國魂神社（おおくにたましんじゃ）は、源頼朝はじめ数多くの武将の保護を受けたことでも知られている。

・**立川市**　多摩地方の中ではかなり近代になって発達した都市であり、その由来は軍事施設の集中による。また、飛行場を擁したが故に、日本の飛行機産業の揺籃の地にもなった。現代でも米軍横田基地に近い。

●主要な国宝

・**東京国立博物館の所蔵物**　1872年に湯島聖堂に設立されたものを前身とする、国内最大級の博物館の一つ。仏像・刀剣・絵画などなど89点もの国宝を所蔵しており、定期的に公開もしている。また、本館の建物は1938年に建設された「帝冠様式」（洋風の建物に、東洋風の瓦屋根を乗せたもの）。別館の建物は1909年に明治初期の有名な外国人建築家コンドルの弟子によって、皇太子時代の大正天皇の成婚を記念した設計により建てられたものであり、東京という都市の近代が「帝国」と切り離しては語れないこと

を今に伝える証人でもある。

・迎賓館（赤坂離宮）　1909年に東宮（皇太子）御所として建設された、国内ほぼ唯一の西洋風宮殿建築。第二次大戦後、一時国会図書館の前身に使われるなどの変遷を経て、1974年から迎賓館として使用されるようになった。

●都の木秘話

・ソメイヨシノ　現在は豊島区となっている染井村で、江戸時代末期のころに開発されたという桜の代名詞。染井村は植木職人の集中する地域として江戸時代には知られていた。また、東京の桜の名所といえば上野公園や飛鳥山、隅田の堤が有名だが、いずれも今の樹種はともかくとして、品種開発以前からの名所である。

・イチョウ　中国伝来と伝えられる、黄葉の美しさで知られる木。東京都では街路樹に多く用いられており、神宮外苑などの並木が有名である。なお、東京都のシンボルマークはイチョウの葉を思わせる形状で有名だが、東京都の公式発表ではイチョウではなく、あくまでもＴの字の図案化とのことである。

●主な有名観光地

・皇居（江戸城）　皇居となったのは1869年からで、古くからの異称は「千代田城」。現代の千代田区の名前の由来にもなっている。吹上御苑の森を中心とした都市中心部の広大な森は、1937年以降、時の昭和天皇の意志により極力放置されるようになってから発達したものである。もちろん、江戸時代には城全体に石垣がめぐらされ、本丸御殿をはじめとした多数の建築物が広がっていた。

・小笠原諸島　東京から南へとはるかに1000km、世界自然遺産にも登録された固有種が豊富で自然豊かな島々。なお、島は大変長らく無人島で、最初の入植は1830年頃、それも欧米系やポリネシア系など多数のルーツを持つ人々が交錯するものであった。その人々は今も小笠原に暮らしている。

・銀　座　東京の中心部、日本橋の南側に広がっている日本屈指の繁華街。地名の由来は江戸時代に銀貨の製造を監督する役所があったことによる。日本橋は橋のたもとにある翼をもつ麒麟像でも有名な、日本の道路元標の所在地である。

・お台場　「臨海副都心」として急速に開発が進んだ埋立地だが、地名の由来は現在のお台場海浜公園などに残されている「台場」、つまり江戸時代末期に幕府が江戸市街地の防備のために海上主要航路に沿って建造した大砲の発射場に由来している。

・浅草寺　台東区の隅田川の少し西、「浅草の観音様」として知られる古刹である。古くから江戸の繁華街として栄えてきた一帯で、現在も有名な雷門や仲見世といった観光地に加え、江戸落語の定席（常に落語がやっている演芸場）の一つがある。

・渋谷・ハチ公前広場　東京西部の副都心の一つ、渋谷駅前にある通称「忠犬ハチ公」の像の前の広場。横断歩道が縦横斜めに走るスクランブル交差点は、テレビでの時報の中継、またワールドカップなどの度に人々が集うこともあって、東京を代表する景観の一つとして知られている。

・高尾山　ミシュランガイドにも紹介された、東京都を代表する低山。古くから天狗信仰で知られている。

●文　化

・天下祭　神田明神の神田祭と、日枝山王の山王祭という、江戸城にまで古くは山車の入城が許された二大大祭。神田明神は古くより平将門公を祀り、また市街地中心部に将門塚（斬首された将門公の首がここに鎮まったと伝えられる塚）もある。日枝山王は古く江戸の領主から崇敬を集めた神社で、徳川氏になってもその崇敬は継続した。

・江戸落語　日本国内の落語の2系統の一角。一人のみで高座に上がり、演じ分けつつ笑い話を語りとおすというその形式は、何回かの存続危機を経てなおも親しまれている。

・江戸切子　海外から江戸時代に移入されたガラスの製造技術が、色付きガラスの加工技術にまで発展したもの。東京の伝統工芸とされるものには、これ以外にも指物（小さな家具類）、銀器、表具、打刃物に染物などなど、都市的なものが多い。

・コミケ　「コミックマーケット」の通称。東京ビックサイトを中心に、100回以上を数える全国的な同人誌のイベントは、東京に存在するインフラとしてのイベントスペースや、アニメなどの市場を背景として成り立っている。東京にこれらが集積するのは、やはりテレビ・アニメ・出版社などの多くが集積する土地柄ゆえだろう。

●食べ物

・どぜう鍋　19世紀頃に発達した、ドジョウとごぼうを濃い汁で煮た料理。その前提となる汁の調味料たる醤油、特に野田（千葉県）などの濃口醤油はこの時代からそれまでの上方（関西）醤油に変わって急速に広まり、関東地方の現代の味付けへとつながっていった。

・江戸前寿司　酢飯と魚を合わせ握った料理。古くは今の数倍の大きさはあるファストフードとして始まったと伝えられているが、徐々に小さくなっていった。なお、江戸前とは文字通り「江戸の前の海」から、そこで取れた魚一般をさす。例えば古くは天ぷらも、魚介類のもののみを指したらしい。

・そ　ば　1700年前後ごろから、麺にして食べさせる形態が屋台を中心に江戸地域で広まった。この結果、現在では蕎麦とうどんを対比させるほど、東西間での好みの違いの代名詞になっている。なお実際のところ、関東地方は麦作地域でもあったので、うどんも当然食べられている（埼玉県狭山地方の肉うどんなどが有名）。

●歴　史

●古　代

　海進による海面上昇の名残で未だ浅海地や葭原（よしはら）も広がっていた東部はともかくとして、西部は特に多摩川を中心に豪族がいたようである。多摩川に沿って伸びる崖である国分寺崖線（こくぶんじがいせん）に沿っては湧き水も多く、この周辺では古墳も多数発見されている。武蔵国の国府は現在の府中市におかれ、この総社（令制国で国内の神々をまとめて祀った神社、国司が参拝した）に由来する大國魂神社は、現在でも府中の町の基礎となった神社として存続している。また、東部においても、徐々に後の東京湾の水運が重要になりつつあった。東京湾には隅田川（入間川）や多摩川が流れ込んでおり、沿岸から内陸に向かう重要水路の一角だったのである。例えば、現在も「浅草の観音様」として知られる浅草寺は628年に地域の漁民が偶然見つけた観音菩薩を祀ったことに始まるとされるが、この浅草にかなり早い段階から港があったことが推定されている。ほかにも、古くから重要だった港としては品川なども推定されている。

また、武蔵国は珍しく「七道」での区分が動いた国としても知られている。もともとは東山道に属しており、本道からは群馬県あたりで分岐する道が武蔵国府への往来に用いられていたが、771年に東海道に変更されたのである。

　とはいえ、全体的に台地が広がる武蔵国では、稲作よりも馬の放牧などが盛んで、これらを元にして、中世にかけて武士団が形成されていく。この武士団の一つから生まれた桓武平氏の一族が武蔵国の沿岸部にあるとある郷を支配していた。平安時代後期から呼ばれるようになったその郷の名を「江戸」と言い、彼らはそうして「江戸氏」を名乗るようになる。

● 中　世

　武家政権の時代が始まっても、武蔵のこのあたりにはいくつもの武士団が御家人として仕えて存続していた。やや変わった点としては、この一帯が鎌倉から見て北の守りとなったために、鎌倉から北に向かう主要道である「鎌倉街道」が整備されたことである。これらは後の時代にもその名で呼ばれ続けた。やがて、その鎌倉街道の一つが通過する分倍河原（府中市）で新田義貞と鎌倉幕府軍の戦いが起き、そうして鎌倉へとなだれ込んだ新田氏の軍勢が鎌倉幕府の滅亡をもたらすことになる。

　室町時代には江戸氏は徐々に勢力を縮小。豪族としては世田谷に本拠を構えた吉良氏が知られ、足利氏に血縁上近い一族でもあった。一方、後の江戸につながるという点で重要なのは、太田道灌が1457年に築城したと伝えられる江戸城である。すでに述べた通り、江戸周辺はこのころには既に周辺内陸部へと向かうための交通の要衝とみなされており、このころの江戸は関東地方の有力者である彼の元で大いに発展したと伝えられている。しかし、彼はその勢威を恐れた扇谷上杉氏の主君によって暗殺される。以降、江戸の記録は不明確とまでいかないまでも不分明とはなり、徳川家康が1590年に江戸城に入った際にはかなり荒廃していたと伝えられている（とはいえ、港としての機能がなくなったわけではないので、そこそこ栄えていたのではないか、という説はある）。

● 近　世

　徳川家の関東領国全域を差配する本城として改修が始まったはずの江戸城は、しかし、1600年関ヶ原の戦いで徳川家が天下人としての地位を獲得

したことを契機に、日本全土の政治的中心となる巨大な城へと急速に変貌をはじめる。全国の大名を手伝いに動員して、現代の巨大な江戸城と外堀内の城下町、また放射状に伸びる主要街道（東海道、中山道、奥州道中、甲州道中）が形成された。さらにこの都市は天下最大の都市かつ当時の世界でも有数の都市として拡大を続け、1818年に幕府として江戸の範囲（朱引とも）が示された際には、千住・板橋・内藤新宿・品川という五街道筋それぞれの最初の宿場町を取り込むほどの広がりを見せた。

　また、これにより郊外となった多摩地域は、それまで牧場などが広がっていた広大な武蔵野に、畑を中心とした新田開発が急速にすすめられた。これには多摩川から水を引いて江戸の上水道として建設された玉川上水をはじめ、野火止用水などの用水路が用いられた。その特徴的な短冊状の地割は現在も吉祥寺などを中心に残っている。また、古くからの湧水も忘れられたわけではなく、江戸への上水で最も古いとされる神田上水の水源は、その湧水の一つである井之頭池である。

　この、当時の世界の中でも特に大規模な都市地域となった江戸では、18世紀以降から独自の伝統文化が急速に発達する。すなわち、今も「江戸っ子」の代名詞で知られる美意識や、濃い目の味付けの料理などである。

● 近　代

　明治維新後、江戸は一時事実上の首都から転落しかける。一つの理由は都市の重要性を増していた三百諸侯の江戸参勤がなくなり、武家地から急速に人が減ったことであり、もう一つは新政府軍の東上に伴って、危うく江戸が総攻撃されそうになったことである。ただし結果的には、江戸は無血開城し、都市機能は存続。1868年に江戸を「東京」に改名する詔勅が明治天皇から発せられ、その翌年の1869年には、明治天皇が行幸してそのまま江戸城に入城。これ以降の江戸は名実ともに近代日本の首都東京としての歴史を歩むことになり、多数の都市改造が行われる。特に、関東大震災によって古い市街地の大半が炎上した後の道路拡幅、東京大空襲からの戦後復興は都市の外観を大きく変えることになった。

　戦後復興からの高度経済成長期にかけては、東京オリンピック（1964年）の開催に合わせて首都高速道路の整備や市内のスポーツ施設などの整備が行われ、また市内それ自体の復興に加えて郊外にも住宅地が広く、また高密度に拡大した。また、高度経済成長期に始まった高層ビルの建築は、現

在では東京各所に見られるものになっている。

　その東京都は、長年にわたり、東京の都市地域を管轄する「東京市」と周辺郡部を管轄する「東京府」が別個に存在する状態だった。また、東京府の管轄範囲も、1893年に多摩地方を編入するなど数回ほど変遷している。さらに都市化の拡大で、東京市の範囲も拡大。かつての江戸地域に相当する15区から、1932年に都市化がすすんでいた地域が編入されて35区に、さらに1943年にはその東京市の自治を抑え首都としての統制を強めるために郡部と市を管轄する「東京都」が設立された。この名残もあってか、戦後の1952年以降1975年まで各区の区長は直接選挙ではなく、議会が選出した候補者を都が承認するという制度になっていた。ようやく23区が他の市町村と同じ「基礎自治体」だと法律上も位置付けられたのは、2000年のことである。

　バブル期にかけて世界でも有数の金融上の中心地ともなった東京は、しかし、その後のバブル崩壊による不景気に襲われる。それでもなお現代に至るまで東京の開発は止まず、現代の東京は、政治・経済上の一極集中の弊害がたびたび指摘されつつも、東アジア地域における有数の大都市としての地位を未だ保っている。

【参考文献】
・加藤貴ほか『東京都の歴史』山川出版社、2010
・池　享ほか編『みる・よむ・あるく　東京の歴史』全10巻、吉川弘文館、2017-21

I

歴史の文化編

遺　跡

大森貝塚（深鉢型土器）

地域の特色　東京都は、日本列島の東西の接点にあり、関東地方南部に位置する。北は埼玉県、西は山梨県、西南は神奈川県、東南は東京湾に面する。東は江戸川を境に千葉県、北は荒川中流部を境として埼玉県に接する。西端には2,000ｍ級の関東山地があり、東に向かって武蔵野台地や多摩丘陵が続く。末端部で崖線を形成し、東京湾へ注ぐ荒川や古利根川などの形成した沖積低地となる。武蔵野台地北側は武蔵野層、南側は下末吉層を主体とする台地で、内陸部の湧水地付近に旧石器時代や縄文時代の遺跡が多く認められ、台地東縁には著名な大森貝塚（品川区）をはじめ、縄文時代の貝塚が多数分布する。弥生時代以降の遺跡は、中小河川流域の台地上に認められ、多摩川流域では古墳が点在する。都市開発の影響で都心部での調査件数が多く、主に近世以降の遺跡が大半を占める。一方、多摩地域では縄文時代を中心に先史時代の遺跡が残る。基本的に複数の時代にまたがる複合遺跡が多く、その種類はバラエティに富んでいる。

　古代においては、武蔵国の南半に相当する。国府は多磨郡に置かれた。939（天慶2）年には平将門が新皇を称し、この地も占領されたが、翌年藤原秀郷らに下総国猿島郡で討たれ、首塚（千代田区大手町）が今に残る。その後、いわゆる武蔵七党と呼ばれる武士団（横山・西・村山・野与・児玉・丹〈丹治〉・猪俣・私市・綴党）が活躍し、勢力を競った。中世以降は関東公方や実質的には関東管領が治め、関東管領・扇谷上杉氏の家宰太田資長（道灌）が古河公方足利成氏の進出を阻止するため、江戸城を築城した。その後は後北条氏が制圧し、支配した。

　豊臣秀吉による小田原征伐後の1590（天正18）年8月、徳川家康は江戸城に入った。家康・秀忠・家光の三代にわたり、大土木工事により江戸城を大城下町として整備され、現在の東京の骨格をかたちづくった。1653（承応2）年には玉川上水を開削、江戸への給水が実現するとともに、広大な

　凡例　史：国特別史跡・国史跡に指定されている遺跡

武蔵野の開墾が可能になり、多摩地域の開発が進んだ。1868年4月、江戸城は開城。同年7月江戸は東京と改称された。1872年に東京府が成立、1889年には東京市が分離、1943年、現在の東京都が成立した。

主な遺跡

鈴木遺跡
すずき

＊小平市：武蔵野段丘上、石神井川源流域の標高約73～75mに位置 **時代** 旧石器時代～縄文時代後期

　1974年、鈴木小学校建設に伴い、近世の玉川上水の分水に掛けられた「定右衛門水車」や水路跡が検出された。その確認調査が行われたところ、礫群が発見され、本格的な発掘調査が実施された。1967年に遺物の採集がなされており、回田遺跡として認知されていた土地にあたる。旧石器時代の調査では、立川ロームⅢ～Ⅹ層の間に、12枚の文化層が確認され、礫群や石器集中部、炉穴や落し穴と思われる土坑も検出されている。石器類3万6,000点、礫群7万5,000点など、武蔵野台地上の遺跡でも際立って多く、拠点的集落であった可能性も指摘される。層位別の石器組成では、局部磨製石器・ナイフ形石器に代表されるⅩ～Ⅶ層、石刃技法によるナイフ形石器の卓越するⅥ層、ナイフ形石器の盛行するⅤ～Ⅳ層、尖頭器・細石刃中心のⅢ層となる。縄文時代には落し穴や集石土坑のほかに生活痕跡はなく、出土遺物もわずかとなる。

はけうえ遺跡

＊調布市：武蔵野台地西南縁、国分寺崖線傾斜面の標高60～72mに位置 **時代** 旧石器時代～縄文時代後期

　1977～79年にかけて、都市計画道路府中・清瀬線の建設に伴い、発掘調査が実施された。特に旧石器時代の遺物としては、立川ローム層中に11の文化層が認められ、96カ所に及ぶ石器・礫群の集中部が検出された。ナイフ形石器を主体とし、礫群や配石、炭化物の集中部なども確認されている。調査では石器や礫群の集中部の微細遺物を検出するために、土壌の水洗選別が行われ、石器製作に伴うチップ（微小剥片）の分布などから、人間活動の具体的な様相を検討する試みが行われている。また、縄文時代早期～後期中葉までの竪穴住居跡や土坑も検出され、特に縄文早期の撚糸文系土器群を主体とした資料は豊富で、300点近いスタンプ形石器は関心を呼んだ。また縄文後期の柄鏡形住居跡も検出されている。

野川遺跡
のがわ

＊調布市：野川西岸、立川段丘の舌状台地、標高約48mに位置 **時代** 縄文時代後期

　1970年の野川改修工事に伴い発掘調査が実施された。立川ローム層中

に、文化層10層（武蔵野第Ⅲ層〜第Ⅷ層）が確認され、石器群の変遷を層位的にとらえることができた遺跡として知られる。大きく3期に区分され、礫器と削器類が中心の段階（野川Ⅰ期）、ナイフ形石器が出現し、尖頭器や台形石器など多様な石器組成の段階（野川Ⅱ期）、また大型尖頭器や礫器を主体とする段階（野川Ⅲ期）が認識されている。調査では、特に狭い範囲から石器が集中して出土する「ユニット」をとらえ、そこから生活面の把握や人間行動の推定がなされた。またナイフ形石器を出土する文化層を中心に、焼けた礫のまとまり（礫群）が多数検出されており、それらを石蒸しなどの調理用施設とする説もある。月見野遺跡群（神奈川県大和市）とともに、研究史のうえでの大きな画期をなすものとして評価されている。

赤羽台遺跡
あかばねだい

＊北区：武蔵野台地北東端、標高約20mに位置
時代 旧石器時代〜古墳時代後期・近代

1982〜85年にかけて東北新幹線建設に伴い発掘調査が実施され、旧石器時代の礫群、縄文時代早期の炉穴、縄文後期の集落、弥生時代中期・後期の集落、古墳時代前期・後期の集落および古墳群、奈良・平安時代の集落と横穴墓群、中世の地下式坑などが確認されている。特に弥生後期から古墳時代前期の住居跡は200軒以上が検出され、弥生時代後期の集落は環濠をもつ。古墳時代後期には、台地東側に竪穴住居跡が認められ、中央側には古墳群が検出されている。古墳は直径20〜30m前後の円墳で、主体部は横穴式石室である。3号墳の石材は凝灰岩質砂岩で部分的にマガキが敷かれている。4号墳では人物、形象埴輪や円筒埴輪が認められており、古墳群は6世紀後半〜7世紀前半に比定される。台地南側の斜面には、20基以上の横穴墓が築造され、7世紀後半〜8世紀初頭と想定される。なお赤羽台には、旧陸軍第1師団工兵第1連隊があり、発掘調査の過程で、退避壕などの遺構と歩兵銃・銃剣・食器などの遺物が検出された。

下宅部遺跡
しもやけべ

＊東村山市：北川の左岸、狭山丘陵縁辺部、標高約75mに位置　時代 縄文時代後期

1995年、都営住宅の建替え工事に伴い発掘調査が行われた。丘陵縁辺部と低地平坦部からは竪穴状遺構・粘土採掘坑・土坑群・配石墓などが発見された。旧河道の低湿地からは多量の縄文後期・晩期の土器・石器のほか、動物の解体作業場を思わせる多量の猪や鹿の骨とともに飾弓を含む20本の弓が出土し、水場遺構からは皿や鉢などの木製容器、高床建物の柱など大型の木組加工材や水晒し中の植物繊維および網代などが出土した。

また、杭として転用された漆掻き痕跡を示す漆の木が、縄文時代として
は初めて発見された。丸木舟製作場もあり、長さ6.6m、太さ約80cmの
欅（けやき）材を舳先（ろ）と艫（ろ）のように加工した舟材や木組が出土した。また、漆塗の
土器、木製の飾弓、杓子柄（しゃくしへい）、皿や漆で補修された注口土器などだけでなく、
漆容器や赤色顔料を粉砕する磨石が出土しており、漆製品の製作活動が行
われていた可能性をうかがわせる。生業活動の一端を解明する多様な資料
が発見され、豊富な動植物遺体の分析と併せて、今後の研究が期待される。

多摩ニュータウン遺跡群（たま）

*八王子市・町田市・稲城市：多摩丘陵の
標高約40〜170mに点在　**時代**　旧石器時
代後期〜江戸時代

　1965年、多摩ニュータウン建設に伴い「多摩ニュータウン遺跡調査会」
が発足。3,000ha（ヘクタール）にわたる造成地に対して逐次、発掘調査が行われ、その
調査地点は約1,000カ所に及び、世界有数の規模の遺跡調査といえる。用
地内には、北東に多摩川に並走して流れる大栗川と乞田川、南側に三沢川
があり、河川の両側には、丘陵を開析する谷が発達している。起伏のある
地形の丘陵斜面や尾根筋に遺跡は分布しており、時代も多岐にわたる。

　No.72遺跡（八王子市）は、本遺跡群でも最大級の縄文時代の遺跡とされ、
縄文時代中期（勝坂式（かつさか）・加曾利（かそり）E式・称名寺（しょうみょうじ））の275軒の住居跡が検
出されている。大栗川左岸、丘陵先端の舌状の段丘面に東西約220m、南
北約110mの範囲で住居跡が環状に検出された。敷石を伴う柄鏡形住居（えかがみがたじゅうきょ）
跡（あと）も検出されている。No.107（八王子市）では、縄文時代中期の住居跡の
ほか、環状墓坑群が検出されている。No.248遺跡（町田市）では、縄文時
代中期（勝坂式・加曾利E式・称名寺式）〜後期（堀之内式）の深さ4〜
5mを呈する粘土採掘坑群が検出され、粘土供給地と推定されている。隣
接するNo.245遺跡（町田市）では、縄文時代中期中葉（勝坂式・加曾利
E式）から後期前半（堀之内式）の竪穴住居跡が67軒検出され、その多
くから粘土ブロックが検出されたほか、51号住居跡では未焼成土器や底
部に擦痕をもつ器台形の土器が検出され、土器製作に関わる遺跡と推測さ
れている。なおNo.248遺跡の粘土採掘坑から出土した土器・石斧と
No.245遺跡出土の破片が接合し、同集落との関わりが明らかとなっている。

　No.200・917・918・919・920遺跡（町田市）は近接する尾根の斜面地に、
弥生時代後期末から古墳時代前期の竪穴住居跡が検出されており、No.200
遺跡では小高い尾根筋に方形周溝墓も認められる。これらの様相から、長
期的に集落が営まれていたことがうかがわれる。またNo.769遺跡（多摩市）

では、旧石器時代～中世までの遺構や遺物が幅広く検出され、細石刃関連資料群やナイフ形石器、伊豆産の黒曜石などが認められているほか、古代の住居跡も確認されるなど、やはり長期にわたる土地の利用が見られる。

No.513遺跡（稲城市）では、多摩郡が寄進する国分寺瓦などが出土しているほか、No.342遺跡（町田市）、No.446遺跡（八王子市）など7世紀後半の須恵器窯も認められる。多摩丘陵には古代の窯跡群が点在し、国分寺瓦や須恵器の生産が盛んに行われていた。南多摩窯跡群と総称される。No.457遺跡（多摩市）では、中世の在地土豪の居館跡と推定される溝跡や掘立柱建物跡、段切り跡、土器、陶器のほか舶載磁器や北宋銭などが検出されている。No.107遺跡（八王子市）では、中世の山内上杉氏の重臣、大石氏の居館跡と推定される堀跡、掘立柱建物跡などが検出された。独立丘陵の先端部を利用したもので、5つの「郭」や主郭と考えられる部分では、建物遺構が検出されている。なおNo.107遺跡の背後のNo.484遺跡（八王子市）では、約2万7,000枚もの大量備蓄銭が発見されている。

また、No.335遺跡（町田市）では、61基の近世墓坑群が検出され、墓坑の形状が17世紀後半以降、隅丸長方形から円形へと変化することから、埋葬する棺の形態変化など、葬送儀礼の様相を考えるうえで貴重な知見が明らかとなった。No.919遺跡（町田市）では屋敷跡とともに、近世の炭焼窯が6基検出され、江戸へ供給する薪炭生産に関する貴重な知見を得た。

大森貝塚
おおもり
＊品川区・大田区：武蔵野台地荏原台の東斜面、標高約13mに位置　[時代] 縄文時代後期後半　[史]

1877年、腕足類の研究のため単身日本を訪れたエドワード・S・モースが、横浜から東京への汽車の車窓より、貝層を発見したことに始まる。同年9月16日には、帝国鉄道線路脇へ向かい、11月に至るまで調査した。日本初の学術的な発掘調査が行われた遺跡として著名である。その成果は、雑誌『Nature』（1977、12巻422号）に発表されたほか、1879年に出版された報告書『Shell Mounds of Omori』に結実した。

当時の研究レベルとしてはきわめて科学性が高く、採集した貝類の種類（ハイガイ・サルボウ・アカガイ・アサリ・ハマグリ・バイガイなど）やイノシシ、シカなどの動物遺体、そして土器や石器、土版、骨角器などについても詳細な検討が加えられていたほか、測点を定めて作成した実測図も添付されていた。また、外国の貝塚との比較や土器の機能の検討、人骨の痕跡から食人風習の存在を指摘するなど、その後の考古学研究に大きな影響を与えた。

なお、大森貝塚の正確な位置については、戦前より諸説があり、発掘に参加した佐々木忠次郎は大森区新井宿山王下2550番地（現大田区）の臼井邸内と主張し、人類学者松村瞭（発掘に参加した松村任三の子息）らは品川区大井町鹿嶋谷2955番地の殿村邸内だと主張した。1928年には、東京日日新聞社社長本山彦一を発起人として、「大森貝塚」の碑が殿村邸内に、1929年には、佐々木、浜田耕作、長谷部言人、黒板勝美らを発起人として、臼井邸内に「大森貝墟」の碑が建てられた。なお近年、考古学者・佐原真が土地補償証などの史料により、荏原郡大井村の桜井甚右衛門の土地（同村2960番地字鹿嶋谷・品川区大井6丁目）であることを突き止めた。

　1984年、品川区側の「大森貝塚遺跡庭園」整備に伴う調査の結果、縄文時代の土器（後期・加曾利B2式、晩期・安行3a式）を伴う貝層が発見された。1993年にも、貝層のほか竪穴住居跡（加曾利B式・曾谷式）が確認され、土製耳飾や土偶、土製円盤、骨角器（釣針・刺突具・角製彫刻品・犬歯穿孔品）、貝輪が検出されている。遺物は東京大学総合研究博物館に所蔵され、国指定重要文化財となっている。

伊皿子貝塚

＊港区：高輪台地の東斜面、標高約10mに位置
時代 縄文時代後期・弥生時代中期

　1977年に、日本電信電話公社関連ビルの建設に伴い調査が行われた。近代以降、三井家伊皿子邸があり、1945年に米軍の空襲によって貝層も破壊されたと考えられていた。1978〜79年にかけて清水潤三、鈴木公雄らによって調査が行われ、最大180cmもの純貝層が厚く堆積していることが明らかとなった。調査では、精緻な調査方法が取り入れられ、貝層をサンプリングしたうえで水洗選別を行い、ハイガイ、マガキなどの主体となる貝類だけでなく、陸産小型貝類なども検出されて、複数回にわたる貝層の形成過程の推定が初めて行われた。また貝塚上面に弥生時代中期の方形周溝墓が構築され、この一角の土坑からウシの頭骨が出土した。なお貝層の一部は樹脂で凝固、剥離した実物標本を採集し、港区立港郷土資料館と三田台公園内の施設に展示されている。

中里貝塚

＊北区：武蔵野台地北東縁辺部の崖線下、標高約10mに位置
時代 縄文時代後期　　　　　　　　　　　　　　　　　　　　　**史**

　明治時代に白井光太郎や佐藤伝蔵・鳥居龍蔵によって踏査され、その存在は古くから知られていた。1958年に和島誠一により、縄文時代中期後半の土器を包含する貝層が確認され、1983年、東北新幹線の建設に伴

い調査が実施され、JR上中里駅から田端操車場に至る国内最大級の規模とも評価される貝塚であることが明らかとなった。幅100m、厚さ4m前後で、東西に約1kmにわたる規模と考えられ、貝種はハマグリとカキを主として、両種が互層をなす純貝層である。貝層からは縄文時代中期の土器や魚骨、獣骨などがわずかに出土するにすぎない。こうした傾向から、貝を採取し加工処理していた「ハマ貝塚」であると考えられている。また、砂地に粘土を敷き、焼けたマガキや礫が検出された浅い土坑があり、「貝蒸し遺構」と推定されている。全長5.79m、幅72cmの独木舟も出土し、ムクノキの一本材で縄文時代中期初頭と推定されている。遺物には、弥生土器（弥生町式・前野町式）や木簡や風字硯、布目瓦、瓦塔などもあり、古代に至るまで生活が営まれていたことを示唆する。貝塚は全面保存のために埋め戻され、出土遺物は北区飛鳥山博物館に展示されている。国史跡。

久ヶ原遺跡
＊大田区：武蔵野台地の南端、呑川右岸の標高13〜19mに位置　**時代** 弥生時代中期〜古墳時代前期

　1927年、耕地整理に伴う道路整備に際して、竪穴住居跡や土器片が発見され、遺跡として認識された。その後、森本六爾、小林行雄、杉原荘介らは南関東地方の弥生土器の編年作成にあたり、本遺跡の土器を久ヶ原式と命名し、弥生時代後期前半に位置づけた。これまでに遺跡の範囲は約27万m²とも想定される大規模な拠点的集落として評価されている。

　本格的な調査は1970年以降で、宅地化された一帯の地点的な調査が進められ、その実態を明らかにする試みが進められている。これまでに50地点以上の発掘調査が行われており、検出された竪穴住居跡の数は200基を超えている。弥生時代中期前葉から古墳時代前期の土器や住居跡が検出されており、主体は弥生時代後期前葉から中葉である。一般に「久ヶ原式」土器は壺・広口壺・小型壺・無頸壺・台付甕・鉢・高坏などの器形が認められ、文様には羽状縄文が施されたり、山形文や菱形連繋文を組み合わせたりして複雑な文様を構成している。遺跡では水田跡の検出事例はなく、また集落の全容解明にはさらなる調査が必要といえる。

芝丸山古墳
＊港区：武蔵野台地の東縁、愛宕山縁辺の標高約15mに位置　**時代** 古墳時代中期

　1897年に坪井正五郎によって発掘された。芝丸山古墳は現在、芝公園内に位置し、全長約106m、後円部径約64mの前方後円墳。その他十数基の円墳が周囲に点在する。坪井正五郎による発掘では、主体部は明瞭でなく遺構は確認されなかった。築造年代は、5世紀代と推定されている。戦

後1958年にはホテル建設に伴い、東京都教育委員会による調査が行われ、1号墳、4号墳など円墳の再調査がなされている。円墳群は、横穴式石室と推定され、勾玉、切子玉、管玉、耳環、銅釧、直刀、鉄鏃、須恵器などが発見された。埴輪なども確認されている。都指定史跡。

野毛大塚古墳

*世田谷区：多摩川・矢沢川に挟まれた武蔵野台地先端部、標高約30mに位置　**時代** 古墳時代中期

　1897年、地元住民によって主体部の発掘がなされ、石棺を認め、直刀、甲冑、玉、多量の石製模造品などが出土した。径66mの円墳で、造出部をもち、帆立貝型古墳とも考えられている。墳丘全面に葺石がなされ、埴輪列がめぐっていた。周溝は馬蹄形に全周し、周溝を含めた全長は約102mを測る。5世紀前半の築造と推定され、多摩川下流域の野毛古墳群では中心的な古墳。埋葬施設は後円部墳頂に4基の主体部が認められており、明治期の発掘では第2主体部が発掘され、組合せ式の箱形石棺であったことが確認されている。1989〜92年の発掘調査では、中央の第1主体部は粘土槨・割竹形木棺、第3主体部と第4主体部は箱形木棺であることが確認された。副葬品には前述の石製模造品のほか、内行花文鏡・玉類・直刀・鉄剣・鉄槍・鉄矛・鉄鏃・革綴衝角付冑・革綴短甲・頸甲・肩甲などがあり、関東地方の古墳でも質・量ともに卓越した内容をもち、武具類の副葬の様相から、畿内との関わりも想定されている。都指定史跡。

　なお、多摩川流域において最大級の前方後円墳は亀甲山古墳（大田区）であり、主軸長約107mを呈する。国史跡。後円部の南端は削平されているものの、ほぼ原形を保っている。主体部は未調査のため詳細は不明で、葺石や埴輪も認められていない。築造年代は4世紀後半と推定されている。

伊興遺跡

*足立区：沖積低地の荒川右岸、標高約2〜3mに位置　**時代** 古墳時代後期

　1950年に採集された子持勾玉をはじめとする膨大な玉類などの資料を、大場磐雄が実見したことから認知されるようになった。1957年に大場磐雄らによる発掘調査が実施され、珠文鏡や滑石製模造品などの祭祀に関連する遺物や住居跡などが発見された。1987年以降の下水道関連事業などに伴う発掘調査では、微高地上に展開する集落跡だけではなく、微高地周辺の湿地部に木製品や植物、動物遺体などの自然遺物が大量に包含されていることが判明した。遺物としては、5世紀代の朝鮮半島系陶質土器、古式須恵器がある。また奈良・平安時代の墨書土器も検出されており、「七万」「川前」「肥太」などと記されていたほか、騎馬像が描かれた木札、「延暦

十七」や「□々如律令腹□」と記された木簡などが出土している。こうした遺物から官衙的な性格を有する集落であったとも推定されている。

武蔵国府関連遺跡（むさしこくふ）
＊府中市：多摩川左岸の立川段丘上、標高約65m に位置 **時代** 古墳時代後期 史

1975年以降の250次以上にわたる発掘調査の結果、大型掘立柱建物跡や礎石建物跡と多量の瓦・磚類が検出されている。国庁の位置は明確ではないが、大国魂神社東側が確実視されている。国府の範囲は東西500m、南北250m と想定されているが、東側地区では「多寺」「□磨寺」の銘のある平瓦や塔の心礎、掘込み地業の基壇跡が検出されていることから、寺院の存在も想定されている。西側地区からは郡名瓦（ぐんめいがわら）や磚が出土し、築地塀跡と考えられる二条の大溝が、南北2町、西1町以上にわたり検出されている。8世紀前葉には大型掘立柱建物を含む国衙が造営されたと考えられ、8世紀中葉の国分寺創建期には、瓦葺の礎石建物が整備されたと推測されている。周辺の武蔵国府関連遺跡の成果からは、道路や街区の主軸方向に違いが認められ、国府に伴う町並みが画一的に計画されたものではないことが示唆されている。遺物には銅製、石製の帯金具、錠前、焼印、小札、分銅（ふんどう）、緑釉陶器（りょくゆうとうき）、三彩小壺（さんさいこつぼ）、浄瓶（じょうへい）、平瓶、刀子（とうす）、金鉗（かなばさみ）、鎌、手鎌、鉄鏃、鑿（のみ）、金槌、紡錘車、円面硯、風字硯、瓦塔、馬形土製品、銭貨があり、国府と集落に集住する人々の生業や生活が垣間見られる。

八王子城跡（はちおうじじょうあと）
＊八王子市：深沢山の尾根の先端、標高約460m に位置 **時代** 戦国時代 史

1990年の落城400年事業に向けた整備の一環として、1987年より発掘調査が実施された。八王子城は戦国期の山城跡であり、後北条氏三代氏康（ごほうじょうじうじやす）の三男氏照（うじてる）が築城したものである。後北条氏の本城である小田原城最大の支城として、関東支配の重要な位置を占めていた。1590（天正18）年6月23日、前田利家（まえだとしいえ）・上杉景勝（うえすぎかげかつ）により攻められ、城主氏照が小田原に主力を率いて不在であったため、わずか1日で落城した。

城域は東西約1.6km、南北約1kmに及ぶ。城の構造は急峻な山頂に築かれた要害地区、城主の居館跡（御主殿）を中心とする居館地区、家臣団の屋敷跡や寺院跡の伝承地を含む根小屋地区、および外郭の防御施設群からなり、さらにその東方の元八王子町に城下町が広がっている。東方を大手、北方を搦手（からめて）としている。1987年の発掘調査では、御主殿への登城口の石段や2カ所の踊り場が発掘された。88年には御主殿地区と城山川を挟んだ、曳橋々台部や御主殿への登城道、大手門跡などが検出されている。

御主殿内部の発掘調査の結果、大型の礎石建物跡やそれに伴う石敷きの通路や水路、庭園跡などが検出されている。瓦類が検出されていないことから、板葺屋根と考えられる。出土した7万点を超える遺物は、陶磁器類が大半を占め、中国明代の染付磁器や白磁など舶載磁器、瀬戸・美濃・常滑産の陶器のほか、ベネチア産のレースガラスも検出された。1989年から、大手道・御主殿虎口・曳橋の復元整備がなされている。国史跡。

都立一橋高校内遺跡 ＊千代田区：標高約5mに位置
時代 江戸時代

　1975年より都立一橋高校の改築工事に際して、人骨が不時発見され、近世墓地であることが確認されたため、発掘調査が実施された。その後、墓坑だけでなく、井戸や土蔵基礎や木製枠を伴う穴蔵、ごみ穴、流し場、下水溝なども検出された。遺跡地は、明暦の大火（1657年）以前は寺院であり、墓坑はそうした寺院墓地に関わる遺構と考えられる。また、明暦の大火の焼土層が検出されており、それより上部で検出され井戸や土蔵などの遺構は、いわゆる町人地の痕跡と推定される。低地のため、陶磁器や土器のほか、土製品、硯や煙管、また下駄や漆器など木製品の残存も多くあり、当時の生活財の様相を知るうえで貴重である。東京都内で初めて本格的に江戸時代の遺跡を調査した事例として、よく知られている。

汐留遺跡 ＊港区：隅田川河口西岸域の低地、標高約3〜4mに位置
時代 江戸時代

　旧国鉄汐留貨物駅跡地の再開発事業に伴い、1990年より確認調査が実施され、翌1991年より汐留地区遺跡調査会が発掘調査を実施、その後1992〜93年には東京都埋蔵文化財センターが調査を行った。遺跡地は江戸時代には、播磨脇坂家、陸奥伊達家、会津保科（松平）家の上屋敷、および、一部は江戸後期に韮山代官江川太郎左衛門屋敷と播磨小笠原家上屋敷が存在した。調査の結果、大名屋敷造成時の大規模なしがらみを含む土留め施設や護岸石垣、海手側の船入施設、また御殿の建物基礎、玉川上水から引水された上水道の木樋や井戸、庭園遺構など大名屋敷のさまざまな遺構が検出された。

　また、遺物は陶磁器や土器、大量の瓦類のほか、煙管などの金属製品、漆器、木製品類、食物残滓としての魚骨や貝類、獣骨類など多様な遺物が出土した。特に中国産や鍋島藩窯など、高価な陶磁器類も見られる一方、肥前・瀬戸などの国産陶磁器も多数検出された。大名屋敷は御殿空間とともに詰人空間と呼ばれる家臣団も居住しており、そうした多様な階層の集

住の様子が、生活財の使用傾向からも認めることができる。

この地は日本初の鉄道駅、新橋停車場が置かれた場所であり、駅舎建物基礎やプラットホームの基礎、その他鉄道関連遺構が多数検出された。発掘総面積は3万 m² を超え、大名屋敷や新橋停車場について、部分ではなく全体的な様相をとらえたという点で、大きな意義をもつ調査といえよう。

東京大学構内遺跡 (とうきょうだいがくこうない)
*文京区：武蔵野台地の東縁辺部、標高約25〜30m に位置 **時代** 江戸時代

1983年、東京大学本郷キャンパスの山上会館、御殿下グラウンド建設に伴い、確認調査が行われたことを端緒として、1990年には埋蔵文化財調査室が設置されて、発掘調査が継続的に行われてきた。加賀前田家上屋敷における御殿空間の建物跡や能舞台跡、石室などの施設のあり方や家臣の長屋建物の配置など、屋敷地内の空間構造が明らかとなっている。また中国・国産陶磁器をはじめ、多数の生活財、貝類や獣骨類などの自然遺物も検出されている。特に将軍の御成に伴う遺物など、大名屋敷特有の機能を知る遺物もあり、多くの貴重な知見を得ている。

他方、加賀大聖寺藩内の窯製品である「古九谷」と称される磁器について、理学部7号館地点出土の陶片を基に、自然科学的分析（蛍光 X 線分析・放射化分析）を行った結果、肥前有田・山辺田窯の製品と類似し、古九谷とされる資料が肥前有田で焼成された可能性のあることが明らかになるなど、新たな方法論の検討も進められている。ほかにも富山前田家、加賀大聖寺前田家上屋敷や常陸徳川家中屋敷の存在した場所もあり、地点的発掘ながら、大名屋敷の生活を知るうえで貴重な成果が得られている。

日本橋一丁目遺跡 (にほんばしいっちょうめ)
*中央区：隅田川右岸、日本橋台地上、標高約2〜3m に位置 **時代** 江戸時代

2000〜01年、旧東急百貨店跡地再開発に伴う発掘調査が実施された。江戸時代の石組下水や木樋下水をはじめとして、長屋建物の基礎や井戸、土蔵基礎、木製枠を伴う穴蔵、ごみ穴、焼土処理遺構などが検出された。特に本遺跡では、土器皿2枚を合せ口にして、出産時の胎盤を埋納する胞衣埋納遺構（なまいのうい こう）が55基も確認され、庶民の出産習俗を知る重要な知見が得られた。陶磁器・土器、木製品のほか、中村座の土間札（入場券）も検出され、町人地日本橋にふさわしい遺物といえる。なお石組下水は、何回もの改修が行われ、石組が積み重ねられ、整地が繰り返されており、災害都市江戸の実態をうかがい知ることができる。

内藤町遺跡
<small>ないとうちょう</small>

＊新宿区：武蔵野台地上、標高約45〜50mに位置
時代 江戸時代

　1989年、都市計画道路放射5号線整備事業に伴う発掘調査として実施された。現在の新宿御苑北側に位置し、大半は信濃内藤家の下屋敷にあたる。大名屋敷地では、ごみ穴や地下室が検出され、多数の陶磁器や土器、瓦類が出土した。肥前鍋島藩窯の磁器（鍋島焼）が多数出土し、大名家の贈答品として流通していたことを裏づける発見となった。また、旗本拝領地の範囲からは、近接する内藤新宿の旅籠屋や茶屋の屋号が釘書された陶磁器が検出され、宿場町の生活を彷彿とさせる資料が認められている。

国宝 / 重要文化財

摩耶夫人像

地域の特性

　関東地方の南西部に位置し、東西に長い陸地部と、太平洋上の伊豆諸島、小笠原諸島の島嶼部からなっている。陸地部は西側に関東山地、東側に武蔵野台地が広がり、東端は東京湾の海岸線となり、西から東へ向かって階段状に低くなる。都東部の都心には高層ビルが立ち並び、日本の政治・経済・文化の中心として最も人口が多く、人口密度も高い。隣接する都心周辺では市街化が全域に及んでいる。都央部の武蔵野台地でも高度経済成長期に宅地化が進み、広大なニュータウンが造成された。都西部の山地地帯は交通の便に恵まれず、農村風景をとどめて都市近郊の観光地となっている。

　東京湾周辺には貝塚が多く分布し、なかでもアメリカ人のモースが1877年に発掘した大森貝塚は有名である。古代の都からの道は、中部高地を抜けて北側から南下してきた東山道が利用されていたが、771年から海沿いの東海道が使用されるようになった。平安時代末期から武蔵七党の武士団が勢力を伸ばした。1456年に太田道灌が江戸城を築いたが、その後小田原の後北条氏の勢力下となった。後北条氏が豊臣秀吉に敗北すると、徳川家康が江戸城に入り、江戸幕府が置かれた。幕府開府とともに江戸の町づくりが進められ、江戸市中統治のため江戸町奉行が置かれた。明治維新の廃藩置県で、江戸市街地と周辺農村部とを合わせて東京府ができた。1878年に静岡県から伊豆七島、1893年に神奈川県から多摩地方が編入され、さらに1943年に東京府から東京都となった。

国宝 / 重要文化財の特色

　美術工芸品の国宝は278件、重要文化財は2,426件あり、全国の都道府県の中で最も数量が多い。東京都のなかでも東京国立博物館に最も多く文化財が収蔵されている。収蔵品の総数は約11万6,000件で、国宝／重要文

　凡例　●：国宝、◎：重要文化財

化財は寄託品も合わせると約1,000件にもなる。2番目に国宝／重要文化財が多いのは旧加賀藩主前田氏の尊経閣文庫で、その数量は98件だから、東京国立博物館の収蔵数は突出している。そのほかの国宝／重要文化財の多い施設は、大藩の歴代旧藩主が蓄蔵したコレクションか、近代実業家たちのコレクションからなっている。旧藩主のコレクションを除いて、東京都にあるコレクションは、すべて近代になってから形成された。近代国家による文化財の保存と、実業家たちの財力によって、多数の古美術の逸品が東京に集中したのである。

　建造物の国宝は2件、重要文化財は80件である。たび重なる江戸の大火や東京大空襲でも焼失せず、さらに戦後の都市開発でも取り壊されずに残った建造物の中から、国宝／重要文化財が選ばれた。

◎摩耶夫人及天人像　　台東区上野公園の東京国立博物館で収蔵・展示。飛鳥時代の彫刻。明治維新後に衰退した法隆寺から1878年に宮内省へ宝物が献納されて、1万円の報酬金が寺に下付された。献納された宝物には飛鳥時代の小金銅仏、伎楽面などが含まれていた。小金銅仏は像高15〜30cmで49件57体あり、通称48体仏という。その中に、麻耶夫人像と3人の天人像からなる摩耶夫人及天人像が含まれている。像高11〜17cmと小さい。麻耶夫人とは釈迦を産んだ母親である。摩耶夫人像は右足を出して立ち、右手を振り上げ、左手は裾をつかんで斜め下へ向けている。振り上げた右手の裾口から、合掌する小さな釈迦の上半身が出ている。天人像は両膝あるいは片膝をつき、天衣、袖、裳が後方になびいて飛行の様子を見せている。摩耶夫人は出産のために故郷に帰る途中、花園で樹に咲く花を手折ろうとして手を伸ばした時に、右脇から釈迦を産んだと伝えられている。小像は、この釈迦生誕の様子を表現しているのであり、小さいながらも、生き生きとした動作がうかがえる。これらの小金銅仏は蝋型で鋳造されてから鍍金が施された。

●蔵王権現像　　　　足立区の西新井大師総持寺の所蔵。台東区上野公園の東京国立博物館で展示。平安時代中期の工芸品。大型の鋳銅板表面に蔵王権現像とその眷属（従者）を線刻した御正体である。三葉光背形で縦67cm、横76.3cm、左端と下部が欠損する。奈良県金峯山の出土と伝えられる。御正体とは、鏡の表面に神像・仏像・梵字などを線刻し、寺社に奉納、礼拝したもので、本地垂迹説によって本地仏や種子が描かれた。金峯山の場合、本地仏は蔵王権現で垂迹は金精大明神である。

中央に大きく描かれた蔵王権現は、三つ目で忿怒の表情、右手で三鈷杵を高くかかげ、左手を腰にあて、右足を曲げて立っている。取り囲む眷属像は弓矢や刀鉾を手にして、右に19体、左に13体ある。欠損した部分と合わせて本来38体あって、金峯山の38所権現を表現したと推定されている。細い描線ながらも明瞭な線刻で、眷属たちのさまざまな表情や姿が巧みに描き出され、また重なる群像の空間構成も上手にまとめられている。裏面には胎蔵界大日、阿弥陀、阿閦、弥勒、釈迦の種子が刻まれ、長保3年（1001年）の刻銘もある。

●**餓鬼草紙**　　台東区上野公園の東京国立博物館で収蔵。鎌倉時代前期の絵画。もと岡山市の河本氏に伝来した絵巻物である。人間は死後に地獄、餓鬼、畜生、修羅、人間、天上の六つの世界に転生するとし、これを六道輪廻という。六道から逃れて、極楽に往生することを人々は願った。この考え方は、平安時代中期の985年に恵心僧都源信が著した『往生要集』によって広く流布した。六道を描いたのが六道絵で、特に苦しみの多い三悪道のうち、餓鬼道を表現したのが餓鬼草子である。類似の六道絵である地獄草紙、病草紙とともに、後白河院の周辺で製作された絵巻物とみられている。この餓鬼草紙は正法念処経巻第16の説によって描かれ、詞書がなく、10図の絵からなっている。例えば、最初の食人精気餓鬼の図では、公家邸の酒宴で琵琶、横笛、箏を奏で興じる太った公卿たちの様子が描かれている。しかしよく見ると、肩や胸、膝の上に黒くて小さい餓鬼が取りついている。この餓鬼たちは、華やかに着飾った美男美女が淫楽にふけり、遊宴に明け暮れる場所に忍び寄るのだが、小さいので人間の目には見えないという。以下、出産直後の嬰児をねらう食小児餓鬼、布施をせずに僧侶に不浄なものを与えたため人間の糞を食いあさるようになった食糞餓鬼、病人の食を横取りした僧侶が生まれ変わり墓場を荒らす疾行餓鬼など、さまざまな餓鬼が描かれている。登場人物が生き生きと表現され、当時の世相が十分うかがえる。それに対して餓鬼たちは不気味で醜悪だが、どことなくユーモラスな感じを受ける。

●**舟橋蒔絵硯箱**　　台東区上野公園の東京国立博物館で収蔵。桃山時代の工芸品。本阿弥光悦の制作した1辺約23cmの方形の蒔絵硯箱である。角が丸く、蓋甲が山形に高く盛り上がる。全体に、漆塗りの上に金粉を蒔いて研ぎ出した沃懸地が施されている。蓋表から四方側面にかけて4艘の小舟と、小舟の間にゆるやかな川波、そして右側中

段から左側下方にかけて、黒い橋が鉛板でくっきりと描かれている。並べた舟に板を渡して橋にした様子が表現されている。そして蓋全面に、後撰和歌集巻第10の源 等朝臣の和歌「東路の佐野の舟橋かけてのみ思渡るをしる人のなさ」が、散らし書き風に厚めの銀文字で配される。こんもりと盛り上がった斬新な形態、大胆な構図、書の美しさが十分に発揮され、個性あふれる作品である。

◎**饕餮文方盉**　港区の根津美術館で収蔵・展示。中国／殷時代の考古資料。古代中国の青銅器である。殷は紀元前17世紀から紀元前1050年頃まで続いた中国最古の王朝で、商とも呼ばれる。初期の都城は河南省偃師県、中期は河南省鄭州市二里岡に造営され、後期に都は河南省安陽市に遷されて、現在殷墟という遺跡名で保存されている。20世紀初頭に殷墟の研究が始まり、1928年から日中戦争が勃発する1937年まで発掘調査が継続された。安陽市小屯村で大規模な建物の基壇群が確認され、宮殿あるいは宗廟と考えられた。1933年からは近隣の後岡や侯家荘西北岡で大規模な王墓が次々に調査され、青銅器、土器類、石彫類、石製容器類、武器類、玉石類、骨角器など大量の副葬品が出土した。

饕餮文方盉は3点あり、高さ約70cmである。盉とは酒などを温めて注ぐ容器で、方形をして頭部に円筒形の注口、下部に4本の脚が付いている。饕餮文とは怪獣の顔面を表現し、特に巨大な眼と角が目立ち、大きく広げた口は牙や歯をむき出しにしている。古代中国では、悪霊から飲食物を守護する呪術的力が饕餮文にあると信じられていた。3点のそれぞれに左、中、右の配列を示す銘がある。大きさと風格から殷王の所有品と考えられ、侯家荘西北岡第1001号墓から出土したと伝えられている。

根津美術館は実業家根津嘉一郎の収集したコレクションを土台にしている。根津はこの青銅器を1933年3月に購入したのだが、当時中国では文化財の国外流出が大きな社会問題となっていた。違法輸出や遺跡盗掘を防止するため、中国では1930年に文化財保護の法律が公布され、1933年6月に施行された。

●**古文尚書**　文京区の東洋文庫で収蔵。中国／唐時代の典籍。尚書は書経の別名である。中国最古の歴史書で、儒教で重視される五経（易経・書経・詩経・礼記・春秋）に含まれる。この古文尚書は中国で7世紀に隷古定という古い書体で書写された。元九条家の旧蔵本で、現在宮内庁書陵部にある御物、東京国立博物館所蔵の古文尚書とともに

一連をなす。唐の玄宗皇帝は古い書体を好まず、天宝年間（742～55年）に当時通用していた今文体の楷書に改めさせた。そのため古い書体の旧本は中国で失われてしまった。ところが20世紀になって敦煌の石室から古い書体の残本が発見されると、日本で明経道の学問を代々引き継いだ博士家に伝わった旧本が注目されるようになった。九条家旧蔵の古文尚書は最古の伝本と考えられている。伝来した旧本によって現行の尚書の誤りが正されただけでなく、漢文を訓読する際に付された乎古止点は、日本語研究の重要な資料となっている。

◎エンボッシング・モールス電信機

墨田区の郵政博物館で収蔵・展示。アメリカ／19世紀の歴史資料。日米和親条約締結のため1854年に来航したペリー提督が、アメリカ大統領から徳川将軍への贈品として持参したモールス電信機である。電気と磁気を応用した電磁式電信機は19世紀になって発展した。開発当初は複数の針で文字を示す仕組みだったが、改良が重ねられ、1840年には円形の文字盤ダイヤルの上を、1本の針が回って文字を示す指字電信機が考案された。モールスは、時計仕掛けのモーターで紙テープを回し、電磁石を利用して電流で上下する針で紙テープに点あるいは線の印を付ける装置を発明した。送信側の電鍵（キー）でモールス符号を打つと、受信側の紙テープにエンボス（凸凹模様を付ける）が記録されて通信となる。モースルは1844年に、ワシントン～ボルティモア間60kmの通信業務を開始した。ペリー提督が持ってきた電信機は、アメリカのJ・W・ノートン社製の特注品で、キーに象牙を使用し、基盤に装飾が施されている。横浜で900m間の通信実験を行い、詳しい記録が残っている。しかしながらモールス電信機の操作習得は困難だったようで、1870年に日本で公衆電信事業が開始された時には、文字盤ダイヤルを応用した指字電信機が採用された。東京～横浜間32kmで、同館所蔵のフランス製ブレゲ指字電信機を使って電信事業が始まった。1873年に東京～長崎間、翌年に東京～青森間、そのまた翌年に青森～函館間の電信線が建設され、列島縦断のルートが完成した。1877年の西南戦争の時、九州の戦況が刻々と東京に打電されて、電信の効果と威力に人々が驚いたという。通信網が発達すると、送信速度が速く、遠距離通信に適したモールス電信機に置き換えられていった。

●旧東宮御所
きゅうとうぐうごしょ

港区にある。明治時代の住居。国家的大事業として1899年から10年をかけて、嘉仁親王（後の大正天皇）の東宮御所が建造された。結局嘉仁親王は住まず、昭和天皇や今上天皇が一時的に暮らしただけだった。戦後、東宮御所は皇室から衆議院に移管された。1967年には外国の賓客を接遇する迎賓館とすることに決まって改修され、現在は迎賓館赤坂離宮となっている。設計したのは宮内省内匠寮の技師片山東熊（1854～1917年）である。彼は工部大学校（現東京大学）造家学科の第1期生で、イギリス人建築家コンドルの教えを受けた。卒業後宮内省に入って宮廷建築家となり、帝国奈良博物館、帝国京都博物館、表慶館などを建てた。

旧東宮御所は石造および鉄骨レンガ造の2階建の洋風宮殿建築で、外観はネオ・バロック様式である。広大な前庭に北を向いて建ち、東西に伸びた前棟と後棟を、南北方向の中央棟と東西棟の3棟で連結させた左右対称の平面である。前棟の両端が前に突出し、玄関から湾曲した廊下でつながっている。正面1階はアーチ窓が配され、2階は装飾性を増して、イオニア式片蓋柱で整然と区画された中を、アーチ窓や角窓、上部に三角形のペディメントを付けた角窓が並ぶ。内部各階は機能的に分けられ、2階は公式の引見・接遇、1階は居住空間で東半分を皇太子用、西半分を皇太子妃用、地階は厨房・設備・倉庫となっていた。

内部は、中央玄関を入って壮麗な大階段を上ると、正面に朝日の間、後方に彩鸞の間がある。朝日の間は、朝日を背にして馬車を走らせる女神像が天井に描かれ、周囲の壁に16本の円柱（ピラスター）が並ぶ。この部屋で表敬訪問や首脳会談などが行われている。彩鸞の間には、左右の大きな鏡の上と、大理石の暖炉の両脇に、架空の鳥である鸞をデザインした金色の浮彫がある。階段をはさんで東棟に花鳥の間、西棟に羽衣の間がある。花鳥の間は、天井や欄間に張られたゴブラン織風綴織（タペストリー）、壁面に飾られた楕円形七宝に花鳥が描かれていて、公式晩餐会が催される大食堂である。羽衣の間は、謡曲の羽衣の場面が天井に描かれ、壁に楽器や楽譜の浮彫がある。室内正面の中2階にオーケストラボックスがあり、かつて舞踏会場として設計されたといわれている。朝日の間、彩鸞の間、花鳥の間、羽衣の間の4室は東宮御所で最も主要な部屋だった。

洋風建築であるが、所々に和風の彫刻・装飾が見られる。正面中央部の軒上両端に鎧兜を身に着けた武者像の青銅製彫刻が立ち、屋根のペディ

メントには菊花章の左右に日本の鎧と兜が埋め込まれている。賓客に対面する朝日の間や彩鸞の間にも、軍刀、鎧兜など日本の武具が描かれている。天皇と武士・武具の関係は、富国強兵の軍国日本を誇示するためだった。

◎明治丸（めいじまる）　江東区にある。明治時代前期の交通機関。殖産興業を積極的に推進した工部省（こうぶしょう）が、灯台視察船として1873年にイギリスに発注し、翌年完成した帆付汽船である。鉄製で長さ68.6m、幅9.1m、総トン数は1,027.6tだった。蒸気機関2基とスクリュープロペラ2基を備え、平均速力は11.5ノット、2本マストで、乗員は77名だったという。灯台視察船とはいえ、特別室やサロンを備えた豪華な客船仕様で、ロイヤルシップの役目も兼ねていた。1876年の東北巡幸（じゅんこう）の際、明治天皇が帰路青森から乗船し、函館経由で7月20日に横浜に着いた。この日を記念して海の記念日が制定され、1996年には祝日海の日となった。1896年に商船学校（現東京海洋大学）に譲渡され、帆装が2本から3本に改装されて係留練習船となった。1964年からは陸上に定置されて保存された。この船は、木船が鋼船へ移行する過渡期の鉄船で、造船技術を知る上で貴重である。また近代初期に活躍した豪華船としての歴史的意義もある。

◎築地本願寺本堂（つきじほんがんじほんどう）　中央区にある。昭和時代の寺院。浄土真宗本願寺派（西本願寺）の関東拠点寺院の本堂で、伊東（いとう）忠太（ちゅうた）（1867〜1954年）が設計した。近世初期に本願寺が浅草に建立されたが、1657年の明暦大火後に築地に移転した。その後たびたび焼失し、1923年の関東大震災の時にも焼失したので、新しい本堂が1934年に竣工した。本堂は鉄筋コンクリート造一部鉄骨鉄筋コンクリート造で2階建、正面に大階段とインド石窟寺院（せっくつじいんぷう）風の向拝を付け、両翼上部にはストゥーパ形の塔屋が立つ。中央上部にかまぼこ形のヴォールト屋根があり、破風を蓮華文様で飾る。インド古代寺院の外観を基調に、細部にも多様な工夫を凝らしたきわめて特異な建造物である。

☞ そのほかの主な国宝／重要文化財一覧

	時 代	種 別	名 称	保管・所有
1	旧石器	考古資料	◎岩宿遺跡出土品	明治大学
2	縄 文	考古資料	◎大森貝塚出土品	東京大学総合研究博物館
3	弥 生	考古資料	◎本郷弥生町出土壺形土器	東京大学総合研究博物館
4	弥 生	考古資料	●袈裟襷文銅鐸（伝讃岐国出土）	東京国立博物館
5	古 墳	考古資料	●江田船山古墳出土品	東京国立博物館
6	古 墳	考古資料	●人物画象鏡	東京国立博物館
7	飛 鳥	典 籍	●金剛場陀羅尼経	東京国立博物館文化庁分室
8	奈 良	絵 画	●紙本著色絵因果経	東京芸術大学
9	奈 良	典 籍	●根本百一羯磨	根津美術館
10	奈 良	古文書	●法隆寺献物帳	東京国立博物館
11	奈 良	考古資料	●銅製船氏王後墓誌	三井記念美術館
12	平 安	絵 画	●絹本著色孔雀明王像	東京国立博物館
13	平 安	絵 画	●紙本著色伴大納言絵詞	出光美術館
14	平 安	彫 刻	●木造普賢菩薩騎象像	大倉文化財団
15	平 安	典 籍	●類聚国史	前田育徳会
16	鎌 倉	絵 画	●絹本著色那智滝図	根津美術館
17	鎌 倉	絵 画	●紙本著色平治物語絵詞（六波羅行幸巻）	東京国立博物館
18	鎌 倉	工芸品	●円文螺鈿鏡鞍	御嶽神社
19	鎌 倉	典 籍	●栄花物語	東京国立博物館
20	鎌 倉	典 籍	●土佐日記（藤原定家筆）	前田育徳会
21	室 町	絵 画	●紙本著色観楓図（狩野秀頼筆）	東京国立博物館
22	桃 山	絵 画	●紙本著色花下遊楽図（狩野長信筆）	東京国立博物館
23	桃 山	絵 画	●紙本墨画松林図（長谷川等伯筆）	東京国立博物館
24	桃 山	工芸品	●志野茶碗（銘卯花墻）	三井記念美術館
25	江 戸	絵 画	●紙本金地著色燕子花図（尾形光琳筆）	根津美術館
26	江 戸	絵 画	●紙本金地著色楼閣山水図（池野大雅筆）	東京国立博物館

	時　代	種　別	名　　称	保管・所有
27	江　戸	絵　画	●絹本淡彩鷹見泉石像（渡辺崋山筆）	東京国立博物館
28	江　戸	工芸品	●八橋蒔絵螺鈿硯箱（尾形光琳作）	東京国立博物館
29	明　治	絵　画	◎花魁（高橋由一筆）	東京芸術大学
30	明　治	絵　画	◎絹本著色悲母観音像（狩野芳崖筆）	東京芸術大学
31	近　代	彫　刻	◎女（荻原守衛作）	東京国立博物館
32	中国／北宋	書　跡	●圜悟克勤墨跡（印可状）	東京国立博物館
33	中国／南宋	絵　画	●紙本墨画煙寺晩鐘図（伝牧谿筆）	畠山記念館
34	朝鮮／三国	考古資料	◎金銅透彫宝冠	東京国立博物館
35	イタリア／ 16世紀	典　籍	◎天正遣欧使節記 （伊太利レッジオ刊）	東京国立博物館
36	オランダ／ 16世紀	彫　刻	◎木造エラスムス立像	東京国立博物館
37	室町前期	寺　院	◎金剛寺不動堂	金剛寺
38	室町中期	寺　院	●正福寺地蔵堂	正福寺
39	室町後期	寺　院	◎観音寺本堂	観音寺
40	桃　山	住　宅	◎護国寺月光殿（旧日光院客殿）	護国寺
41	江戸前期	寺　院	◎寛永寺清水堂	寛永寺
42	江戸前期	神　社	◎東照宮社殿	東照宮
43	江戸中期	神　社	◎根津神社	根津神社
44	江戸中期	民　家	◎小林家住宅（西多摩郡檜原村）	―
45	江戸後期	住　宅	◎旧加賀屋敷御守殿門（赤門）	東京大学
46	江戸後期	民　家	◎大場家住宅（世田谷区世田谷）	大場代官屋敷保存会
47	明　治	住　居	◎旧岩崎家住宅 （台東区池之端一丁目）	国（文部科学省）
48	大　正	学　校	◎自由学園明日館	自由学園 婦人之友社
49	大　正	交　通	◎東京駅丸ノ内本屋	東日本旅客鉄道株式会社
50	昭　和	交　通	◎勝鬨橋	東京都

江戸城富士見櫓

城　郭

地域の特色

　東京都は武蔵国の中央部を占め、23区と多摩地区に大別される。皇居となる江戸城は平安末から鎌倉時代まで江戸氏が居城。豊島区、北区、大田区などは、豊嶋氏が豊嶋城（練馬区豊島、旧豊島園）、平塚城（北区）、志村城（板橋区）などにあり支配した。室町期になって豊嶋氏と吉良氏（世田谷区）と太田氏などが支配、とりわけ千代田区皇居にあった豊嶋氏一族の江戸氏は、多摩川沿いの地域も支配した。太田氏は資長（出家して道灌）の時代、江戸城にあった。資長は江戸城に静勝軒をつくり、茶の湯で来賓者をもてなし大石氏は高月城に高閣を造営した。江戸城、江戸の様子と資長の活躍は万里集九「江戸静勝軒銘」に綴られている。

　戦国期になると北条氏綱が大永4（1524）年に江戸城を侵略。さらに北条氏照をして八王子城や多摩地方を平定させ、片倉城、八王子城、滝山城などを改築した。稲付城の太田氏と世田谷城の吉良氏などの有力在地勢力を家臣化して、支城網を整備した。有力支城の江戸城などでは衆と呼ばれる在地武士を組織。世田谷城の吉良氏、滝山城の大石氏などの在来の名族武士もそっくり家臣団に組み入れた。北条氏に組み入れられた在地武士は「小田原衆所領役帳」にその名と所領地の郷村と貫高を記され、今日に伝存する。北条氏は稲付城の太田氏ら関東武士の有名な家を残し、在地領民の把握に努めた。天正18（1590）年、後北条氏は豊臣秀吉に降伏。後北条氏旧領は徳川家康に宛行われ、家康は江戸城に入城、後北条氏時代の主要城と家臣の在地城館は直轄とした以外は廃城、破却させた。家康は江戸に全国諸大名の正室を住まわせ、江戸への参勤交代制度をつくり、徳川幕府の安泰を図った。嘉永6（1853）年ペリー率いる米艦隊が再来日、幕府は江戸を守るため、品川沖に11基の砲台場を築くことを決した。8か月後3基の台場が竣工。さらに3基が10年後にできたが、財政と世論の声もあり築城中止、未完成となった。台場築城で江戸築城は終わる。

江戸城（えど）

別名 千代田城　**所在** 千代田区千代田　**遺構** 石垣、櫓3基、渡り櫓と門など多数　**史跡** 国特別史跡

　平安の末期、南関東一円にはいろいろな武士団が発生し、その武士団が次第に大きくなり、いわゆる「武蔵七党」と呼ばれる均衡のとれた勢力図を形づくるようになる。

　江戸城は、その一つ秩父党の江戸氏が築城したことに始まる。江戸氏はその後、鎌倉幕府の役職を務め、江戸は東武蔵の中心となったが、室町期に至り江戸氏は衰退し、江戸を離れ、武州喜多見に居を移した。

　康正2（1456）年太田道灌は、主家扇谷上杉鎮護のため、東武蔵の押さえとして、江戸城を構築することとなる。築城は翌、長禄元（1457）年に完成した。当時の江戸城は、まことに粗末なもので「わが庵は、松原つづき、海近く、富士の高嶺を軒端にぞ見る」の歌で知られるとおり、江戸湾の波が城塁まで押し寄せ、玄関などは船板を敷いたものだった。もちろん石塁や瓦などは一切用いておらず、丸太を組み合わせた櫓を要所要所にあげた程度だった。まもなく、道灌は有名な「静勝軒」という楼閣を構築するに及んだ。この静勝軒こそ関東地方にみる初めて城にあがる楼閣であった。しかし、道灌は数々の武功をあげながら、主家扇谷上杉定正によって糟谷館の風呂場にて暗殺されてしまう。

　太田道灌の江戸城にあたる地はちょうど今の本丸にあたる。今も地下に戦国の江戸城が眠っているといわれる。道灌亡き後、城は扇谷上杉の持ち城となり城代が置かれ、その後、上杉朝良が城主となった。上杉氏が滅びると北条氏は歴代この城を番城として、富永氏一門に城代を命じていた。天正18（1590）年の小田原攻めには城将川村兵部大輔が守る当城に、豊臣秀吉臣下の猛将真田氏ほかが囲み、開城させた。秀吉はまもなく、浅野長政を入城させた。小田原攻めが終わると、秀吉は徳川家康に関八州を与え、その本拠を江戸に定めることを命じた。

　天正19（1591）年7月、徳川家康は、入城してまもなく改修工事を起こした。しかし、武蔵国東部の根城としては、あまりに粗末で東国の主たる改修工事は、まさに新しく城を築くに等しかった。家康はさらに文禄元（1592）年、同3（1594）年と拡張工事をなし、石垣の石材を伊豆、根府川、

利根川より運搬。ひたすらに江戸城の普請にあたった。慶長8 (1603) 年、すでに秀吉亡き後、征夷大将軍に任ぜられる頃の城郭は、ほぼ今の皇居と東御苑の範囲であったといわれる。

　徳川氏は、江戸城拡張普請を安永末年に至るまで20余回にわたって行うが、その普請はすべて、諸大名の手伝い普請によるものだった。天守は慶長12 (1607) 年に一応の完成をみたが、最上層には金鯱を乗せ、屋根瓦はすべて鉛で葺かれていた。その景観は江戸の町から「富士山が二つに見えるがごとく」だったといわれる。この天守は3回造営されたが、明暦3 (1657) 年の振袖火事により焼失、その後は再建されなかった。

石神井城 (しゃくじい) 〔所在〕練馬区石神井台 〔遺構〕空堀、土塁

　石神井公園の一角にある三宝寺池の南側の丘、つまり氷川神社と東側のこんもり茂る林が城址である。城主は平安の頃から戦国時代まで長く武蔵に根を張った豊島氏である。11代城主の泰経は上杉定正に属していたが、離反した。怒った定正はただちに家宰の江戸城主太田道灌に豊島氏追討を命じた。そこで文明9 (1477) 年の秋、道灌はまず豊島方の平塚城の攻撃に向かった。当時、平塚城には泰経の弟泰明 (やすつね) がいた。平塚城が危ないと聞いた泰経は、その救援に赴いた。一方、道灌もこれを知って転進し、両軍は江古田、沼袋原で激突した。道灌は豊島軍を攻め、そこへ平塚城から道灌を追尾してきた泰明が駆けつけたが討死にしてしまった。

　泰経は石神井城に逃れたが、道灌軍の追撃は厳しく幾重にもこの城を囲んだ。3日にわたる籠城戦の末ついに城は落城した。

深大寺城 (じんだいじ) 〔所在〕調布市深大寺元町 〔遺構〕空堀、土塁 〔史跡〕国指定史跡

　深大寺の南、雑木林の丘陵が城址である。天文6 (1537) 年、北上する小田原北条氏と、それを食い止めようとする扇谷上杉氏の勢力が城址をめぐって戦が展開された。北条氏が小田原にあってから、扇谷 (おうぎがやつ) 上杉氏は相州糟谷館を出て江戸城に入ったが、まもなく北条氏綱の兵に包囲され、上杉朝興 (ともおき) は川越城に逃れた。北条氏は川越獲得のため、上杉氏は旧領回復のため、度々武蔵野の合戦に及んだが、同年朝興が没し、上杉氏は3歳の朝定が継いだ。上杉勢は、川越の前衛基地として、ここに城を築いた。

片倉城 <small>かたくら</small> 　|所在| 八王子市片倉　|遺構| 土塁、空堀

　JR横浜線の片倉駅のすぐ西側の丘が片倉城址公園で、麓には城址公園入口と住吉神社参道入口と表示がある。城は北に湯殿川、南に宇都貫川が流れ、両川は城址公園麓で合流、大きな湿地帯が周囲を覆った。城址公園の北側に水生植物園があるのは、湿地の名残である。自然の要害でもある。

　城は応永年間（1394〜1428）に大江備中守師親が居城したと、伝承する。しかし城は、比高25m丘状台地の先端を幅12〜15mの空堀で二条の堀切、横矢掛りを伴うなど、16世紀にみる手法。後北条氏かそれに近い武将により築かれた可能性が非常に高いといえる。

世田谷城 <small>せたがや</small> 　|所在| 世田谷区豪徳寺　|遺構| 土塁、空堀

　世田谷の地は、室町期から戦国期まで吉良氏の治世下にあった。この吉良氏は忠臣蔵の吉良上野介と祖先を同じくした家で、東条吉良といった。

　享徳の頃（1450年代）には、吉良氏は関東公方足利氏の保護のもと、武州荏原郡、多摩郡を領し、その居城世田谷城は関東でも屈指の堅固さを誇った。その領地の広さは、今の川崎市中原区上小田中にみる吉良氏の菩提寺の一つ泉沢寺をみれば一目瞭然である。吉良氏は足利氏の後、上杉氏に仕え特に太田道灌に随身、各地を転戦。江戸城の留守役などもしていた。

　その後、北条氏の勢力下にあって、当主頼康は氏綱の女崎姫を娶り、新たに久良岐郡蒔田郷を領し、蒔田城を築いた。天正18（1590）年の小田原攻めには出兵せず、江戸時代には千葉県長生に領地を得て、これに移った。城址は豪徳寺の隣接丘陵で今も土塁、空堀が残り一部が公園となっている。

八王子城 <small>はちおうじ</small> 　|所在| 八王子市元八王子町　|遺構| 石垣、土塁、御主殿礎石群　|史跡| 国指定史跡

　八王子城は、関東地方でも、最もよく戦国時代の様相を今に伝える城のひとつであろう。険峻な山城が元八王子に残る。

　八王子地方、すなわち西武蔵一帯は平安の昔から戦国時代まで大石氏の支配する所であった。大石氏が戦国時代、滝山城から八王子城に移ったのは元亀3（1572）年のことと伝わる。

　その当時、大石氏の当主は北条氏照で氏康の子が大石氏の養子となっていた。永禄12（1569）年のこと、武田信玄の軍勢は滝山城に大石氏を攻め

たが、あまりにも城の守りが固く籠城兵も苦労したので、当城を構えたものと伝わる。天正18（1590）年の小田原攻めの折には、豊臣秀吉配下の前田利家の軍勢が攻め、これを落としている。

戦国大名

東京都の戦国史

　永享11年（1439）永享の乱で鎌倉公方足利持氏が自害すると、扇谷上杉氏は家宰の太田道灌に江戸・岩付・河越の3城を築かせるなど武蔵国に大きな勢力を保った。文明8年（1476）山内上杉氏の重臣長尾景春が上杉顕定に叛乱すると、扇谷上杉氏の重臣だった豊島泰経・泰明兄弟も太田道灌の勢力伸長に反発して挙兵した。しかし、道灌によって石神井城を落とされて敗走、小机城に逃れたがここも落城して豊島氏は滅亡した。

　しかし、同18年に扇谷上杉定正は家宰の太田道灌を謀殺、これを機に山内家との激しい戦いが続いた（長享の大乱）。

　大永4年（1524）北条氏綱が武蔵に侵攻、扇谷家の上杉朝興は江戸城を捨てて河越城に敗走した。以後北条氏は武蔵国南東部の荏原郡と豊島郡を支配下に置き、武蔵南部の諸氏をその傘下に組み込んだ。さらに3代氏康は、天文15年（1546）の河越夜戦で扇谷上杉朝定を敗死させ、山内上杉憲政を越後に追って北関東まで支配した。

　当時の多摩郡では滝山城（八王子市）の大石氏と勝沼城（青梅市）の三田氏の力が強く、とくに大石氏は山内上杉氏のもとで守護代もつとめていた他、葛西城（葛飾区）にも分家を出していた。

　河越夜戦後、大石氏が北条氏に降る一方、三田氏は越後から関東入りした上杉謙信に従って北条氏を攻めたものの、北条氏が小田原城に籠城したため攻めきれず、謙信の帰国後北条氏によって滅ぼされた。

　武蔵を所領に加えた北条氏は、江戸城と滝山城を拠点とした。江戸城の筆頭は遠山氏で、滝山城には3代氏康の三男氏照が入って、現在の東京都域を支配した。

　天正18年（1590）豊臣秀吉によって北条氏が敗れると、代わって徳川家康が関東に入り、江戸城を拡充して240万石の大大名となった。

牛込氏<ruby>牛<rt>うしごめ</rt></ruby>　武蔵国荏原郡の国衆。藤原北家秀郷流足利氏の庶流。大胡重国の子重行は上杉朝興に仕えていたが、北条氏康の招きに応じて武蔵国荏原郡牛込（新宿区）に転じた。その子勝行は牛込城を築城、天文24年（1555）には北条氏康から牛込氏と名乗ることが許され、牛込氏と改称した。これは武蔵江戸氏庶流の牛込氏の名跡を継いだ可能性がある。なお、大胡氏から重行に至る系図には異論もある。北条氏滅亡後、勝重が徳川家康に仕え、江戸時代は旗本となった。

江戸氏<ruby>え<rt>えど</rt></ruby>　武蔵国南部の戦国大名。桓武平氏秩父氏の一族。重継が同国豊島郡江戸に住んで江戸氏を称したのが祖。子重長は石橋山合戦では平家方に属したが、まもなく源頼朝に転じ、以後御家人となった。畠山氏の滅亡後は武蔵国を代表する武士となり、荏原郡を中心に一族を分出したが、この時期の系図は異動が大きくはっきりしない。鎌倉末期に足利氏に従い、重広の頃多摩郡木田見（世田谷区喜多見）に移った。定重のとき扇谷上杉氏に従い、戦国時代には世田谷吉良氏に従っていた。勝忠は北条氏に属して小田原城に籠城、開城後は徳川家康に仕えて喜多見を安堵され、以後喜多見氏と称した。

大石氏<ruby>おおいし<rt>おおいし</rt></ruby>　武蔵の戦国大名。木曽義仲の子孫といい、信濃国小県郡大石（長野県東御市）発祥か。やがて武蔵に進出、室町時代には山内上杉氏に仕えて、武蔵守護代もつとめた。多摩郡二宮（あきる野市）を本拠とした嫡流の遠江守家の他、葛西城（葛飾区）に拠った石見守家がある。庶子の出とみられる定重は新座郡の柏の城（志木市）に拠って駿河守といわれ、子道俊は椚田城（八王子市）に拠っていた。やがて多摩郡西部を支配して大石氏の本宗となり、定重は大永元年（1521）滝山城（八王子市高月町）を築城した。北条氏の勢力が武蔵にも伸びてくると、定久（綱周）は天文15年（1546）北条氏康に降った。定久の跡は女婿で北条氏康の三男氏照が継ぎ、事実上北条氏によって所領を併呑されている。氏照は天正10年（1582）頃に深沢山に八王子城を築いて転じ、同18年豊臣秀吉の小田原攻めで落城、

のち切腹して断絶した。定久の実子定仲は氏照の旗下となって滝山衆に属し、北条氏滅亡後は徳川家康に仕えている。石見守家は下総国の葛西城（葛飾区）城主で代々石見守を称した。長尾景春の乱では嫡流から離れて景春方に与している。

太田氏（おおた）

岩付太田氏の一族。太田道灌の嫡子資康は、道灌の暗殺後、甲斐に逃れたのちに山内上杉氏に従った。資康の孫康資は北条氏の重臣となり、江戸衆の筆頭にもあげられたが、永禄7年（1564）里見氏と結んで国府台合戦で北条氏に敗れて没落した。康資の子重正の子孫は遠江掛川藩主となった。

吉良氏（きら）

武蔵国世田谷の国衆。清和源氏奥州吉良氏の末裔。貞家は足利直義に仕え、観応の擾乱では畠山国氏を滅ぼして奥州に勢力を得た。貞家の死後、内紛で没落し、治家のとき足利基氏の招きで上野国飽間に住んだ。さらに成高のときに武蔵国世田谷郷（世田谷区）に住み、以後世田谷城に拠って世田谷吉良氏となる。戦国時代、頼康は北条氏に仕えて相模国蒔田に転じ、蒔田吉良氏を称した。天正18年（1590）北条氏が滅亡すると氏朝は世田谷に隠棲した。氏朝の子頼久は徳川家康に召し出され、子孫は高家となった。

小宮氏（こみや）

武蔵国多摩郡の国衆。日奉姓。武蔵七党西党の一つで、名字の地は多摩郡小宮（あきる野市）とみられるが、西党系図には小宮氏の記載はない。源頼朝に仕えた小宮五郎左衛門が知られる。室町時代に戸倉城（あきる野市戸倉）を築城。以後、戦国末期まで同地の土豪として活動した。

遠山氏（とおやま）

相模北条氏重臣。『寛政重修諸家譜』では美濃遠山氏と同じく藤原利仁流に収められており、明知遠山氏の一族と伝える。堀越公方足利政晴の伊豆下向に従って伊豆国に転じたとみられ、堀越公方の滅亡後、伊勢宗瑞に仕えてその重臣となった。宗瑞の武蔵国侵攻後、直景は江戸城代をつとめ、北条氏の武蔵国支配の中枢を担っていた。天文2年（1533）に没後は子綱景が継いでいる。永禄7年（1564）の国府台合戦で綱景が討死すると、その子政景が継いでいる。江戸時代は旗本となった。

豊島氏 武蔵国豊島郡の戦国大名。桓武平氏。秩父将常の子武常が豊島氏を称し、源義家に従って前九年・後三年の役に参加した。清光は源頼朝に仕えて鎌倉幕府の御家人となり、一族の朝経は土佐国守護をつとめた。南北朝時代は北朝に属し、嫡流の勘解由左衛門尉家と、庶流の三河守家に分裂。文明9年（1477）泰経・泰明兄弟は長尾景春に与したことから太田道灌に攻められて落城、泰明は討死して以後没落した。その後は宮城氏が豊島一族の嫡流となり、岩付太田氏の家臣となった。

平山氏 武蔵国多摩郡の国衆。名字の地は同郡平山郷（日野市）で武蔵七党の西党の一つ。源頼朝に仕えた平山季重は宇治川合戦や、一の谷合戦で名をあげた。応永20年（1413）頃に平山三河入道が檜原城を築城して拠ったという。戦国時代、平山氏重は北条氏に従い、天正18年（1590）北条氏の滅亡の際に落城、氏重は子新左衛門とともに自刃した。

三田氏 武蔵国多摩郡の国衆。平将門の末裔の胤光が武蔵国荏原郡三田（港区）に住み、その子常光が三田氏を称したのが祖という。山内上杉氏の重臣として西多摩郡に勢力を持ち、氏宗は青梅城（青梅市）に拠っていた。一方連歌師の宗長との交流があり、連歌会なども開いている。子政定は永正年間末頃から北条氏に従い、その嫡男は元服の際に北条氏綱から偏諱を与えられて綱定と称した。しかし、綱定は永禄3年（1560）の上杉謙信の関東入りに際して上杉氏に転じ、同6年北条氏照に敗れて落城、滅亡した。綱勝は北条氏輝に属して下野国小山城に拠り、天正5年（1577）上杉氏の御館の乱の際に上杉景虎を助けて越後に赴き討死した。子守綱は同18年の北条氏滅亡後徳川家康に仕え、江戸時代は旗本となった。

宮城氏 武蔵豊島氏の庶流で、名字の地は武蔵国豊島郡宮城村（足立区宮城）。為業の子宗朝は豊島氏を継いだことから、豊島氏没落後は豊島一族の嫡流となり岩付太田氏に仕えた。政業のとき北条氏に仕え、子為業は永禄8年（1565）武蔵国足立郡舎人郷（足立区舎人町）、橘樹郡菅生（川崎市宮前区）などを与えられた。その子泰業は、天正18年（1590）の豊臣秀吉の小田原攻めの際には小田原城に籠城している。江戸時代、子孫は旗本となる。

名門／名家

◎中世の名族

豊島氏
(としま)

武蔵国豊島郡の戦国大名。桓武平氏。秩父将常の子武常が豊島氏を称し、源義家に従って前九年・後三年の役に参加した。曾孫の清光は源頼朝に仕えて鎌倉幕府の御家人となり、一族の朝経は土佐国守護をつとめた。

1282（弘安5）年武蔵国豊島郡石神井郷（練馬区）が葛西一族の宇多重広(しゃく じ い)から、その娘で宮城政業に嫁いでいた箱伊豆に譲られた。箱伊豆の妹の土用熊は豊島泰景に嫁いでいたが、泰景の子朝泰には子がいなかったため、土用熊の子宗朝を養子とした。1349（正平4・貞和5）年石神井郷は宮城政業から実子の豊島宗朝に譲られ、以後豊島氏は石神井城を本拠とした。

南北朝時代は北朝に属し、嫡流の勘解由左衛門尉家と、庶流の三河守家に分裂。1477（文明9）年、泰経・泰明兄弟は長尾景春に与したことから太田道灌に攻められて落城、泰明は討死して以後没落した。その後は宮城氏が豊島一族の嫡流となり、岩付太田氏の家臣となった。

その後、泰経の曾孫とみられる経忠（秀有）は武田氏に仕え、その滅亡後徳川家康に仕えた。その子忠次の時旗本となった。

◎近世以降の名家

芥川家
(あくたがわ)

小石川薬園（現在の小石川植物園）を管理した旗本家。桓武平氏で、摂津国島上郡芥川に住んで芥川氏を称したといい、摂津国衆芥川氏の末裔か。駿河国の小野薬師寺の別当をつとめていた正知は徳川家康に仕えて草木花園の管理をした。1711（正徳元）年元風が小石川薬園の園監となって、薬園の西半分を管理。以後、役料100俵2人扶持と役屋敷775坪

を与えられ、同心2人・荒子11人を支配して、幕末まで代々薬園を預かった。

市川家
いちかわ

　　　　歌舞伎役者市川団十郎家。甲斐国の出で戦国時代は小田原の北条氏に仕えたといわれている。初代団十郎は1673（延宝元）年14歳で段十郎として初舞台を踏み、団十郎襲名後は荒事で江戸中に鳴り響いた。しかし45歳の時、舞台の中入りの休憩中に楽屋で同僚の役者に刺殺された。

　2代目団十郎は端役から始め、やがて荒事だけでなく和事にもすぐれた芸を示し団十郎家の基礎を築いた。江戸時代後期に名優として知られた7代目は、初代以来の荒事の当たり役を調べて歌舞伎十八番を制定した。

　維新後、9代目団十郎は歌舞伎の近代化に貢献、近代歌舞伎の祖と呼ばれている。現在は12代目の長男11代目市川海老蔵が13代目を襲名予定。なお、市川団十郎家の戸籍上の名字は堀越である。

伊藤家
いとう

　　　　武蔵国豊島郡上駒込村染井（豊島区駒込）の植木屋の旧家。代々伊兵衛を称し、初代伊兵衛は藤堂家出入りの植木屋であったという。3代伊兵衛三之丞には『花壇地錦抄』（1695［元禄8］年）、4代伊兵衛政武には『増補地錦抄』（1710［宝永7］年）の著作がある。政武は『続江戸砂子』で「江府一番の植木屋也」と評されている他、27（享保12）年8代将軍吉宗から舶来の楓を下賜され、これにこたえて100種のカエデ、モミジを栽培して楓葉軒とも号した。

宇田川家
うだがわ

　　　　　武蔵国の旧家。元は上杉氏の家臣で日比谷にいたといい、長清の時に品川に転じて品川神社の神官も兼ねていた。1590（天正18）年の北条氏滅亡とともに一族は武蔵各地で帰農した。北品川では江戸時代中期からは東海道品川宿の北品川の名主を世襲した。北品川2丁目の法禅寺は宇田川家の菩提寺である。

　北条氏に仕えた宇田川石見守勝種の三男喜兵衛尉定氏は、弘治年間（1555〜1558）に品川から小松川（江戸川区）に移り住み、96（慶長元）年に海辺の葦原を開墾して新田を開いたといい、宇田川喜兵衛の名前から「宇喜新田」と呼ばれた。

　また宇田川和泉守は、北条氏の滅亡後武蔵国豊島郡で帰農、子孫が名主をつとめたため同地は宇田川町と呼ばれた。現在の港区東新橋付近である。

大島家
（おおしま）

千疋屋総本店創業家。紀伊藩の大島流槍術指南役大島吉綱の末裔。江戸時代後期、武蔵国埼玉郡千疋村（埼玉県越谷市）で槍術道場を開いていた大島弁蔵が、1834（天保5）年に千疋村の果物を船で江戸に運び、葺屋町で「千疋屋」と号して水菓子の露店を開いたのが祖。2代目文蔵の時に幕府御用達となって高級路線に転じた。1868（明治元）年、3代目代次郎は日本橋に転じ、外国産の果物を積極的に販売した他、果物食堂（後のフルーツパーラー）を開業して成功した。

京橋千疋屋の祖谷治郎吉は3代目代次郎の妹の夫、銀座千疋屋の祖義政は本店番頭からの暖簾分けだが、代次郎の妻かとの叔父に当たる。

大住家
（おおすみ）

凮月堂創業家。初代喜右衛門は近江国の細田家の出で、親戚筋に当たる大坂・灘波の商家小倉家の養子となり、さらに1747（延享4）年17歳で江戸に下った。凮月堂ではこの年を創業年としている。2代目喜右衛門は水野忠邦の縁者に当たり、文化年間忠邦の紹介で松平定信より「凮月堂」の屋号を賜り、忠邦の命を受けた書家市川米庵が暖簾に「凮月堂」と書いたため「凮月堂」が同家の屋号となった。また、2代目は名字を「小倉」から「大住」に変えている。維新後、5代目喜右衛門が西洋菓子の製造を開始、1927（昭和2）年には「ゴーフル」を発売した。戦後、凮月堂総本店は閉店、5代目の三男省三郎が05（明治38）年に創業した上野凮月堂が現在まで続いている。

なお、東京凮月堂や神戸凮月堂は暖簾分けしたもので、大住家が経営しているわけではない。

大場家
（おおば）

荏原郡世田谷村（世田谷区）の代官。桓武平氏大庭氏の末裔という。事実上の祖は戦国時代の大場越後守信久で、世田谷吉良氏の四天王の一人とされ、世田谷上宿（世田谷区世田谷）に住んだ。1590（天正18）年の主家没落後、同地で帰農。1633（寛永10）年に世田谷村が彦根藩領となった際に、3代盛長が同藩の代官として採用された。その後は世田谷宿の名主・問屋役をつとめていたが、1739（元文4）年7代盛政が再び代官役となり、以後世襲した。維新後、13代信愛は世田谷初代村長となり、14代信続は宮内省農務課長、国士舘商業学校初代校長などを歴任。

大橋家
<ruby>大橋<rt>おおはし</rt></ruby>家

棋士。元は京の町人だったといわれ、将棋の力で公家などの上流階級とつながりを築いた。1602（慶長7）年初代大橋宗桂が詰将棋集を禁裏に献上、12（同17）年には幕府から50石5人扶持が与えられ、幕府公認の将棋家元の大橋家が誕生した。宗桂の没後、長男の宗古が跡を継いで世襲家元としての形をつくるとともに、弟の宗与が大橋分家、門弟の宗看が伊藤家を創立して将棋三家が定まった。

3代目の宗桂は、5歳年下で天才と称された伊藤宗看に実力で追い越され、失意のうちに死去。さらに4代目の宗伝も25歳で亡くなって大橋本家の血統が絶えると、初代伊藤宗看が実子宗銀を大橋家の養子として5代目を相続させ、大橋本家を維持した。

大村家
<ruby>大村<rt>おおむら</rt></ruby>家

白木屋百貨店創業家。近江国長浜（滋賀県長浜市）の出で、代々彦太郎を名乗る。初代彦太郎は母方の材木商河崎家で育てられ、その援助を得て、1651（慶安4）年頃に京都で白木屋と号して材木商を開いた。後に小間物から呉服屋に転じて、62（寛文2）年江戸日本橋に店を出して成功した。江戸中期から後期にかけては江戸を代表する大問屋となり、市谷店、富沢町店、馬喰町店の四店を構えた。幕末には経営が苦しくなったものの、1886（明治19）年に洋服部を創設したことで復活、三越と業界のトップを争った。1932（昭和7）年日本橋本店で火災が発生、戦後経営権は東急に移っている。

鹿島家
<ruby>鹿島<rt>かじま</rt></ruby>家

鹿島建設創業家。1840（天保11）年大工の棟梁鹿島岩吉が「大岩」と号して江戸・中橋正木町で開業したのが祖。維新後、80（明治13）年に岩蔵が京橋木挽町で鹿島組を創立した。1930（昭和5）年3代目を継いだ女婿の精一が株式会社鹿島組に改組。38（同13）年には女婿の守之助が四代目社長に就任、65（同40）年には当時日本最初の超高層ビル霞が関ビルを建設、73（同48）年にはサンシャイン60、翌年には新宿副都心の高層ビル群を建設するなど、建設業界に不動の地位を築いた。

狩野家
<ruby>狩野<rt>かのう</rt></ruby>家

絵師。伊豆狩野氏の子孫というが、始祖狩野正信以前は不明。室町後期に正信が幕府の御用絵師となり狩野派を開いた。子元信は大和絵

の技法も取り入れ、狩野派の基礎を築いた。桃山時代になると永徳が織田
信長・豊臣秀吉の庇護の下で活躍、長男の光信、弟子の山楽と共に狩野派
は一世を風靡した。特に永徳の「洛中洛外図屏風」は傑作として名高い。

　秀吉の死後は永徳の二男孝信が一族を統率、江戸時代になると孝信の子
の探幽、尚信、安信が幕府の奥絵師となり、それぞれ鍛冶橋狩野・木挽町
狩野・中橋狩野三家の祖となった。後木挽町家から浜町家が独立して、四
家が奥絵師をつとめた。以後、将軍にもお目見えのできる奥絵師を頂点に、
十五家の表絵師、さらに町人相手の町絵師というピラミッド型構造で絵師
の世界を支配した。この他、駿河台家、山下家、御徒町家など、多くの分
家がある。

観世家
かんぜ

　　　能楽の名家。南北朝時代に大和猿楽座を創設した観阿弥を祖と
する。長谷観世音を信仰したことから観世氏を称した。観阿弥は子の世阿
弥と共に足利義満の庇護を受け、能を芸術の域にまで高めた。世阿弥の跡
は長男の観世元雅が継いだが、将軍足利義教が世阿弥の甥に当たる音阿弥
を寵愛して3代目とし、元雅は「隅田川」「弱法師」などの名作を残しなが
ら不遇の晩年を送っている。桃山時代になると豊臣秀吉は今春流を用いた
ため、元忠（宗節）は徳川家康を頼り、江戸時代には能楽師の筆頭の地位
を得た。

　現在でも観世流は能楽界最高の名家である。銕之丞家など分家も多い。

喜多村家
きたむら

　　　江戸町年寄三家の一つ。もともとは遠江の出で、1590（天正
18）年の徳川家康の関東移封の際に、喜多村弥兵衛が従って江戸に来たの
が祖という。以来、樽家・館家と共に町年寄を世襲した。代々彦右衛門ま
たは彦兵衛を名乗り、日本橋本町3丁目に拝領屋敷があった。地代収入が
数百両あったといい、1670（寛文10）年から93（元禄6）年には関口・小日向・
金杉の3カ村の代官もつとめている。また、分家がいくつかあり、町年寄
職は分家から就任することもあった。

窪田家
くぼた

　　　山形屋海苔店の経営家。初代窪田惣八は出羽国米沢（山形県米
沢市）の出で、1764（明和元）年日本橋小網町で両替商を開いたのが祖。83
（天明3）年、日本橋の品川町裏河岸に転じて乾物商と乾海苔商を開業した。

1852（嘉永5）年には五大海苔商の一つに数えられるようになり、64（元治元）年江戸城本丸炎上に際して御用金を上納して名字帯刀を許された他、禁裏御用もつとめるようになった。明治維新後は乾物商・海苔商に専念。96（明治29）年7代目惣八の妹直に東端甚之助を迎えて分家、京橋山形屋を創立した。一方、本家は山形屋の経営から離れている。

　1945（昭和20）年の東京大空襲で本家・分家共に全焼、戦後本家は海苔商として再建できず、63（昭和38）年に商標を分家京橋家に譲渡、以後京橋家が山形屋の名跡を継いだ。

熊谷家（くまがい）

鳩居堂創業家。熊谷直実の末裔と伝える。1663（寛文3）年熊谷直心が京都で薬種商として創業。享保年間（1716〜36）に薫香販売に転じ、筆墨紙なども扱って、室鳩巣から「鳩居堂」という名を与えられた。江戸時代後期には頼山陽の指導で筆墨の自家製造を始めている。

　維新後、宮中御用をつとめるようになり、1880（明治13）年銀座尾張町（中央区銀座5丁目）に東京出張所を開設。1942（昭和17）年に株式会社化し、鳩居堂製造、京都鳩居堂、東京鳩居堂に三分割している。

栗山家（くりやま）

江戸を代表する料亭八百善の創業家。戦国時代後期頃、初代栗山善四郎がみずから生産する作物を販売する八百屋を始めたのが祖という。享保年間に浅草山谷で創業、周囲に寺が多かったことから仕出しを始め、次第に料理屋となった。江戸時代後期の文化文政期には江戸を代表する料亭となった。

黒川家（くろかわ）

赤坂・虎屋の創業家。平安京遷都の際に平城京から移り住んだと伝えられる古い家だが、その先祖は不明。一条室町東入に店を構えて禁裏御用をつとめ、代々近江大掾を称した。関ヶ原合戦の際に敗れた尾張犬山城主石河光吉を匿ったといい、この時の当主が虎屋中興の祖といわれる黒川円仲で、その姉は戦国武将・塙直之に嫁いでいた。虎屋という屋号は黒川家が信仰していた毘沙門天に所縁のある動物だからだという。1869（明治2）年の明治天皇東京移転の際に、12代目光正は庶兄の光保を名代として東京に派遣。光保が76（同9）年に急逝、禁裏御用としての危機を迎えると、79（同12）年家族と共に上京して赤坂に店を構えた。1947（昭和22）年、

光朝が16代目社長に就任すると、翌年には株式会社虎屋と改称した。

後藤家
（ごとう）

金工家。祖祐乗は足利義政に金工家として認められ、装剣金具の製作で一家を成した。4代光乗は81（天正9）年織田信長より大判分銅役を命じられ、以後後藤家は幕府の鋳金も担当することになった。子徳乗は天正長大判を鋳造している。8代即乗の時に3代将軍家光の招きで江戸に出て、10代廉乗の時に幕命により正式に京都を引き払った。江戸時代も権力と結びついて金工家として活躍した。この間に十数家の分家が生まれ、宗家を助けた。1876（明治9）年廃刀令をもって装剣金工の家としては終了した。

後藤家
（ごとう）

呉服師。「呉服後藤」と呼ばれた。初代松林は徳川家康が岡崎にいた頃からの御用達であったという。島津家から2代目を継いだ忠正は家康から扶持も貰っている。3代目吉勝は3代将軍家光から上総国大多喜に知行を貰い旧領と合わせて500石を知行した。4代目益勝以降代々縫殿助を称して公儀呉服師筆頭となり、将軍家や幕府、大奥の呉服御用をつとめた。

元禄時代になると越後屋などが新たに呉服師に追加されたことから、従来の呉服師は経営が苦しくなり、さらに8代将軍吉宗は公儀呉服師を減少させたが、後藤家は幕末まで続いている。

猿渡家
（さわたり）

武蔵総社大国魂神社（府中市）神職。大国魂神社は武蔵国国衙のあった府中に武蔵国内の諸神を合祀して武蔵総社としたもの。神主を世襲した猿渡家は武蔵国橘樹郡猿渡村（神奈川県）発祥で藤原氏。戦国時代には武家としても活動、北条氏に従い、1590（天正18）年には17代盛正が八王子城で戦死している。そのため、江戸城主遠山景政に嫁いでいた娘の子盛道が猿渡家を継いだ。江戸時代の社領は500石。

塩瀬家
（しおせ）

饅頭屋塩瀬総本家。祖は中国北宋の詩人林和靖の一族の末裔という林浄因。浄因は南北朝時代に来日して奈良に住み、中国の饅頭にヒントを得て和菓子の饅頭を作成、後村上天皇に献上して寵愛された。後浄因は帰国したが、子孫は奈良と京に分かれて製菓業を営んだ。京の塩瀬家は後に三河国設楽郡塩瀬（愛知県新城市）に住んで塩瀬を名乗り、戦国時代

以降京に戻って饅頭屋と号した。本家は江戸中期に断絶したが、江戸初期に暖簾分けした江戸の塩瀬が現在の塩瀬本店である。

清水家 しみず

清水建設創業家。元は越中国婦負郡小羽村（富山市非羽）の大庄屋で、代々武兵衛を称していた。初代喜助は5代目武兵衛の長男だったが、実母が死去して継母に妹が生まれたことから、家督を妹に譲って江戸に出た。幼少の頃から彫刻をよくし、大黒天が清水建設本社に所蔵されている。喜助は神田新石町で清水屋と号して大工を開業、1838（天保9）年には江戸城西ノ丸の修繕に参加。嘉永年間には穴八幡随身門を建築、公家白川家から「日向」「河内」の名乗りを賜っている。養子の2代目喜助は幕末に築地ホテルを建築、維新後も三井組ハウス（後の第一国立銀行）、横浜十全病院などを建築した。1937（昭和12）年には株式会社清水組となり、48（同23）年清水建設と改称した。

守随家 しゅずい

江戸秤座支配。祖吉川茂済（守随）は甲斐の出で今川氏に属し、当時人質となっていた松平竹千代（徳川家康）に仕えていた。後甲府に戻って武田氏に仕え、1574（天正2）年から秤の製造販売を独占する秤座をつとめた。跡を継いだ養子の信義は、実は武田信玄の長男義信の子といわれ、武田氏滅亡後家康は信義に「守随」を名字として名乗らせ、83（同11）年甲斐の守随秤を公用秤と定めた。90（同18）年の関東入国に際して江戸に移り住み、代々彦太郎を称した。1608（慶長13）年4代目の正次が関東の、53（承応2）年5代目の正得が東日本三十三カ国の秤の製造販売の独占権を得ている。

　近世文学研究家の守随憲治東京大学名誉教授、その子の守随武雄ビクター社長は末裔。

高津家 たかつ

にんべん創業家。尾張国の出で初代伊兵衛の祖父与次兵衛が寛永年間頃に伊勢四日市に出て、雑穀・油・干鰹などの店を出したのが祖。その孫の伊兵衛は1691（元禄4）年に13歳で江戸に出て穀物商の油屋に奉公。21歳で独立し、当初は日本橋で戸板の上にかつお節や干魚を並べて販売した。1704（宝永元）年小船町にかつお節専門店を開業、翌年には伊勢屋と号し、20（享保5）年には現在の本社がある瀬戸物町に転じて、一代で

豪商に上り詰めた。6代目伊兵衛は、天保年間に銀製商品切手を考案、これは世界最初の商品券といわれている。さらに8代目の時には幕府の御用商人となっている。

　伊勢屋伊兵衛という名前から、イ（にんべん）を￣（かね）の下に入れた商標（ロゴ）にしたところ、「にんべんの店」と呼ばれるようになり、1948（昭和23）年に「にんべん」を正式な社名としている。

館家 <small>たち</small>

　町年寄筆頭。大和国奈良の出身のため奈良屋と号した。三河時代の徳川家康に仕え、関東入国の際に日本橋本町に屋敷を拝領して江戸の町支配を命じられた。以後代々奈良屋市右衛門を名乗り、7代目市右衛門は享保の改革の際に、江戸の問屋仲間結成に活躍したことで知られる。1834（天保5）年に名字を許されて「館」を名字とし、60（万延元）年には帯刀も許された。

田巻家 <small>たまき</small>

　佃煮の元祖、新橋玉木屋の経営家。越後国玉木村の出という七兵衛が江戸に出て、1782（天明2）年に片側町（新橋1丁目）で玉木屋と号して秘伝の煮豆「座禅豆」の店を開いたのが祖。3代目七兵衛の時、佃島の漁師が保存食として小魚を煮てつくっていた佃煮に改良を加えた「つくだ煮」を考案して繁盛した。

樽家 <small>たる</small>

　江戸の町年寄。刈谷城主水野家の一族という。水野忠政の孫の三四郎康忠が徳川家康に仕え、三方ヶ原合戦や、長篠の戦いで活躍して樽三四郎と名乗ったのが祖。1590（天正18）年、家康の関東入国に際して江戸の町支配を命じられ、その子藤左衛門忠元が町年寄となった。以後、代々樽屋藤左衛門を名乗って町年寄を世襲した他、東国三十三カ国の枡座も統括していた。1790（寛政2）年名字帯刀を許されている。

徳川家 <small>とくがわ</small>

　将軍家。1566（永禄9）年家康が従五位下三河守の官位を得、松平氏から徳川氏に改めたのが祖。家康は幕府を開いた後三男秀忠に将軍職を譲り、以後代々将軍職を世襲した。江戸時代は宗家と御三家（紀伊家・尾張家・水戸家）・御三卿（清水家・田安家・一橋家）のみが徳川を名乗り、それ以外の一族は松平氏を称していた。

15代慶喜の時に大政を奉還。維新後16代目家達は公爵となり、1914（大正3）年には組閣の内命を得たが辞退している。17代家正は外交官として活躍した。

　慶喜は、維新後に宗家とは別に一家を興し、02（明治36）年に公爵を授けられた。現在の当主慶朝は写真家である。

　慶喜の四男厚は1882（明治15）年に分家し、84（同17）年に男爵を授けられた。子喜翰は貴族院議員をつとめている。九男誠も1912（明治45）年に分家し、翌年男爵を授けられた。

　方言研究の第一人者として知られた宗賢は田安家の生まれである。

中沢家
なかざわ

　ぬ利彦創業家。摂津国の出の初代中沢彦七が、1717（享保2）年江戸で酒・醤油の仲買商「塗屋彦七」を創業、以後代々彦七を襲名する。3代目は両替商も開業した。維新後、6代目は同業者有志に呼びかけて東京卸酒販組合を設立、1906（明治39）年には宮内省御用達となった。48（昭和23）年株式会社ぬ利彦に改組した。

野田家
のだ

　上野池之端の老舗「酒悦」の創業家。初代清右衛門は伊勢国山田（三重県伊勢市）の出で、1675（延宝3）年に本郷元町に山田屋と号して海産物問屋を創業した。後寛永寺の門前である上野・池之端に移って珍味・海苔などを扱うようになった。これを東叡山輪王寺門跡が贔屓にし、屋号を「酒悦」と命名したという。維新後、15代清右衛門が福神漬を発明、日清日露の両戦争で兵隊の携行食となったことで一躍全国に広まった。

浜田家
はまだ

　日本橋大伝馬町の刷毛の老舗、江戸屋創業家。初代利兵衛は上方で刷毛師の修行をした後江戸に戻って幕府御用達の刷毛師となり、1718（享保3）年に幕府から江戸屋の商号を賜って大伝馬町の日光街道沿いに刷毛商を開いたのが祖。維新後はブラシの製造も始めた。現在は12代目で、株式会社江戸屋を経営している。

福島家
ふくしま

　新富町（中央区新富）の和装小物の老舗。安永年間（1772〜1780）に初代福島美代吉が三田に装束仕立屋として創業。1849（嘉永2）年新富町に移転した。維新後、5代目福太郎が足を美しく見せる「新富形」と

いう足袋を開発、歌舞伎や日本舞踊で採用されて一躍有名になった。一足ずつ型を取ってつくる特別誂え足袋など、足袋の老舗「大野屋總本店」を経営する。

宝生家 <small>ほうしょう</small>

能楽師。室町時代に大和猿楽の一座として成立した。祖蓮阿弥は観阿弥の子という伝説もあるが、実際は観世座よりも古いとみられている。戦国時代、一閑は北条氏に仕えていたが、宝山の時に北条氏が滅亡し、大和に戻った。勝吉は豊臣秀吉、徳川家康に仕え、江戸時代は幕府に直属することになった。16世知栄は明治三名人の一人といわれた。現在の当主英照は1995（平成7）年に19世を継いでいる。

細田家 <small>ほそ だ</small>

日本橋の菓子商・榮太樓総本舗創業家。元は武蔵国飯能（埼玉県飯能市）の菓子商で、1818（文政元）年徳兵衛が江戸に出て、九段坂で井筒屋と号して開業したのが祖。57（安政4）年3代目安兵衛が日本橋西河岸町に店舗を構え、みずからの幼名「栄太郎」にちなんで榮太樓本舗と号した。「梅ぼ志飴」で人気を得た。1972（昭和47）年株式会社に改組。

村田家 <small>むら た</small>

日本橋の鏡師。元は京都で御所御用の鏡師をつとめていたが、1615（元和元）年幕府に請われて江戸に転じ、以後幕府御用の鏡師となった。明治維新後、11代目長兵衛は眼鏡制作技術を習得し、1872（明治5）年日本橋室町に日本初の眼鏡専門店、村田眼鏡舗を開業した。現在は15代目である。

山田家 <small>やま だ</small>

浅草橋の人形問屋、吉徳の創業家。尾張国知多郡河和（愛知県知多郡美浜町）の出。1711（正徳元）年初代治郎兵衛が江戸に出て、浅草茅町に人形玩具店を開いたのが祖。6代将軍から「吉野屋」の屋号を賜り、以来雛人形手遊問屋として吉野屋治郎兵衛と称した。6代目の時に徳兵衛と改称。明治維新後は略称の「吉徳」を正式な社名とした。

山本家 <small>やまもと</small>

日本橋の煎茶商、山本山創業家。1690（元禄3）年初代山本嘉兵衛が山本嘉兵衛商店として煎茶・紙類を扱う店を開業。1738（元文3）年には永谷園の創業者永谷宗円の開発した宇治茶の煎茶を委託販売して財を成

した。6代目は玉露を開発したことで知られる。1816（文化13）年には幕府本丸御用茶師となった。1941（昭和16）年株式会社山本山ととなり、戦後は海苔の販売も開始した。

山本家（やまもと）　日本橋の鶏料理の老舗「玉ひで」の創業家。元は幕府の御鷹匠で、1760（宝暦10）年に初代鐵右衛門の父が鷹匠の傍ら鶏料理を始めたのが祖。85（天明5）年軍鶏鍋屋の「玉鉄」と号し、3代目鐵之助の時に鷹匠職を返上して軍鶏料理屋に専念した。現在は8代目である。

山本家（やまもと）　向島の和菓子商、長命寺桜もちの創業家。山本新六が1717（享保2）年に隅田川土手の桜の葉を樽の中に塩漬けにして桜餅を考案、向島の長命寺の門前にて販売したのが祖。以後、向島の名物となり、錦絵にもしばしば描かれた。

横山家（よこやま）　浅草橋の人形問屋、久月創業家。横山党の末裔とするが不詳。江戸時代初期、武蔵国足立郡の久左衛門新田（足立区神明町）を開発した横山久左衛門の末裔という。1835（天保6）年初代横山久左衛門が神田で人形師・久月と号して創業し、2代目久左衛門が茅町2丁目に転じた。3代目は10歳で当時の人形・玩具の大問屋吉野屋徳兵衛に奉公に出、27歳で暖簾分けして吉野屋久兵衛として独立。明治維新後、4代目久兵衛が久月の屋号を復活した。

吉田家（よしだ）　日本橋の団扇・扇子商の老舗、伊場仙の創業家。初代伊場屋勘左衛門の父は三河国岡崎城下で松平家（徳川家）の土木工事に携わり、徳川家康の浜松移転に伴って遠江国敷知郡伊場村（静岡県浜松市中区）に移住したという。

　1590（天正18）年の家康の関東入りに従って江戸に入り、この年を創業年としている。当初は幕府御用達として和紙・竹製品を取り扱い、後に団扇商となる一方、地本問屋として浮世絵も出版した。維新後は暦の製造販売も手掛けたが、現在は再び団扇・扇子を中心としている。

博物館

江戸東京たてもの園
〈看板建築・出桁造り〉

地域の特色

　日本の首都で、人口約1,300万人の世界有数の大都市であるが、面積は2,187平方キロメートルで全国45位。全体の形は東西に細長い三角形で、東は低地で下半分は海に面している。江戸期から埋め立てで形成され、しばしば水害にも襲われた。中央部は山手の台地と多摩などの丘陵地。西は深い山地で標高2,017メートルの雲取山もある。太平洋上には、南北に長く伊豆諸島が、さらに南に都心から約1,000キロメートル離れた世界自然遺産の小笠原諸島もある。高層ビルが林立する大都会のイメージは新宿から東の都心部で、東京全体には多様な自然も多く広がっている。

　東京は博物館の発祥地だ。湯島聖堂大成殿（文京区）での1872（明治5）年の博覧会（展覧会）は文部省の「博物館」が主催。政治・経済・文化の中心となった東京には多様な博物館があり、また日本博物館協会をはじめとする全国的な博物館の連携組織の本部も置かれている。日本の博物館の中心地で、都の動物園、水族館、美術館も充実し、区立や市町村立の博物館も結構ある。しかし、都立の博物館の発達は不十分である。1934（昭和9）年東京市が「東京郷土資料陳列館」を開設したが、都全体を対象とする本格的な博物館は93（平成5）年の江戸東京博物館まで無く、この博物館も中世以前の歴史や自然は対象外。近隣の県立博物館にはあるのに、都立の博物館のこの欠落は大きい。多摩、港区など地域の博物館連携組織はあるが、東京都全体の博物館協議会のような組織もない。

主な博物館

東京国立博物館　台東区上野公園

　国内最大の人文系総合博物館。通称トーハク。多くの国宝・重要文化財を含む日本とアジアの約12万件の資料を収蔵している。敷地も国立博物館

の中でも飛び抜けて広く、上野地区の面積は約10万平方メートルもある。1872（明治5）年の湯島聖堂大成殿の博覧会を開館年とする国内最古の博物館でもある。常設展にあたる「総合文化展」が充実しお薦め。保存も考慮し年間約400回もの部分的な入れ替えが実施されている。本館では日本の美術を、東洋館では東洋美術を、法隆寺宝物館では法隆寺献納宝物を常設展示している。平成館1階に日本の考古遺物の展示室があり、道を隔てて洋画家黒田清輝の作品を展示する黒田記念館がある。東洋館には、大スクリーンに超高精細映像で作品や歴史的空間を映すミュージアムシアターがある。平成館の2階は特別展専用の展示室、表慶館は特別展やイベントの会場として使われている。資料館では写真・図書など学術資料を公開している。

国立科学博物館　台東区上野公園

　自然史・理工分野の唯一の国立博物館。膨大な標本、複製、模型、映像を駆使した常設展「人類と自然の共存をめざして」が展示の中核。球形の映像「シアター360」もある。特別展の他、追加料金なしのさまざまな充実した企画展が開催されていて、お薦め。

　1877（明治10）年創立。関東大震災で、当時湯島にあった施設、標本の全てを焼失。1931（昭和6）年、現在地に飛行機型の本館（現日本館・重要文化財）を建設し再出発した。2004（平成16）年新館（現地球館）がグランドオープンし、現在の地球館と日本館の構成になる。上野地区の他、実験植物園や研究棟のある筑波地区、港区の附属自然教育園の主に3地区で活動を展開している。教育活動も充実し、展示室での研究員によるディスカバリートークや館内・野外でさまざまな教育活動を実施している。全国の自然史系博物館のデータベース「サイエンスミュージアムネット（S-Net）」を運営するなど、理系分野の博物館の連携拠点になっている。

恩賜上野動物園　台東区上野公園

　日本の動物園では最も古く1882（明治15）年に開園した。「恩賜」とは天皇陛下から賜ったものを指し、通称は上野動物園。わが国には国立動物園がないことから、日本を代表する動物園として位置付けられ、パンダのように国と国との親交の証として飼育展示されている動物も多い。2011（平

成23）年に生物多様性保全活動宣言し希少動物の保護や研究にも取り組んでいる。具体的には、野生生物保全センターにおいて、絶滅のおそれにある野生動植物種生息域外と域内保全、ズーストック計画、保全に関する教育普及活動も積極的に展開し、スマトラトラ、ニシローランドゴリラなどの希少動物をはじめ500種余りの動物を飼育している。日本最初の水族館「観魚室（うをのぞき）」は1882（明治17）年に園内に設営されており、動物園水族館の祖を築いてきた。上野公園地区には、国立科学博物館、東京国立博物館など多くの博物館群があり、相互連携した活動も注目されている。

葛西臨海水族園　江戸川区臨海町
（かさいりんかいすいぞくえん）

1989（明治22）年に開園した。建築設計は谷口吉生（たにぐちよしお）で、屋上に円盤状の平水面と中央にガラスドームを設置し、エスカレーターで館内へアプローチする。その様はあたかも、東京湾へ潜水していく印象を与える。特徴的な水槽はリング形状をした2,200トンのマグロの水槽で、1999（平成11）年にはクロマグロの産卵に世界で初めて成功した。館のテーマを「七つの海」とし、太平洋、インド洋、大西洋、カリブ海、深海、北極海、南極海など、世界中の希少な水族を職員みずからが収集している。「東京の海」では小笠原諸島、伊豆七島、東京湾の地元の生物が見られ、「海藻の林」では海中を揺らぐ海藻の繁茂を再現、「海鳥の生態」ではウミガラスやエトピリカなどの飛翔も見られる。「ペンギンの生態」では4種のペンギンを屋外で飼育している。このほか、野外展示として、池や渓流、小川を再現した水辺の自然コーナーも人気が高い。2026（令和8）年度の開園を目標にリニューアル計画が進んでいる。

江戸東京博物館　墨田区横網
（えどとうきょうはくぶつかん）

東京の都市史専門博物館で徳川家康（とくがわいえやす）の入府から約400年間が対象。1993（平成5）年に開館。高床式の倉をイメージした延設面積4万8,513平方メートル、最高部62.2メートルの巨大な建物（設計：菊竹清訓（きくたけきよのり））。広場から長いエスカレーターで階に上がると常設展示で、導入部は実物大の日本橋（復元）。渡ると寛永時代（かんえいじだい）の町人地や大名屋敷の模型がある。追加料金なしの企画展示室もある。階段を降りると長屋の復元や出版の資料、歌舞伎座の建物など。ここまでが江戸ゾーンで階の残り半分が東京ゾーン。1874（明

治7）年創刊の『朝野新聞』の社屋が入り口で、内に鹿鳴館や銀座のレンガ街の模型がある。このコーナーを出ると関東大震災や空襲で破壊され再生した近代東京の歴史の展示。自然や中世以前の歴史は展示の対象外である。数カ国語に対応できるボランティアがいて展示解説をしてくれる。7階には図書室と映像ライブラリー、10階には特別展示室、ホール、ショップなどがある。

サンシャイン水族館　豊島区東池袋

　1978（昭和53）年に、東池袋にある商業施設サンシャインシティ、ワールドインポートマートの上層階に建築された。日本初の大都市型複合施設の水族館として脚光を浴び、以後、多くの都市型水族館が誕生する契機となった。旧称はサンシャイン国際水族館で、2011（平成23）年にリニューアルした。ラッコやウーパールーパー、クリオネなど常に特徴的な水族を調達し、展示水槽の形状も独創的で、国内の水族館のトレンドの先端としても注目度が高い。

多摩動物公園　日野市程久保

　1958（昭和33）年に恩賜上野動物園の分園として開園。60ヘクタールの広大な敷地を生かし、動物たちが自由に動く様を見せることを目指し無柵放養式展示を導入。64（昭和39）年にサファリ形式によってライオンを見ることができるライオンバスを世界初の試みで導入した。昆虫園には国内でここにしかいないハキリアリや洞窟に棲むグローワームの他、チョウが舞う中を散策できる大温室や成長段階ごとのトノサマバッタの生体展示がある。

江戸東京たてもの園　小金井市桜町（都立小金井公園内）

　急激な都市発展で失われる歴史的建物30棟などを移築保存する敷地面積約7ヘクタールの野外博物館。展示室のあるビジターセンターを中心に三つのゾーンで構成。東ゾーンは銭湯や商店など下町の、センターゾーンには洋館風の山の手の、西ゾーンには多摩の農家の建物を配置している。ボランティア組織「ひじろ会」が囲炉裏の管理や案内などで活躍している。武蔵野郷土館が前身施設で江戸東京博物館の分館として大幅な整備を行い

1993（平成5）年に新規開園。

日本科学未来館　江東区青海

「科学技術基本計画」に基づき設置された国立の科学館。2001（平成13）年開館、科学技術振興機構（JST）が運営。常設展は宇宙、地球、生命の「世界をさぐる」、ロボット、情報、イノベーションの「未来をつくる」、巨大な球型ディスプレイであるジオ・コスモスを中心とした「地球とつながる」で構成されている。科学コミュニケーターの育成に力を入れており、また館内に最先端の研究を行う外部のプロジェクトチームの研究室もある。

世田谷文学館　世田谷区南烏山

世田谷は関東大震災、私鉄の開通を契機に多様な文化人が移り住んだ地域。ゆかりの文学資料約10万点を活用したコレクション展や、筒井康隆、林芙美子など文学者、安西水丸、安野モヨコなどイラストレーター、漫画家と幅広い分野の企画展を実施。自動からくり人形作家「ムットーニ」のコーナーもある。授乳室も備えた小さなライブラリー「ほんとわ」がユニーク。「文学への誘い」がテーマの出張展示キットの学校などへの貸し出しもしている。

たばこと塩の博物館　墨田区横川

専売品だった「たばこ」と「塩」をテーマとする博物館。日本専売公社（現・日本たばこ産業）が設立し1978（昭和53）年に東京都渋谷区に開館。2015（平成27）年に現在地に移転オープンした。常設展示はタバコ文化の発祥から世界日本への伝播などを扱う「たばこの歴史と文化」、塩の性質、岩塩、独特な日本の製塩などを扱う「塩の世界」で構成。浮世絵や喫煙具など約3万6千点の所蔵資料を順次紹介するコレクションギャラリーもある。

早稲田大学坪内博士記念演劇博物館　新宿区西早稲田

演劇・映像資料100万点を収蔵するアジア唯一の演劇専門総合博物館で演劇映像学の連携研究拠点。1928（昭和3）年、教授でもあった坪内逍遙の古稀と『シェークスピヤ全集』翻訳完成を記念して設立。建物は16世紀イギリスの劇場「フォーチュン座」を模していて、これ自体が演劇資料。2

階に逍遙記念室、3階に「日本の演劇史」と「世界の演劇」の常設展示。他に特別展示室、企画展示室があり多彩な展覧会を開催。通称エンパク。

東京大学総合研究博物館　文京区本郷

1966（昭和41）年開館の総合研究資料館を改組し96（平成8）年に総合研究博物館として再出発。開学以来の学術標本など300万点を収蔵しており、これを活用して本郷キャンパスの本館、小石川植物園内の小石川分館、複合ビル丸の内 Kitte にあるインターメディアテク、東京ドームシティのTenQ の地球博物学研究室でも展示公開活動を行っている。標本と展示ケースをセットにした出前展示「モバイルミュージアム」も実施している。

府中市郷土の森博物館　府中市南町

武蔵府中の総合博物館。常設展示の導入部は大國魂神社の「くらやみ祭」で、それに続き原始から近代へ時間軸に沿った展示が展開し最後は「都市と緑と」という構成。府中市は700年頃、武蔵国の役所・国府が置かれた所で当時の巨大な模型もある。体験型のこども歴史街道・体験ステーションや大型プラネタリウムもある。屋外空間は府中市の地形に見立てて造成し、小学校、町役場、住宅、水車小屋など8棟を移築復元している。

靖国神社遊就館　千代田区九段北

西南戦争を機に1882（明治15）年に開館した戦争博物館で内務、陸軍、海軍の三省が運営していた。戦後は靖国神社の施設になる。2002（平成14）年のリニューアルで、22の展示室と二つの映像ホールの構成となる。導入「武人のこころ」から日清・日露戦争と時代を追って第二次世界大戦までを扱っている。日本海海戦のパノラマもある。展示後半は「靖國の神々」として戦没者の遺品を展示。大展示室には戦跡で収集した戦車、特攻機「桜花」などを展示している。

江東区深川江戸資料館　江東区白河

江戸の深川をテーマにした博物館。展示室は地下で映画スタジオのような大空間に江戸時代末（天保年間）の深川佐賀町の町並みを実物大で再現。一日の変化を音響・照明で演出している。長屋、火の見櫓、掘割、船宿、

八百屋、肥料問屋、天麩羅屋や二八そばの屋台がある広場などがある。

多摩六都科学館　西東京市芝久保町

　近隣の5市で構成する組合が設置、運営する大型科学館。常設展には「チャレンジの部屋」「からだの部屋」「しくみの部屋」「自然の部屋」「地球の部屋」の展示室がある。星の数世界一のプラネタリウムもある。小〜高のジュニアボランティアや元技術者などのボランティア約130名が活躍。

科学技術館　千代田区北の丸公園

　生活に密着した科学技術や産業技術をテーマにさまざまな体験型展示が展開する科学館。各テーマに関連する業界団体や企業などが、展示の制作や運営に資金提供や企画で協力する方式。1964（昭和39）年に開館、公益財団法人日本科学技術振興財団が運営。2階から5階が常設展示で1階はイベントホール。

国立ハンセン病資料館　東村山市青葉町（多磨全生園内）

　ハンセン病問題に対する正しい知識の普及啓発による偏見・差別の解消および患者・元患者とその家族の名誉回復を図ることを目的とする施設。展示は導入、日本の政策を中心としたハンセン病をめぐる歴史、治療薬ができる前の癩療養所での過酷な暮らし、生き抜いた証、の構成。

東京農業大学「食と農」の博物館　世田谷区上用賀

　古い農具やトラクター、醸造学科卒業生の蔵元の日本酒、大学の最新研究の成果などで「食と農」を紹介する博物館。展示温室「バイオリウム」では内外の動植物を飼育展示。「日本の博物館の父」田中芳男が東京高等農学校初代校長の時に開設（1904（明治37）年）した標本室（空襲で焼失）が源。

都立第五福竜丸展示館　江東区夢の島（夢の島公園内）

　1954（昭和29）年マーシャル諸島ビキニ環礁で米国の水爆実験の死の灰（放射性降下物）で乗組員全員が被ばくした事件とその船（全長約30メートルの木造漁船）を展示。大学の練習船の後、廃船になり夢の島の埋立地に放置されていた。市民の運動で保存が決まり都の施設として76（昭和51）

年に開館。

昭和のくらし博物館　大田区南久が原

　生活史研究者の小泉和子が育ち暮らした1951（昭和26）年建築の自宅を家財も含め丸ごと保存し公開。展示では昭和30年前後の暮らしを再現している。季節でしつらえを変えている。「いつの時代も、最も残りにくくかつ軽んじられるものは、一番身近なはずの庶民のくらしである」と痛感したことが開館の契機。

五日市郷土館　あきる野市五日市

　海獣パレオパラドキシア（上顎骨）や里の暮らし、川の暮らしなどを紹介する地域博物館。明治初期、自由民権運動の高まりの中で地域の農村青年グループが起草した「日本帝国憲法」（五日市憲法草案）の関係資料の展示もある。敷地内に移築した茅葺農家では年中行事の展示などをしている。

東京都埋蔵文化財センター　多摩市落合

　都の埋蔵文化財調査の施設。最初は多摩ニュータウンの遺跡調査のために建設された施設なので、通史展示「多摩を発掘する」は旧石器時代から近世までの多摩丘陵の歴史を出土品を中心に展示。伊達藩屋敷出土の染付磁器など江戸遺跡関連の展示もある。隣に縄文時代の多摩丘陵の景観を復元した遺跡公園「縄文の村」もある。

伊豆大島火山博物館　大島町元町

　島民全員が約1カ月、島外で避難生活を強いられた1986（昭和61）年の噴火を中心に、伊豆大島火山の歴史や火山噴火の仕組み、火山災害、監視・観測体制や防災対策、日本や世界の主な火山などを学べる火山専門博物館。巨大な千波地層切断面の剥離標本や火山地底探検の擬似体験カプセルもある。

小笠原ビジターセンター　小笠原村父島字西町

　自然史系、歴史系の展示で小笠原を総合的に紹介、重要な生活道具であったカヌーがシンボル展示。戦後23年間アメリカ統治下に置かれ島民の一部

は帰島できないこともあった。2011（平成23）年に世界自然遺産に登録。解説員もいて観察会なども実施。近くに環境省の世界自然遺産センターもある。

東京都水道歴史館　文京区本郷

大都会江戸～東京400年の水道の歴史と、現代の水道技術・設備を紹介する博物館。江戸時代の水道管である木樋、石樋、水道による上水井戸の実物や上水井戸のある長屋の再現、近代水道で導入された鉄製水道管、複数の家庭で使う「共用栓」、火災のための「消火栓」などを展示。

練馬区立牧野記念庭園　練馬区東大泉

植物図鑑で有名な牧野富太郎が晩年を過ごした自宅跡を庭園として公開したもの。2008（平成20）年に新記念館が完成、博士の生い立ちや業績の常設展示、植物画展などを開催する企画展室がある。書斎も保存、公開している。

警察博物館（ポリスミュージアム）　中央区京橋

制服や装備品など実物資料による警察制度や事件の歴史展示や、交番勤務、指紋採取などの体験型展示で警察の活動を紹介。旧陸軍軍楽隊資料もある。子どもは制服を着ての記念撮影もできる。

新宿区立新宿歴史博物館　新宿区四谷三栄

常設展示は先史時代から平成まで6コーナーに内藤新宿時代の模型、商家、都電、文化住宅、芸能の展示などが展開。区立の関連施設に林芙美子記念館、佐伯祐三アトリエ記念館、中村彝アトリエ記念館、漱石山房記念館がある。

平和祈念展示資料館　新宿区西新宿（新宿住友ビル33階）

太平洋戦争での兵士、戦後のシベリア他の強制抑留者、大陸からの引揚者の労苦を実物資料、グラフィック、映像、ジオラマ（兵士の出征、強制収容所の部屋、引揚船の船底）などで展示紹介。戦争体験を次世代に伝えるための「語り部」によるお話会や企画展も実施。総務省所管の施設。

名　字

◆地域の特徴

　東京都には全国の人口の約1割が住み、その出身地も北海道から沖縄まで各地に及ぶ。したがって、現在の東京都の名字ランキングは全国ランキングとほとんど変わらないが、1つだけ大きく違う点がある。それは、全国ランキングでは1位佐藤、2位鈴木なのに対し、東京では全国順位とは逆に鈴木が佐藤を抑えて1位となっていることだ。

　鈴木と佐藤はともに東日本に多い名字だが、佐藤が東北に集中しているのに対し、鈴木は東海から関東に集中している。したがって、東京だけではなく、関東では鈴木の方が佐藤より多くなっている。

　しかし、もう少し細かくみると、23区では鈴木が佐藤よりかなり多いものの、多摩地区では佐藤が最多となっている市も多い。とくに八王子市や町田市といった、ベッドタウンとして人口が急増した市では佐藤の方がかなり多くなっている。

　これは、本来江戸とその周辺では鈴木が圧倒的に多かったが、戦後、東

名字ランキング（上位40位）

1	鈴木	11	吉田	21	石川	31	長谷川
2	佐藤	12	山本	22	林	32	遠藤
3	高橋	13	山田	23	松本	33	森
4	田中	14	清水	24	小川	34	斉藤
5	小林	15	佐々木	25	阿部	35	岡田
6	渡辺	16	木村	26	池田	36	近藤
7	伊藤	17	石井	27	橋本	37	後藤
8	中村	18	山口	28	金子	38	内田
9	加藤	19	井上	29	青木	39	田村
10	斎藤	20	山崎	30	中島	40	坂本

北地方などから多くの人が流入してくるにつれて佐藤さんの比率が高まり、多摩地区では佐藤が鈴木を追い越したのだと考えられる。

3位〜10位以下は関西に多い山本に代わって加藤が9位に入っているだけで、全国のベスト10とほぼ同じである。あえて特徴をあげるならば、清水と石井が20位以内に入っていることぐらいだろうが、清水は山梨では第4位、石井も千葉ではベスト10に入っているなど、順位は東京より上。もちろん人口が多いため、実数は東京が最多という名字は多いが、人口比で東京が最多という名字はベスト100までみても1つもない。

23区や多摩東部では、自治体による名字の地域差はないが、多摩西部では佐藤や鈴木以外の名字が最多となっている市町村もある。たとえば、武蔵村山市では高橋、青梅市・あきるの市・日の出町では田中、桧原村では小林が一番多い。

また、伊豆諸島や小笠原諸島では菊池が多く、八丈町や小笠原町では最多。とくに八丈島や青ヶ島村では島民の1割以上が菊池である。

● 独特の名字

奥多摩町では原島が一番多い。原島の全国順位は1,500位前後で、東京都全体でも300位以下だが、奥多摩から立川市にかけての地域ではかなり多い。奥多摩町では最多名字、青梅市でもベスト10に入っており、ここを中心に、神奈川西部・埼玉西部・群馬南部に全国の8割以上が集中している。

原島一族は第28代宣化天皇の子孫といわれ、ルーツは埼玉県熊谷市の地名。室町時代に奥多摩に移って奥多摩地方を開発したといい、奥多摩を中心として広がっていった。

この他にも、多摩西部には今でも独特の名字が多数残っており、主なものには、武蔵村山市の比留間、乙幡、青梅市の榎戸、久下、羽村市の羽村、奥多摩町の小峰、村木、日出町の木住野・来住野などがある。

一方、23区内を代表する名字が宇田川で、渋谷区から港区にかけて流れる宇田川に由来するとみられる。室町時代後期頃から歴史に登場し、北条氏に従う在地武士である一方、品川を拠点とした商人でもあり、さらに品川神社の神官も務めていた。北条氏滅亡後、一族は都内各地に散らばって帰農した。渋谷の宇田川町や、港区にあった宇田川町（東新橋付近）も宇田川家が名主を務めたことに由来している。とくに、葛西地区に移った宇田川一族は広大な新田を開墾、江戸川区に残る宇田川家長屋門は区指定文

化財である。江戸時代中期以降、次々と自然科学系の学者を輩出した津山藩医の宇田川家も武蔵国足立郡淵江村（足立区）で帰農した品川宇田川家の一族である。

- **名字由来の地名**

　名字は地名に由来するものが多いが、東京では名字に由来する地名も多い。というのも、徳川家康が江戸に入部する以前は、江戸は人があまり住んでいない原野で地名も少なかった。そこに家康が大都市・江戸を建設したことから、地名が足りなくなったのだ。そこで次々と新しい地名が付けられたが、その際に名字に因むものも多くつくられた。

　港区青山は美濃郡上藩主の青山家に因んでいる。徳川家康の家臣だった青山忠成が鷹狩りの供をした際、家康から「見えるかぎりの土地を与える」といわれ、忠成は馬を走らせて赤坂から渋谷に至る土地を拝領したという。そのため、この地一帯は青山と呼ばれるようになった。

　新宿駅から東側にかけての地域は、かつて内藤新宿といった。この内藤とは、信濃高遠藩主の内藤家のことである。内藤清成も家康の鷹狩りの供をした際に、馬が一息で駆けた土地を与えよう、といわれた。清成は馬に乗ると、南は千駄ヶ谷、北は大久保、西は代々木、東は四谷という広い地域を駆け抜け、約束通りこの広大な土地を拝領した。

　元禄年間に内藤家下屋敷の北側に新しい宿場ができた際「内藤家の前にできた新しい宿場」ということで、この宿場は内藤新宿といわれるようになり、やがて「内藤」がはずれて新宿となった。新宿御苑は内藤家の屋敷跡で、新宿御苑東側には今でも内藤町という地名がある。

◆東京都ならではの名字

◎乙幡（おっぱた）

　多摩地区の名字。武蔵村山市には100世帯ほど集中しており、周辺の東大和市・立川市・昭島市・福生市に全国の8割近くがある。武蔵村山市の旧家の乙幡家は北条氏の遺臣といい、武蔵国比企郡越畑村（埼玉県嵐山町）がルーツとみられる。

◎河辺（かべ）

　青梅市には河辺という名字がある。別に珍しくはないが、青梅の河辺は「かわべ」ではなく「かべ」と読む。これは、青梅市に河辺と書いて「かべ」と読む地名があるのが理由である。同市の河辺も河辺地区に多い。

◎瀬堀 <small>せぼり</small>

　江戸後期に小笠原の島主であった米国人セーボレーは、小笠原の日本領有決定とともに日本に帰化し、セーボレーに漢字をあてて瀬堀を名字とした。

◆東京都にルーツのある名字

◎豊島 <small>としま</small>

　豊島氏は桓武平氏の一族で、武蔵国豊島郡 (23区北西部) に長く大きな勢力を持っていた。庶流の数も多く、板橋、志村、滝野川など、板橋区付近の地名を名乗っている。

◎平山 <small>ひらやま</small>

　武蔵国多摩郡平山郷 (日野市) をルーツとする名字。源頼朝に仕えた平山季重は宇治川合戦や一の谷合戦で名をあげた。戦国時代、子孫は桧原城に拠り、北条氏に従っていた。天正18 (1590) 年北条氏の滅亡の際に落城している。

◎目黒 <small>めぐろ</small>

　目黒氏は武蔵七党の一つ児玉党の一員で、鎌倉時代には幕府の御家人となり、『吾妻鏡』にも目黒弥五郎・小太郎の名がみえる。文安元 (1444) 年には国平が陸奥国に下向して伊達持宗に仕え、以後一族は東北から新潟県にかけて広がった。

◆珍しい名字

◎十六沢 <small>いざさわ</small>

　板橋区から埼玉県新座市にかけての名字。十六夜と書いて「いざよい」と読むことから、「十六」の部分を「いざ」と読んだことに由来する。

◎天明 <small>てんみょう</small>

　大田区鵜の木に集中している天明という名字は、年号の「天明」(てんめい) ではなく、栃木県にあった日光例幣使街道 (れいへいし) の天明宿 (てんみょう) に由来するため「てんみょう」と読む。天明宿にいた天明鍛冶の一族が中世に鵜の木に移り住んだのが祖で、江戸時代は名主を務めた。

〈難読名字クイズ解答〉
①いざさわ／②いとみ／③いなじま／④いのいち／⑤おおつき／⑥かぶらき／⑦ししば／⑧しゅだい／⑨そあい／⑩とうぎ／⑪ばしょうまつ／⑫はまや／⑬ばらた／⑭まつひら／⑮めいきょう

II

食の文化編

米／雑穀

地域の歴史的特徴

　徳川家康が征夷大将軍に任じられて江戸幕府を開いたのは1603（慶長8）年である。1621（元和7）年に、幕府は直轄地からの年貢米や買上げ米を貯蔵するため、浅草御蔵とよばれた米蔵を浅草橋付近の隅田川沿いに建てた。米蔵の敷地は12万m²、米蔵は51棟、258戸という大規模なものだった。米蔵の前の一画、蔵前は火除明地とされ、一部に米蔵を管理する役人の住宅や町屋が点在した。

　1653（慶安6）年には玉川清右衛門・庄右衛門兄弟が玉川上水敷設工事に着手し、翌年完成した。1654（慶安7）年には伊奈忠克が江戸湾にそそいでいた利根川流路を鬼怒川水系に結び、銚子に流すようにした。1725（享保10）年には武蔵野台地が開墾され、多摩郡、入間郡などに武蔵野新田が開かれた。

　1868（明治元）年には江戸城が開城され、江戸が東京府となった。この年、天皇が東京に着いて、江戸城が皇居となった。東京は、京都に対し東の京の意味である。

　府県などの地方制度は1878（明治11）年の府県会規則や、1888（明治21）年の府県制などの法令によって形づくられた。1889（明治22）年には東京府の中に東京市が誕生した。しかし、東京市はその誕生直前に施行された市制特例によって市民の市政参加が大きく制限されていた。市民の運動によって1898（明治31）年に市制特例は廃止され、同年10月1日に市会によって選ばれた市長をもつ新しい東京市が誕生した。この歴史を忘れないために定めたのが10月1日の「都民の日」である。

コメの概況

　耕地面積の減少が続く東京都の耕地率は3.2%と全国で最も低い。これには、宅地化に加え、農業者の高齢化、後継者不足、相続税支払いのため

の耕地の売却といったさまざまな背景がある。耕地面積に占める水田の比率は3.8％と、沖縄県に次いで低い。東京の耕地が、火山灰の降り積もった関東ローム層で覆われ、稲作に適さない地域に分布していることなどが影響している。

水稲の作付面積、収穫量の全国順位はともに47位である。収穫量の比較的多い市町村は、①八王子市、②府中市、③町田市、④あきる野市、⑤青梅市、⑥国立市、⑦日野市、⑧稲城市、⑨昭島市、⑩羽村市の順である。都におけるシェアは、八王子市23.4％、府中市14.2％、町田市12.9％、あきる野市12.6％などで、この4市で6割を超えている。

陸稲（おかぼ）の作付面積の全国順位は静岡県、宮崎県と並んで11位である。収穫量の全国順位も11位である。

知っておきたいコメの品種

生産量が農林統計に出てこないため不明。

知っておきたい雑穀

❶小麦

小麦の作付面積の全国順位は44位、収穫量は42位である。産地は、東久留米市、瑞穂町、小平市、東村山市などである。

❷二条大麦

二条大麦の作付面積の全国順位は秋田県と並んで21位である。収穫量は23位である。産地は日野市などである。

❸そば

そばの作付面積の全国順位は44位、収穫量の全国順位は43位である。産地は瑞穂町、町田市、あきる野市、青梅市などである。

❹大豆

大豆の作付面積、収穫量の全国順位はともに46位である。産地は瑞穂町、立川市などである。栽培しているのは豆の中で最も品種の多い黄大豆（き）である。複数の品種が少量ずつ作付けされていて代表的な品種は特定できない。

コメ・雑穀関連施設

● **東京農業大学「食と農」の博物館**（世田谷区）　全国の校友などから寄

贈された3,600点の古農具を収蔵しており、大学の誇る学術遺産である。普段は、その一部を展示しており、農家の古民家を再現したジオラマをはじめ、古農具の一部などをみることができる。羽根板を踏んで板を回転させ揚・排水を行った「踏車」、大正時代の回転式脱穀機のもとになった「足踏み脱穀機」などもある。

- **府中用水**（国立市、府中市）　江戸時代初期に開削された。武蔵野台地と多摩川の間に広がる沖積低地を流れる延長6kmの農業用水である。現在は多摩川の左岸、日野橋の下流から取水され、武蔵野台地西部の崖線からの湧水と合流し、再び多摩川に戻っている。受益面積は30haである。

- **向島用水**（日野市）　一級河川浅川の右岸、万願寺歩道橋の上流から取水され、程久保川に至る幹線延長1.5kmの農業用水である。受益面積は5haである。用水の途中には水車小屋もある。

- **ママ下湧水群**（国立市）　多摩川が武蔵野の台地を浸食して形成した河岸段丘の一つである青柳崖線のほぼ中央に位置する。ママは、がけを意味する古語である。一般に崖線は、そのがけ下に多くの湧水を生んでいる。「上のママ下」は、この地域の湧水の代表的な存在で、渇水期にも涸れることはない。湧水群から流れ出る清水川は、府中用水の支流である谷保分水と合流する。

- **お鷹の道・真姿の池湧水群**（国分寺市）　国分寺崖線の各所から湧出した水は、真姿の池、元町用水路を経て野川にそそいでいる。用水路はお鷹の道に沿って流れる。お鷹の道は、江戸時代に国分寺の村々が尾張徳川家の御鷹場だったことに由来する。真姿の池には、重い病に苦しむ絶世の美女・玉造小町が池で身を清めとの霊示を受けて快癒した伝説がある。

- **次太夫堀公園での田植え、稲刈り**（世田谷区）　次太夫堀は、江戸時代初期に用水奉行を務めた小泉次太夫が取り組んだ狛江市から世田谷区を経由して大田区に至る全長23.2kmの六郷用水の通称である。高度経済成長期に遮断された一部を復活させ、区立公園になっている。ここには1,400m²の水田があり、毎年5月に千数百人の保育園児や小学生らが参加して田植えが、10月には稲刈りが行われる。

コメ・雑穀の特色ある料理

- **深川丼**（江東区）　アサリ、油揚げ、ネギなどをみそで煮込み、どんぶりのごはんにかけたものである。深川飯は材料は同じだが、しょうゆ味で炊き込んだものである。江戸時代、深川（現在の江東区）は海に面しており、貝の好漁場だった。その頃、漁師が船上で手早く食べるための手頃な昼食だった。

- **柳川丼**　江戸時代の東京では、川や水田などでドジョウがよく獲れた。生命力が強く、江戸っ子は精がつくと、好んで食べてきた。その伝統は今日に伝わっている。開いたドジョウとささがきにしたゴボウを煮て、卵でとじたものをご飯にのせて丼ものに仕立てる。

- **江戸前寿司**　江戸前寿司は江戸時代後期に江戸で生まれた握りずしである。江戸城の前の海（現在の東京湾）であがった生きの良い魚をすし飯にのせて、握りたてを手づかみで口に運んだのが始まりである。大阪寿司などと違い魚などを加工せず、生のまま使うのが特徴である。

- **べっこうずし**（伊豆諸島）　しょうゆに漬けた刺し身の色が鼈甲を連想することからその名が付いた。ネタの魚にしょうゆや酒で下味をつけた握りずしである。もともとは八丈島の郷土料理だったが、伊豆諸島や小笠原諸島にも広がっている。別名は島ずしである。

- **親子丼**（中央区）　鶏肉を割り下などで煮ながら卵でとじ、ご飯の上にのせる親子丼は人形町の「玉ひで」の5代目山田秀吉の妻とくが1891（明治24）年に考案した。ただ、当初は、汁かけご飯は品がなく格が落ちるとされ、出前だけだった。

コメと伝統文化の例

- **徳丸北野神社の田遊び**（板橋区）　昔、北野神社周辺には徳丸田んぼが広がっていた。田遊びは豊作を田の神に祈る行事である。太鼓の皮を張った銅の部分を田んぼに見立て、種まき、田植え、刈り取りのしぐさをして唱え言葉とともに踊る。開催日は毎年2月11日。

- **深川の力持ち**（江東区）　江戸時代、大名の藩米を扱っていた浅草蔵前の札差の穀倉が佐賀町の川沿いに並んでいた。そこで働く仲仕たちが、仕事の余技として米俵などを自慢し合ったのが始まりである。19世紀

初めの文化・文政（1804〜30）の頃には、興行として行われるほど盛んになった。演技には米俵のほか、臼、小桶、枡なども使われる。

- **鳳凰の舞**（日の出町）　江戸の要素を含む奴の舞と、上方の鳳凰の舞の二庭で構成される珍しい民俗芸能である。春日神社の祭りに合わせ、五穀豊穣などを祈願して奉納される。昔は雨乞いの意味もあった。「下平井の鳳凰の舞」として国の重要無形民俗文化財の指定を受けている。開催日は毎年9月29日に近い土曜日と日曜日。
- **五穀豊穣春祭・雹祭**（西東京市）　昔、田無（現西東京市）の町に農作物に甚大な被害を与えるほどの大粒の雹が降り注いだ。雹への畏怖と天災の恐れから農家が中心となって田無神社で雹祭が開催されるようになり、その後、豊作への祈りと感謝をささげる祭りに広がった。開催日は毎年4月28日。

こなもの

もんじゃ焼き

地域の特色

　「東京」の名は東にある都の意味から命名された「日本の首都」である。東京の前の名前の「江戸」の名が初めてみえたのは、弘長元（1261）年の史料「武蔵国豊島郡江戸」といわれている。この時代の江戸は、現在の日比谷の入り口の地名だったらしい。天正18（1590）年の徳川家康の移封以来、日比谷の入り江の埋め立てや、江戸城の拡張工事で、城下の町並みが急速に整った。慶長8（1603）年～慶応3（1867）年の大政奉還まで「江戸幕府」が続き、慶応4（1868）年に「東京府」が成立した。明治22（1889）年に東京市を置き、昭和7（1932）年に市域の拡張で35区となり、昭和18（1943）年に東京府と東京市が統合して東京都となる。この間に伊豆諸島・小笠原諸島・三多摩をも編入している。

　西部に関東山地、その東に武蔵野台地・多摩丘陵が広がり、東部は低地となっている。東京都区内の気候は比較的温暖で、冬の積雪も少ない。冬は、季節風が吹き、乾燥しやすい。地球温暖化や高層ビル、地面がアスファルト化の影響によるのか、夏の気温は35℃以上になることもある。伊豆諸島・小笠原諸島の島嶼部は黒潮の影響を受けて温暖である。

　徳川家康の江戸入府から都市づくり、市街の発展とともに生活・農業用水が不足し始めたので、多摩川からの用水路掘削工事が行われるなどで、農地の拡充と生活の近代化へと進んできた。

食の歴史と文化

　伝統的な江戸の食べ物の中で人気のあったものに、鮨（寿司）、蕎麦、うなぎの蒲焼き、天ぷらなどがある。江戸時代から人気となった料理であるが、醤油の発達とも関連している。これらの料理は江戸の生活や文化の活性化にも寄与した部分があった。江戸時代に、日本橋に開設した魚市場は、江戸城に食材を提供する市場に端を発したといわれている。昭和10

（1935）年に築地での魚市場が開始し、拡張して魚介類だけでなく野菜類・台所用品・食堂用の備品などを取り扱うようになると、東京だけでなく東京周辺の食生活を構築する中心となり、現在に至っている。近郊の農業は市街地住民への野菜の供給源であったが、農地の宅地化が進み、東京特産の野菜の栽培量が減少しているものの、「地産地消」のスローガンにより、東京の野菜が注目されてきている。東京湾が江戸湾といわれていた時代は、江戸前の魚介類は鮨や天ぷらの食材として人気があったが、近代化に伴い汚染され、魚介類は生息できないのではないかという時期もあった。しかし、汚染防止に努めてきているために、徐々に東京湾の魚介類の生息が確認できるようになっている。

　三多摩地区やその周辺には、江戸時代から栽培している伝統野菜が多い。飢饉時の 救 荒野菜として栽培されたためと考えられている。練馬ダイコン、世田谷の大蔵ダイコン、八王子の高倉ダイコン、日野の東光寺ダイコンなどがある。江戸前といわれた東京湾の豊かな魚介類は、天ぷらやすしタネとして珍重され、さらにさまざまな江戸の料理文化を生み出した。

　東久留米の 柳 久保小麦は手打ちうどん用の小麦粉に加工される。庶民の食べ物のそばは、江戸時代には「そばがき」として食べたが、その後、延ばして縄状にした「そば切り」として食べるようになった。そば切りは民間で流行し、夜鷹そば・風鈴そばも盛んになった。江戸文化や江戸っ子の気質にしっかり結びついて定着、発展した。つなぎに小麦粉を使う方法が考えられ、いわゆる「二八そば」となっていったのである。江戸時代の風俗を描いた絵には、「二八そば」の言葉を書いたそば屋の看板や置き行灯が多い。文政年間（1818～30）には、江戸の街中にはおおよそ3000軒ものそば屋が営業していた。

　そばは単なる食べ物というだけでなく、その単純な形の背後に、思い切りのよい「粋さ」とでもいう雰囲気をみせている。それが江戸っ子気質に合い、日本人の気質と合うところもあるので、現在も食文化の一面として、文学・落語などの芸能の面にも入り込んでいる食べ物である。

　そば屋の主人でさえも、少量のそばのタレをつけ、一気に口の中に吸い込むような食べ方をし、そばの喉通りを味わうのをそばの真の食べ方とするほど、ほかの食品にはない味わい方の文化がある。

　「江戸のそばつゆ」は、「ざるそば」と「もりそば」で作り方に若干の違

いがある。もともとは、元禄10（1697）年頃、千葉・銚子で濃口醤油がつくられるようになって「江戸のそばつゆ」が発達した。天保～嘉永期（1830～54）には、江戸の料理の味付けに、カツオ節のだし、味醂、砂糖を加え、醤油で塩味をつけることが好まれ、そばつゆについては、カツオ節のだしに濃口醤油、みりん、砂糖でつくることが定着した。現在の東京風そばつゆが出来上がったのは、江戸の料理文化が爛熟に達した文化・文政時代（1808～30）で、「もり」には ｜濃口醤油・カツオ節だし・みりん｜、「ざるそば」には ｜濃口醤油・カツオ節だし・みりん・砂糖｜ からなる「そばつゆ」が使われる。刻みのりがかかっているのが「ざる」、刻みのりがないのが「もり」との違いではないといわれている。

知っておきたい郷土料理

だんご・まんじゅう類

①えびりつけ
　東京都葛飾区西水元（にしみずもと）の家庭に伝わる郷土料理。5、6月の3時のおやつに食べるだんご。小麦粉を捏ねてだんごの形にし、それを茹でる。食べ方は、醤油、砂糖、かたくり粉で作ったタレをからめて食べる。かつては大きな田畑をもっていた家庭のお茶うけだったようである。小麦は年間2俵を粉にして消費していた家庭に伝わるだんごだった。

②さつまだんご（東久留米市）
　東京都東久留米市南町に伝わるだんご。かつてのこの地区の生活は自給自足で贅沢ができなかったようである。サツマイモの栽培が盛んなのは、サツマイモの産地である埼玉県の影響を受けていると思われる。さつま粉（生切り干しサツマイモの粉）に、少量の食塩を溶かしたぬるま湯を少しずつ加えていき、耳ぶたよりもやや硬めに練る。一口大に丸めてから、中心を指で押して窪みをつけて蒸籠（せいろ）で蒸す。
　サツマイモの粉は、専門の業者に挽いてもらって用意する。

③のばしだんご
　東京都世田谷区喜多見に伝わるだんご。小麦粉に卵を溶いて入れて、水も加えてだんごができる程度の硬さに練る。練ったものは、木の杓子ですくうようにして（丸めないで）、鍋の熱湯の中に入れる。浮いたらザルに

すくって水気を切る。熱いうちに砂糖や醤油のタレ、黄な粉をつけて食べる。小豆の餡のしるこに入れて食べることもある。ダイコン、ニンジンのせん切りの入ったダシで煮込みうどんのようにした食べ方もある。

④ひきあいだんご

東京都日野市平山に伝わるだんごで、春はよもぎを混ぜ、節句の時に供える。くず米を粉に挽き、黒くざらついている粉を作る。これを熱湯で捏ねてから蒸す。蒸し上がったら木鉢で捏ね、だんごに丸めて醤油や砂糖をつけて食べる。

⑤さつまだんご（日野市）

日野市平山に伝わるサツマイモの粉を原料としただんご。秋に収穫したサツマイモの中でクズいもを薄く切って乾燥し、粉に挽いた「さつまの粉」で作るだんごで、秋の農繁期の茶うけ（午前の間食）のときに食べる。

乾燥したサツマイモを粉にすると、粘りがでるので手間がかかるが、甘味はある。さつまの粉に湯を入れて、丁寧に捏ねる。手のひらにとって握り、4本の指のあとをつける。握ったものを蒸籠で蒸す。蒸すときには、だんごは立てかけるようにして蒸籠の中に並べるのが特徴である。

⑥えぞっぺだんご

東京都西多摩郡奥多摩町境水根に伝わるモロコシの粉とエゾヒエの粉で作るだんご。モロコシには、「赤もろ」または「タカキビ」といわれるもので、「えぞっぺはえ」は「エゾヒエ」または「朝鮮ヒエ」「シコクエビ」といわれるものである。この2種類の穀粒を一緒にして粉に挽き、木鉢に入れて熱湯を加えて捏ねる。これを丸めて小さなだんご状にして、片手の握りの形をつけて蒸す。これが「えぞっぺだんご」という。食べ物が手に入らないので、自給自足の生活の過程で工夫された食べ物であると思われる。

⑦さつまだんご（奥多摩）

東京都西多摩郡奥多摩町境水根に伝わるさつまの粉を使っただんご。生切り干しのサツマイモを粉に挽いた「さつまいもの粉」を、木鉢に入れ、そこへ熱湯を加えて練ってだんご状になる硬さにする。手のひらにのせて握り、手形をつけて大鍋の中の熱湯で茹でる。そのままか、あるいは黄な粉をつけて食べる。冷めたほうが甘味を強く感じる。

⑧かしゃんば

　サルトリイバラの葉に包んだ柏餅のようなもの。餅の生地は、うるち米の粉、もち米の粉で作り、ヨモギの若芽を入れて草餅風に作る。餅の生地で小豆餡を包み、サルトリイバラの葉を当てて蒸す。

　大島では、結婚式、5月の節句、御三原さま（6月1日の三原山の祭り）、行者様（6月15日の泉津村の縁日）に作る。

⑨紅梅焼

　浅草の老舗「梅林堂」（享保年間、1716〜36年創業）のせんべいは、紅梅焼といわれている。小麦粉と砂糖を水で捏ね、熟成させて発酵させてから、麺棒で薄く延ばし、短冊や梅花、扇面の型に抜き、ごま油を塗った鉄板でこんがりと焼いたかわいいせんべいである。小型のせんべいを焼いて売ったところ、ゆかしい風味が好まれて、江戸名物になり、江戸末期には駄菓子として人気があった。漱石の「坊ちゃん」にも登場したが、平成11（1999）年に製造が止められた。

⑩芋羊羹

　東京・下町の駄菓子に黄色の芋羊羹が登場したのは、明治時代のようである。小豆の餡を使った羊羹は、江戸時代後期には日本橋の菓子店に登場していたが、芋羊羹はそれよりも遅れて世に現れた。いも羊羹で有名な「舟和」が、東京・浅草の店にいも羊羹を出したのは明治35（1902）年であった。

お焼き・焼きおやつ・お好み焼き・たこ焼き類

①ひえもち

　細かく粉末にしたヒエに、湯を注ぎながら練り合わせ、餡を包んで平たい丸形にして、両面を焼き上げたもの。奥多摩地区はヒエの栽培量が多かったので、その利用として、間食用に用いた。

②焼きびん

　小麦粉に味噌、砂糖、重曹を混ぜ、これに水を加えてだんごの形ができる硬さの生地にする。これを、手のひらでまとめ青ジソかミョウガの葉で包んで焼く。

　かつては、葛飾区の水元地区は、水郷地帯であるので農家が多かった。

焼きびんは農作業の合間に食べるものとして用意した。

③たらし焼き

小麦粉に一つまみの重曹を入れ、水で軟らかく溶き、フライパンなどに油をしいて両面を焼く。ちぎって醤油や砂糖をつけて食べる。

④もんじゃ焼き（文字焼き）

小麦粉を水で溶いた生地を、鉄板やほうろう鍋の上に流して、薄く焼いたもの。この生地の中には好みにより、魚介類、野菜類、肉類、天ぷらの揚げ玉などを入れる。専用のヘラをいろいろな方向へ動かしながら気長に煎餅のように薄く焼くのがコツであり、この操作が人気の一つでもある。もじ焼き、もんじゅ焼き、もんじゃ焼き、じじ焼き、水焼き、焼き鍋ともいわれているが、現在は東京・月島を中心に「もんじゃ焼き」として東京名物となっている。

江戸時代に、鉄板の上で生地（小麦粉＝饂飩粉を水で軟らかく溶いたもの）を文字を描くようにしたことから、「文字焼き」が転訛して「もんじゃ焼き」になったと伝えられている。江戸時代中期の「北斎漫画」（文政11〔1828〕年）に、「ちょなげの商人が、円形の鉄板の上に生地を垂らしている、文字焼きの屋台」の図が記載されている。とくに、縁日の日は、文字焼きの屋台がでた。

⑤お好みやき

お好み焼きは安土桃山時代に江戸で生まれたと伝えられている。江戸中期には金つば、銀つば、助惣焼き・文字焼き（もんじゃ焼き）が流行り、明治から大正にかけてはどんど焼きが現れる。昭和に入り、どんどん焼きの調理形態が、東京の花柳界で評判になり、お好み焼きへと展開した。お好み焼きが広く普及したのは第二次世界大戦後である。戦後の食糧不足時代には、小麦粉やその他のあり合わせの食材で作るお好み焼きは、生活する上に都合のよい節約料理であった。今でこそ、具に魚介類や肉などを使っているが、手に入る食材を、水で溶いた小麦粉と混ぜ、フライパンに流してできる簡単栄養料理でもあった。

麺類の特色　東京の麺類は、東京の西部にある武蔵野台地、奥多摩地区で収穫した小麦やソバから調製した小麦粉やそば粉でつくる麺類に代表される。現在は、住宅やコンクリートの建物で密集してい

る武蔵野の昔は、小麦やソバの栽培が盛んであった。深大寺の周辺は、黒ぼこ土でも、ソバの栽培に適していた。しかし、現在は小麦粉もそば粉も、ほとんどが東京以外の日本各地か外国産のものである。

めんの郷土料理

①深大寺そば

　深大寺は、奈良時代の天平5（733）年に創建された天台宗の寺院で、寺の裏の黒ぼこ土でソバを栽培した。江戸初期の元禄年間（1688～1704）に、深大寺の住職が、上野寛永寺のご門主・第5世の公弁法親王にそば切りを献上したと伝えられている。武蔵野台の湧き水で洗ったそばの芯は一段と締まっているとの話もあった。

②手打ちうどん

　昔は、武蔵野台の農家の男性は、祝い事があると手打ちうどんを作った。
　つけ汁のだしは煮干しや削り節でとり、醬油味である。具には、ナス、インゲンの茹でたもの。薬味にはネギ、トウガラシを用意した。

③ひもかわ／のしこみ

　うどんと同じ生地を幅広い麺線にしたのが「ひもかわ」、生地をちぎって親指で丸く押したものが「のしこみ」。大鍋に鰹節や煮干しのだし汁と醬油で味付けした汁を入れ、この中に、ダイコン、ハクサイ、ネギ、青菜、キノコ、缶詰のサバ、鶏肉を入れて煮込む。さらに、茹でたひもかわやのしこみを入れて、煮込む。

④そうめん

　夏は素麺を冷やして食べる機会が多い。ときにお中元の贈答品として素麺が多いので、素麺を利用する機会は多い。

⑤おかめそば

　現在では各種蒲鉾類がかけそばに入っているものと定着している。もともとは、幕末に、江戸上野の池の端のそば屋が作り出したそばの種物といわれている。本郷根津の遊郭に因んで、浅草海苔が髪、ギンナンがかんざし、結び湯葉が両目、マツタケが鼻、蒲鉾が頬、シイタケが口の意味で、そばに綺麗に飾ったものだったらしい。

▶ 皮まで料理できる八丈フルーツレモン

くだもの

地勢と気候

　東京都は、特別区である23区、多摩地域、島しょ部からなっている。23区と多摩地域の東部は台地と沖積低地からなる。多摩地域の西部には雲取山を最高峰とした西部山地や、多摩丘陵、狭山丘陵がある。島しょ部は伊豆諸島と、小笠原諸島からなる。いずれも伊豆小笠原海溝西側に、海溝と平行に形成された火山列島である。

　23区と多摩地域は、梅雨期の6月と、秋雨の9月～10月に雨が多い。冬季の降水量は少ない。伊豆諸島の年間降水量は3,000mm前後で多い。小笠原諸島は梅雨や秋雨が本土とは1か月ほどずれ、5月や11月頃に雨が多い。

知っておきたい果物

ブルーベリー　　ブルーベリーの栽培面積の全国順位は1位、収穫量は長野県に次いで2位である。品種は「ティフブルー」などが増えている。

　ブルーベリーは、国分寺市、小平市、日野市で古くから栽培されていた。この20年ほどで青梅市、町田市、八王子市などが主産地となり、栽培面積が拡大している。直売のほか、摘み取り園として経営するところも増えている。

カリン　　カリンの栽培面積の全国順位は7位だが、収穫量では全国の27.2％を占め1位である。主産地は練馬区、立川市、杉並区などである。

パッションフルーツ　　パッションフルーツの栽培面積、収穫量の全国順位は、鹿児島県、沖縄県に次いでともに3位である。収穫量の全国シェアは11.1％である。小笠原村はパッションフルーツの古くからの産地であり、施設での電照栽培技術が確立されて

いる。小笠原産の出荷時期は3月中旬～7月下旬である。

小笠原村以外では、八丈町のほか、近年は神津島村、三宅村、八王子市なども新たな産地として台頭してきた。直売所のほか、島しょでは船客待合室での観光客向けの需要が伸びている。

プルーン

プルーンの栽培面積の全国順位は9位、収穫量は群馬県と並んで10位である。主産地は東村山市、日野市、国分寺市などである。

レモン

レモンの栽培面積の全国順位は15位、収穫量は14位である。主産地は小笠原村と八丈町である。小笠原では「菊池レモン」をグリーンレモンとして収穫し、「島レモン」として特産品になっている。八丈町では、菊池レモンを黄色い完熟果として収穫し、「八丈フルーツレモン」として販売している。生産者は、皮まで料理に使うことを推奨している。生果の直売のほか、加工品が商品化されている。

日本ナシ

日本ナシの栽培面積の全国順位は30位、収穫量は28位である。東京都は、農業産出額の多い野菜や、他の果物が少ないこともあって、東京都の品目別農業産出額で日本ナシが4位に浮上している。主産地は稲城市、小平市、東村山市、日野市、府中市などである。

ナシの栽培地域は、沖積土壌地帯と火山灰土壌地帯に分かれる。沖積土壌地帯は、多摩川流域の稲城市、日野市などを中心とした地域である。古くからの産地が多く、長年の技術の蓄積で栽培が行われている。主力品種は稲城市で作出された「稲城」や「新高」である。稲城産のナシは「稲城の梨」として地域ブランドに登録されている。

火山灰土壌地帯は北多摩を中心とした地域である。1950年代に、畑作改善の一つとして果樹が導入された。主力品種は「幸水」「豊水」「秀玉」で、「あきづき」も増えている。

これらの販売は、市街地の有利性を生かして、庭先や沿道での直売や、宅配便を利用することが多い。贈答用にも使われる。

カキ

カキの栽培面積の全国順位は40位、収穫量は長崎県と並んで39位である。カキは、小規模の栽培農家が多い半面、各地域に栽培技術の高い生産者が散在している。主産地は町田市、練馬区、東久留米市、三鷹市などである。

東京オリジナル品種として「東京紅」と「東京御所」がある。「東京紅」

は、早生で、着色のよい完全甘ガキである。収穫は10月下旬で、「富有」や「次郎」より10日前後早く、主力のこれらのカキが都内小売店の店頭に出る前のため、都内での直売に適している。2005（平成17）年から2012（平成24）年まで品種登録した。いずれも庭先売りや、共同直売所での直売が中心である。

ブドウ

ブドウの栽培面積、収穫量の全国順位はともに40位である。ブドウは収益性が高いこともあって、若い後継者を中心に野菜からの転換作物として栽培面積が広がっている。

古くから栽培されている「高尾」は東京のオリジナル品種である。近年は「シャインマスカット」などの施設栽培が増加している。

主産地は稲城市、調布市、練馬区、東村山市、三鷹市などである。庭先売りや、宅配便などでの直売が中心である。

キウイ

キウイの栽培面積の全国順位は熊本県と並んで25位である。収穫量の全国順位は24位である。品種の主力は「ヘイワード」だが、黄色系や紅芯系も増えてきた。主産地は三鷹市、立川市、小金井市、東村山市などである。直売が中心で、学校給食用に出荷もされている。

「東京ゴールド」は、東京生まれの新しいキウイである。東京都農林総合研究センターと生産者が育成し、東京のオリジナル品種として、2013（平成25）年に品種登録された。果肉は黄色で、果心部は黄白色である。

リンゴ

リンゴの栽培面積の全国順位は愛媛県と並んで25位である。収穫量の全国順位は27位である。主産地は武蔵村山市、稲城市、瑞穂町などである。

高温による着色不良など栽培環境が悪化し、栽培面積は減少する傾向にある。かつては、もぎ取りなど直売が中心だったが、近年は学校給食用の出荷が増えている。

ミカン

ミカンの栽培面積の全国順位は茨城県と並んで29位である。収穫量の全国順位は30位である。主産地は武蔵村山市、稲城市、瑞穂町などである。武蔵村山市では、古くから「宮川早生」を中心としたもぎ取りが行われている。

ユズ

ユズの栽培面積の全国順位は13位、収穫量は22位で ある。主産地は青梅市、八王子市、あきる野市などである。青梅市では「澤井ゆず」、あきる野市では「ぼんぼりゆず」として、特産品に位置づけら

れている。生果の直売のほか、加工品が商品化されている。

イチジク 　イチジクの栽培面積の全国順位は34位、収穫量は30位である。栽培品種は「桝井ドーフィン」が主力である。主産地は立川市、町田市、国分寺市などである。

　日持ちが悪いため、その有利性を生かして庭先や、共同直売所での直売が中心である。

マンゴー 　マンゴーは全国では12都道県で生産される。東京都におけるマンゴーの栽培面積の全国順位は、愛知県、高知県と並んで10位である。収穫量の全国順位は10位である。

　主産地は小笠原村で、三宅村でも栽培が始まっている。施設栽培が行われており、8月上旬〜9月下旬頃に出荷される。

ウメ 　ウメの栽培面積の全国順位は22位、収穫量は32位で　ある。主産地は青梅市、八王子市、あきる野市などである。東京産ウメの出荷のピークは6月頃である。

　青梅市はかつてウメの大産地だったが、2009（平成21）年にウメ輪紋ウイルスが確認され、3万本を超すウメの木の伐採を余儀なくされた。青梅市は2015（平成27）年から「梅の里」復活に向けた取り組みに力を入れ、ウイルスを媒介するアブラムシの駆除などに力を入れた。2016年の農林水産省の検討会で一部地域での再植樹が認められたのを受けて、市やJA西東京は植樹に取り組んでいる。

クリ 　クリの栽培面積の全国順位は13位、収穫量は18位である。主産地は八王子市、あきる野市、町田市などである。東京産クリの出荷のピークは9月頃である。

スモモ 　スモモの栽培面積の全国順位は石川県、岐阜県、静岡県と並んで36位、収穫量は38位である。主産地は八王子市、西東京市、町田市などである。

ナツミカン 　ナツミカンの栽培面積、収穫量の全国順位はともに17位である。主産地は三鷹市、大島町などである。

桃 　桃の栽培面積の全国順位は鹿児島県と並んで43位、収穫量は45位である。主産地は青梅市、小平市、東村山市などである。

メロン 　町田商工会議所は、新たな地域産業を創出するため、農工商連携によってメロンの水耕栽培を始めた。精密機械や医療機器

メーカーなど地域の企業がもつ技術を農業分野に応用し、高付加価値の農作物を生産することを目指した。

　メロン専門の果実栽培経験者が誰もいないなかで、2009（平成21）年から取り組んだ。この結果、開発したのが「町田式水耕栽培法」である。メロンは通常、1株から1〜4個ほど収穫されるが、新栽培法では約60個を実らせることも可能になった。町田はかつて絹織物の産地である八王子から横浜港に絹を運ぶ中継地だったため、「まちだシルクメロン」と名付けた。「町田式水耕栽培法」を用いて「まちだシルク農園」で栽培された「まちだシルクメロン」は2015（平成27）年に初収穫された。このメロンを使ったスイーツが「まちだシルクメロン・プレミアムスイーツ」として認定されている。

地元が提案する食べ方の例

鮭と野菜のりんごしょうが焼き（東京都厚生農協連）

　醤油などソースにショウガとリンゴのすりおろしを入れることで、塩分が控えられる健康料理。ソースをフライパンで温め、火を通したサケや野菜を絡める。

ヨーグルトのコールスロー（東京都厚生農協連）

　材料はキャベツ、リンゴ、タマネギ、キュウリなど。リンゴは皮付きのままイチョウ切りにしてレモン汁をかける。プレーンヨーグルト、ハチミツなどを調味料に。

リンゴのクランブル（西東京市）

　フライパンにバターを溶かし、一口大の乱切りにしたリンゴを炒める。リンゴに火が通ったら、砕いたクラッカーとともに皿に盛る。アイスクリームをのせ、シナモンを好みで。

きよはちゼリー（清瀬市）

　「きよはち」は清瀬産のハチミツ。煮たニンジンと半量のリンゴジュースをミキサーに。粉寒天を煮溶かし、残りのジュースにきよはちを加え、両者を混ぜて型に流し、冷やして固める。

白玉フルーツポンチ（足立区）

　白ワイン、砂糖、水を鍋に入れ加熱して、シロップをつくって冷やす。白玉粉を練ってだんごにし、熱湯でゆでる。バナナ、キウイと、ミカン、

パイン、桃の缶詰を白玉だんご、シロップと混ぜる。

消費者向け取り組み

● ブドウ狩り　世田谷ブドウ研究会
● ブルーベリー狩り　恩方ブルーベリーの里組合

魚　食

地域の特性

　第二次世界大戦後からの目覚ましい日本の産業の発展は、東京湾の埋め立て地の拡大、東京湾周辺に開発された工場、いろいろな機能性をもったビルやオフィスビル、住宅の密集地をつくった。これらから排出される産業排水や家庭排水は、隅田川、江戸川、多摩川を含む大小の河川を汚し、それが東京湾に入ったため、東京湾の海底はヘドロ化し、海水域の汚染物質の含有量が多くなり、生物が生育できなくなってしまった。外国との交易により東京湾を航行する船も増え、東京湾ばかりか東京湾の入り口までも重油による汚染が著しくなった。そして公害問題がクローズアップされるようになった。これらの原因による海底や海水の汚染は、庶民の楽しみであった潮干狩りの場も奪い取ってしまった。

　東京の行政、住民、研究者が一体となって東京湾をかつての綺麗な海底・海水域に戻すべく計画が始められ、海浜になくてはならない人工渚などの施設をつくった。その施設の干潟の砂にいる生物を求めて水鳥が飛来するようになり、潮干狩りもできるようになった。干潟ではハゼやカレイ、コチなどの底性魚もみられるようになった。平成に入り水産庁は東京湾の海底・海水の改善にとりかかり、その改善の兆しはみえ、東京湾に設置された釣り場は、釣り人で賑わい大きなスズキも釣れるほどの釣果が期待されるほど復活している。東京湾に流入する河川でのサケやアユの放流も試みられ、河川の環境改善も着々とすすんでいる。

　房総半島の西端の洲崎と三浦半島の剣崎を結ぶ線の以北が東京湾とよばれている。現在は東京湾の産地というのは、湾口の外側周辺の海域で獲れた魚も含まれているようである。かつては、「江戸前」の名がつく範囲は、深川沖から品川沖、中川から品川沖という諸説があるが、現在は船橋、木更津、富津、横浜、横須賀などの海域で獲れる魚介類も江戸前と呼ぶことがある。

魚食の歴史と文化

　東京の食文化といえば江戸前のすし、天ぷら、うなぎ蒲焼などのいわゆる江戸のファストフードが、魚を使った代表的伝統料理といえる。江戸時代の東京湾は汚染されていないから、東京湾で漁獲した魚は鮮度もよく、美味しかったに違いない。徳川家康が関東に広大な領地をあたえられた時（1590年）、家康は豊臣秀吉のすすめによって江戸に本拠を置き各地の商人を招いて関東の経済の中心とする町づくりをした。この時点で、多くの地域からさまざまな気質の人々が江戸に集まることになったのが、もともと江戸に住んでいる住民にはいろいろな面に注意をしなければならないような好奇心のつよい気質を育てたのではないかと考えている人もいる。江戸っ子が季節になると食べたかったのが初夏のカツオである。初夏に鎌倉で水揚げされ、船で東京湾を運ぶカツオは格別な味で、珍しいものや初ものの好きな江戸っ子の好物であったようである。

江戸の調理法と調味料

　日本料理において、平安時代以前は調理の段階で味を付けることはなかったようである。調理法としては、「生」「塩漬け」「干す」が基本的で、火を使った「焼く」「茹でる」「蒸す」「汁にする」といった簡単な法理法で、食べるときには各自が好みの調味料をつけて食べたらしく、「ある料理にはその調味料」という決まった原則らしきものはなかった。この時に使われた調味料は「塩・酢・酒・醬」で、これを入れた食器は、「四種器」といわれた。醬はダイズや小麦を発酵させたもので、酢には梅酢が使われた。料理に調味料が使われるようになったのは、鎌倉時代である。江戸時代になり、砂糖が輸入され、調味料にも使われるようになった。

　東京湾での本格的な漁業は江戸時代からである。徳川家康が江戸に入府するにあたり、江戸での食生活において魚不足を招くと察し、入府に際し漁業の先進地である摂津国（大阪府）佃村と大和田村の漁師を江戸に呼び寄せ、魚を獲らせた。戦国時代には、紀州の漁民が新しい漁場と旺盛な販路をもとめ、房総半島や三浦半島に来た。一時は江戸の漁師は紀州出身のものが多かった。紀州の漁師は、房総半島や三浦半島ばかりでなく、福島県のいわきのほうまで出かけたようである。福島県の漁師の先祖には、和

歌山の人が多いといわれている。

　江戸の代表的ファストフードといわれている握りずしは、すし飯が主体の散らしずし・握りずしから変わったもので、延宝年間（1673〜80）に、京都の医師・松本善甫が、すしタネを一夜漬けすることから発案したといわれる説、江戸後期の文政の初め（1820年代）に、華屋与兵衛が考案したなどの説がある。いずれにしろ、熟成時間のかかる「馴れずし」や押しずしに比べれば早く食べられるので「早ずし」といわれた。この時代から、すしタネにコノシロ、アナゴ、キス、ヒラメ、焼きアワビ、エビそぼろ、小ダイ、シラウオなどが使われたようである。屋台で、おやつとして食べるため、握りは大きく、タネは小さかったそうである。

　うなぎ丼が話題になったのは、文化年間（1804〜17）に、芝居の興行主が温かいウナギを食べたいために、炊きたてのご飯の間にウナギの蒲焼きを挟めたことによるといわれている。土用の丑の日に蒲焼きを食べる習慣が生まれたのは江戸中期の安永・天明年間（1772〜88）に、神田の春木屋というウナギ屋が使ったたれが土用の丑の日につくり三日目のものが美味しかったからとの説、博物学者・平賀源内が土用の丑の日にウナギを食べると健康によいと宣伝した説がある。蒲焼きの香ばしい香りは、ウナギに含む脂肪、タレに含む醤油のアミノ酸と砂糖、淡水魚であるウナギに含むピペリジンなどの成分は焼くという加熱調理により、これらの成分の間で複雑な化学反応をおこし、香ばしいにおいが生まれるのである。

　天ぷらは長崎のオランダ人によって伝えられた調理法といわれている。長崎の天ぷらは衣に塩や砂糖を加えて味を付けるが、江戸の天ぷらは衣に味を付けない。東京に天ぷらの店が増えたのは、大勢の東京の料理人が関西へ行って天ぷらを学んできたことにあるという。江戸ではなく東京になってからの話であるから古い話ではない。厚いかき揚げを天ぷらを、熱いご飯にのせた天丼を考えたのは、江戸後期の1831（天保2）年の創業、東京の「橋善」であるという。

知っておきたい伝統食品と郷土料理

地域の魚介類　現在、東京湾で獲れる魚介類の主なものには、シロギス、ギンポ、マハゼ、マアナゴ、イシガレイ、コウイカ、バカガイ（アオヤギ）、ダンベイキサゴ（ナガラミ）、アサリ、マダ

コ、イイダコ、シャコ、スサビノリなどがある。

　近年注目されている魚介類には、イサキ（新島、神津島）、カツオ（八丈たるかつお）、キンメダイ（伊豆七島）、アナゴ（江戸前アナゴ）、タカベ、トビウオ（八丈春とび＝ハマトビ）、ケンサキイカ（赤イカ）、アサリ（江戸前アサリ）、カノコイセエビ（小笠原えび）などがある。

伝統食品・郷土料理

①海産魚介類の料理

- シロギス　江戸時代からシロギス釣りは人気があった。刺身、酢の物、塩焼きなどの料理がある。江戸天ぷらには欠かせない魚。
- ギンポ　江戸天ぷらには欠かせない魚。野締めは味が低下するので、活魚を使う。関東では蒲焼きにもする。
- マハゼ　東京では天ぷらの材料とする。佃煮、甘露煮にし、正月の料理に供する。
- マアナゴ　江戸前すしのタネや江戸前の天ぷらでは欠かせない魚。江戸アナゴのブランド名もある。
- イシガレイ　江戸では竹竿で突いて獲る「小突き釣り」を行っていた。
- コウイカ　江戸前のすしタネとして、甘みがあり人気。秋には「新イカ」と呼ばれるコウイカの新子がすしタネとして珍重される。
- バカガイ　アオヤギとも呼ぶ。現在の千葉県市原市に上総国青柳村があり、そこでたくさん獲れる貝なのでアオヤギの名がある。貝柱は「小柱」といい、すしのタネと酢の物に使われる。
- シャコ　横浜市の小柴港に水揚げされる量が多い。塩茹でしてすしタネに使う。春から初夏のシャコは、卵はカツブシといわれ、独特の食感がある。

②淡水魚介類の料理

- ドジョウ　味噌仕立てのドジョウ（どぜう）鍋が人気。骨まで軟らかく食べられ、ささがきゴボウをいれることにより泥臭さが軽減される。ドジョウ料理は江戸後期の文政の頃に考えられた料理といわれている。
- べっこうずし　青唐辛子を入れた醤油に浸した白身魚の切り身を、すしタネにした握りずし。島嶼部での家庭料理。

肉　食

ちゃんこ鍋

▼東京都区部の1世帯当たりの食肉購入量の変化 (g)

年度	生鮮肉	牛肉	豚肉	鶏肉	その他の肉
2001	36,669	7,013	17,103	10,451	901
2006	38,175	6,666	17,537	10,866	1,114
2011	42,538	7,137	18,748	12,718	1,085

　現在の東京都内ではウシやブタの飼育する適切な場所は少ない。多摩地区や大島などに小規模の飼育しているところがある。

　1867（慶應3）年に、現在の東京・港区の白金に屠場が開設され、明治2年に公営化された。第二次世界大戦後の食生活の洋風化に伴い食肉の需要が非常に多くなり、1966（昭和41）年、現在の屠場（東京都中央卸売市場、食肉市場、芝浦と場）が設立された。現在、東京都中央卸売市場の食肉市場で処理されるウシは千葉県、栃木県、宮城県、岩手県で飼育されたものが多く、また食肉市場で処理されるブタは、千葉県、岩手県、茨城県で飼育されたものが多い。

　購入する生鮮肉の中で、どの年代も牛肉の購入量の割合は16～19%で、豚肉の購入量は44～46%である。牛肉の購入量は、東京都近隣の県の購入量よりもやや多い。豚肉や鶏肉の購入量（鶏肉の割合は30%）は近隣の県のそれとほぼ同じである。

　東京都の23区内には、日本の各国の名物料理を提供する店が多く、食べたい地方の料理を、目的の土地へ行かなくても食べられる。最近は、各都道府県のアンテナショップが有楽町、日本橋を中心に開設されているので、各地域の現在の人気物産を入手できるという便利な時代である。

　東京の名物肉料理のすき焼きは、長い肉食禁止の時代が終わり、キリスト教の布教や文明開化に伴い来日した西欧人の食生活や食文化の影響である。

　凡例　生鮮肉、牛肉、豚肉、鶏肉の購入量の出所は総理府発行の「家計調査」による

東京都の代表的な銘柄牛が黒毛和種牛の秋川牛である。秋川牛は、都内でも少なくなった多摩地区の里山で飼育しているだけである。現在は、岩手県の稲作地帯より買い付けた高級和牛を東京・あきる野市にある竹内牧場で、手塩にかけて飼育している。

銘柄牛の種類　秋川牛、東京黒毛和牛がある。

❶秋川牛

「東京都産秋川牛」ともいわれている。東京都あきる野市の牧場で飼育している黒毛和種である。素牛の子牛は、岩手県の稲作地帯より買い上げ、あきる野市の竹内牧場で丹念に育て上げている。松阪牛や米沢牛の子牛の素牛も、岩手県水稲地区から買い上げたものである。鮮やかな霜降り肉はさっぱりした味なので、軽く火を通してワサビ醤油をつけて食べる和風料理スタイルに合う。

❷東京黒毛和牛

東京黒毛和牛は、自然環境に恵まれた伊豆七島の最南端の青ヶ島の佐々木農家で生まれたウシを、東京の西部の多摩地区の肥育農家が自然環境のもとで、丁寧に健康状態よく飼育したものである。鮮やかな小麦色の肉は、細かい肉質でツヤがある。広範囲の料理に向いている。

牛肉料理

● **すき焼き**　文明開化とともに、横浜で牛鍋が発達し、関西で食べていた牛肉のすき焼きが、東京でもすき焼きとなった。すき焼きの由来は、野外で捕獲した獣鳥類を鋤の上にのせて焼いたことによる説、魚介類を鋤の上にのせて焼く「魚鋤」を肉に替えた説などがある。鋤で焼く調理法は関西から東京に伝わり、長崎の卓袱料理や南蛮料理のように大勢で一つの鍋を囲んで食べる食事習慣が、東京ですき焼きという形になったとも考えられる。関西のすき焼きの発達は江戸中期であり、東京でのすき焼きの普及は、関東大震災後に関西から伝わった。昆布、醤油、砂糖、みりんで調味しながら割り下を補いながら煮る。牛肉以外の具は、長ネギ、タマネギ、シイタケ、春菊、ハクサイ、焼き豆腐であるが、ダイコ

ンやニンジンを入れるところがある。現在のすき焼きの材料は、ナマの牛肉、ザク（ネギ・白滝・焼き豆腐）・卵を基本とし、店や家庭によりザクの種類は異なり、使いやすいものを使っている。

● **牛丼**　牛丼屋の元祖は「牛めし屋」といわれている。雑誌『国民之友』（1897、明治30年）に、「牛めしというものが東京にある。京阪にはない。」という記事があったと伝えられている。この牛めしは、牛肉の細切れとネギの煮込みをどんぶり飯にかけたものである。牛丼屋の吉野家は、1955（昭和30）年に築地1号店を開いた。

知っておきたい豚肉と郷土料理

　東京都畜産試験場が開発した「TOKYO X」という銘柄豚は、生産者と流通業者との契約により大事に飼育され販売されるほど貴重な銘柄豚である。

❶ TOKYO X

　東京都畜産試験場で鹿児島で多く飼育されている黒豚（バークシャー種）、中国のブタでイノシシのような肉質をもつ北京黒豚、さらにデュロック種の3品種のブタのそれぞれのよいところを取り込んで、5世代にわたり、育種改良を続け、遺伝的に固定した。交雑種では初めて新たな系統豚として（一社）日本種豚登録協会で登録された（1996）。「X」の由来は、3品種を交配させて作ったことにある。光沢のある淡いピンク色をしている赤身肉は、ジューシーで適度な弾力性がある。脂身は純白でコシがあり、あっさりした食味をもっている。まろやかなうま味があり、炙って自然塩で味付けて食べるのが、最も美味しい食べ方である。

● **TOKYO X の美味しい食べ方**　炭火で炙り、ごま油を付けて食べる。

● **とんかつ**　とんかつはフランス語の骨付き肩肉 cotelette（カットレット）に由来する。幕末の頃、福澤諭吉の『増訂華英通信』（1860［万延元］年）に「吉列」（cutlet）と書いている。1907（明治40）年には、カツレツは人気の料理であったらしい。庶民の洋食として普及したのは、関東大震災の後で、その後「とんかつ」の名で普及した。牛肉より豚肉の購入量の多い関東地方や東北、北海道では「とんかつ」の専門店が増え、家庭での惣菜として、弁当の惣菜として広く利用されるようになった。

● **からし焼き**　北区十条地区の昔からの料理。ニンニク、ショウガ、豚バ

ラ肉、豆腐を混ぜて炒める。炒めたものを食器に移し、その上にキュウリの千切り、刻みネギ、七味唐辛子をかけたものである。調味料には砂糖を使うので辛くて甘い一品である。

知っておきたい鶏肉と郷土料理

❶東京烏骨鶏

東京全域で飼育している。「うこっけい」の卵は高価であるが美味しいという話題が広まると、東京だけでなく近県でも飼育した。「うこっけい」は、中国・インドの国境あたりが原産地であり、卵が目的で導入・飼育していた。最初に導入した頃の「うこっけい」は年間50個ほどの卵しか産まなかったが、東京都畜産研究所で改良した「東京うこっけい」は、年間190個ほどの卵を産むようになった。

「うこっけい」の薬用効果が期待されている。「うこっけい」の薬用効果については、古くから免疫力を強くし病気にかかりにくくなることが期待されている。ホルモン作用にも有効に働くことも認められている。

一般に、家庭や営業用に使う鶏はブロイラーが多い。「うこっけい」の肉を取り扱っている店は非常に少ない。ブロイラーか平飼いか鶏舎内で飼育されている白色レグホンが広く利用されている。

- **親子丼**　一口大に切った鶏肉に溶き卵をかけて熱し、ミツバ、タマネギ、長ネギをあしらい、炊きたてのご飯の上にのせた丼もの。シャモの肉を使う、日本橋の「玉ひで」は、江戸時代中期の1760（宝暦10）年の創業の店である。平日の昼食時は、サラリーマンやOLの長い行列ができる。

❷ネッカ・チキン

ツチヤ養鶏が運営・管理しているネッカリッチ（木酢）を入れた飼料で飼育している鶏。発祥は島根県。

知っておきたいその他の肉と郷土料理・ジビエ料理

- **シカ料理**　東京都内のフランス料理やイタリア料理の専門店ではジビエ料理が用意されている。エゾシカについては、煮込み料理、ハンバーグなどに利用されるが、屋外でのバーベキューの材料ともなっている。現在は、市販の焼肉用のソース（タレ）が開発されているので、アウトドアの料理は便利になった。

- **猪鍋**（ししなべ）　イノシシは奥多摩地方で捕獲される。奥多摩の民宿や休憩所などでイノシシの味噌仕立て鍋を用意している。
- **ももんじ屋**　東京・両国に江戸時代から営業しているジビエ料理を提供してくれる店がある。それが、ももんじ屋である。江戸時代の肉食禁止の頃は、イノシシを山クジラとして提供していた。江戸時代は、薬としてジビエを利用していたが、現在は忘年会など行事の中で食べる。ももんじ屋で利用している食材は、東京都近郊で捕獲されたものでなく、他県の山中で捕獲されたもの。食材を入手してから提供する料理も決まるようである。江戸時代は麹町にあり、イノシシやシカだけでなく、山鳥やサル、クマも食材に使っていた。
- **馬肉料理**　さくら鍋が代表的料理である。東京では、明治4年に浅草の「桜なべ中江」が馬肉の鍋の発祥と伝えられている。割り下で煮込んだ鍋で、牛鍋の値段が高いので馬肉に替えたという説もある。
- **ちゃんこ料理**　ちゃんこ料理の代表的なものが、ちゃんこ鍋である。寄せ鍋やちり鍋の種類である。明治末に、横綱常陸山谷左門以降に、相撲部屋で取り入れた料理である。魚、肉、野菜などたっぷり入っているので、食べ過ぎなければ健康によい料理である。種類には、スープ炊き（鶏のスープで作る鍋で、そっぷ炊きともいわれている）、塩炊き（魚介類系が多い）、味噌炊き（カキの土手鍋に由来）がある。魚介類系のちゃんこ鍋が多い。食肉系では鶏肉を使った鍋はそれほど多くない。最初は鶏系のスープと具が多かったが、最近では具とする肉には豚肉も牛肉も使う。

地　鶏

種　類	生鮮肉（g）	鶏肉（g）	やきとり（円）	鶏卵（g）
2000 年	38,376	10,656	2,724	33,146
2005 年	37,741	10,640	2,774	26,102
2010 年	42,207	13,043	2,541	26,203

　東京は、日本の首都として日本の政治・経済・文化の中心を担っている。全企業に占める一次産業の人口の割合は非常に少なく0.4％で、食料自給率は1.0％と極めて少ない。日中の人口では東京都周辺の各県からの政治・経済・文化活動のために通う人たちが多い。東京都の総人口（2012年8月1日現在）は、13,212,226人である。東京都の統計によると、昼間の東京都周辺から東京都に流入する人口の割合は、東京都の人口の118.4％に達している。都内の中に事務所をもち、実際の養鶏場は八王子や多摩地区のほうにもっている法人がある。

　銘柄鶏では、蔵王土鶏（ざおうどけい）、東京しゃも、ネッカチキン（西府）がある。その他、西府の合鴨、西府のホロホロ鳥などがある。蔵王土鶏の生産者は墨田区にある「蔵王フーズ」、東京しゃもの生産者は八王子の東京種鶏孵卵農業協同組合、ネッカチキン・西府合鴨・西府のホロホロ鳥の生産者は千代田区にある「平成ファーム」であるが、「西府」は東京・府中市の西府に由来する。東京都内には、鳥の飼育施設を設置する場所がないので、東京の銘柄鳥の飼育場と事務所の住所が異なっている。

　2000年から2010年までの5年間隔での東京都1世帯当たりの生鮮肉、鶏肉、鶏卵の購入状況、および物菜としてのやきとりの購入金額の変化をみると、生鮮肉と鶏肉の購入量は2005年の購入量は2000年と2010年の購入量に比べると少なくなっている。やきとりについては、2005年の購入金額は2000年のそれよりも50円ほど増えているが、大きな差ではない。2010年のやきとりの購入金額は、2000年と2005年の購入金額と比較すると約200円少なくなっている。東京はデパートの地下食品売り場、スーパ

一の食品売り場、駅に直結した商店街など、家の外には便利な中食用の食材や調理済み食品が豊富にあり、やきとりの他の食料を購入することが多いと推定している。

　鶏卵の購入量が2000年から2010年の10年間で2005年以降6,000gも急に減少している。一時、鳥インフルエンザの感染が広がった時に、生卵の購入が減少したことがあったが、その影響が残っているかもしれない。食料不足の頃は、大切な栄養源として日本の毎朝の食事の定番だった「生卵に醤油たらし、かき混ぜて米のご飯か麦飯にかける食べ方」の「たまごかけご飯」は、ぬるぬるとした食感と卵の殻の衛生の問題から敬遠されるようになったからと思われる。

　古くは、「卵百珍」が『万宝料理秘密箱』（1785）の「卵之部」として紹介しているころから、日本人にとって卵料理は美味しくて栄養のある料理としての位置を確立していたのである。江戸の代表的な卵料理には、親子丼、玉子丼があるが、ドジョウの鍋に卵をかけた柳川鍋は江戸の下町から生まれた料理であり、すき焼きの肉を溶き卵に入れてから食べるという食べ方は、肉食が自由になった明治維新のころの肉屋の発想であった。柳川鍋のゴボウはドジョウの臭みの強さを緩和する働きがあり、溶き卵は臭いを包み込む働きがあるので、美味しく食べられるのであり、すき焼きの溶き卵は、熱いすき焼きの材料を食べやすい熱さに冷ます効果が期待されるが、濃いすき焼きの味をちょうど良い味にととのえる効果が期待される。

知っておきたい鶏肉、卵を使った料理

- **軍鶏鍋**（しゃもなべ）　江戸時代に始まった鶏料理。醤油とみりん、酒、砂糖で作った割り下で、さきがけごぼう、軍鶏のむね肉、モモ肉、皮、モツ（レバー、砂肝、ハツ、きんかん）、ねぎ、しらたき、焼き豆腐などを煮た料理。起源は、江戸の料理屋で1760（宝暦10）年創業の「玉ひで」とも、1862（文久2）年創業の「かど屋」ともいわれている。現在、「玉ひで」では割り下の軍鶏のすき焼きが、「かど屋」では八丁味噌仕立ての軍鶏鍋がいただける。実在はしないが、池波正太郎の小説『鬼平犯科帳』では江戸の軍鶏鍋屋の"五鉄"がよく登場する。

- **とり鍋野猿峠の焼き鳥**　野鳥の焼き鳥。東京の東部にある野猿峠にあるお店で、うずらとすずめの串焼きを食べることができる。どちらも骨ま

で食べられるように炭火で焼いてある。基本的に料理はコースで、うずら1羽、すずめ2羽に、つくね串やうずら卵、季節の野菜焼、そして、麦とろ飯やデザートまで付く。自然豊かな中にひっそりと建つ山小屋風の古民家を改装した「鎌田鳥山」でいただける。若どりコースや野鳥コースなどが堪能できる。

- **東京風串焼き**　鶏肉のぶつ切りを串にさした焼き鳥は、関東大震災の後に、東京に現れた。

- **玉子焼き**　溶き卵（鶏卵）を玉子焼き用の鍋（またはフライパン）でかきまぜながら焼き、やわらかい食感に整えたもの（だし巻き卵のようにだしは加えない）。東京の玉子焼きは、江戸時代からすしダネとして作られているので、硬めの食感となっている。とくに、江戸前のすしダネの場合、エビのすり身や白身魚のすり身を加えるので硬い。調理したアナゴやキノコを芯にした玉子焼きもある。現在では、弁当の惣菜用に砂糖を入れて甘くしたものや、少量の塩を加えて塩味の効いたものもある。

- **親子丼**　発祥は諸説あるが、1760（宝暦10）年創業の人形町の「玉ひで」といわれている。軍鶏鍋の残りの割り下を卵でとじて食べる「親子煮」をご飯に掛けて食べる人が多かったが、明治初期には、ご飯に汁物を掛けることは無作法として料理として提供できなかった。しかし、明治の中頃になると、武家文化から町人文化に移り、丼物が受け入れられるようになり、5代目の妻が、ご飯の上に載せて提供したのが始まりといわれている。

- **柳川鍋**　江戸時代の1840（天保11）年ごろから、江戸に伝わるドジョウを使った鍋料理。ささがきごぼうを濃い目の割り下で煮込み、背開きにして骨を抜いたどじょうを入れ、最後に卵でとじる。どじょうは煮ると風味豊かなだしが出る。どじょうの薬効は、胃腸や貧血、スタミナをつけるといわれる。田植えが終わった頃からが旬で、暑い夏に熱い柳川鍋を食べるのが粋だった。また、粋な江戸っ子は、四文字の"どじょう"では縁起が悪いと"どぜう"とよぶこともある。柳川鍋の名前の由来は、最初に創作したお店の屋号が"柳川"だったとする説と、柳川鍋に使う土鍋を"柳川"とよぶとする説がある。福岡の柳川鍋も参照。

- **釜焼き玉子**　今から360年以上前の1648（慶安元）年創業の北区王子の扇屋が作る創業当時の味を守る玉子焼き。卵を16個使い、溶き卵を注

いだ鍋の上に鉄の蓋をし、その蓋の上にも炭を載せて、上と下からの熱で蒸し上げた玉子焼き。他に、甘めでふわふわの厚焼玉子や、鶏挽肉と三つ葉を加えて焼いた"親子焼"もある。

- **東京風雑煮**　具に鶏肉を使うのは「福をとりこむ」の縁起をかついでいる。他にも「敵をのす」ののし餅を使い、「みそをつける」のを嫌いすまし汁とし、「物事丸く納まる」ようにと野菜は丸く切り、椎茸は丸のまま使う。縁起物として小エビを添える。"江戸雑煮"ともいわれる。

- **なとり雑炊**　江戸時代の雑炊。具は小松菜と鶏肉だけを使い、"菜鶏"という。即ち名を取る、立身出世にちなんだ粋な江戸文化が生んだ雑炊。「敵をのす」の意から焼いたのし餅を入れる場合もある。

- **鴨南蛮**　蕎麦屋の定番メニュー。短冊に切ったネギを鴨の脂とごま油で炒めて、煮た鴨肉とともにそばに載せた料理。江戸時代に鴨鍋が流行したが、値段が高く庶民には高嶺の花だった。そのため、鴨南蛮が作られたといわれている。その昔、東南アジアを"南蛮"とよび、この南蛮を通って日本に入ってきた物や人を"南蛮"とよんだ。ネギが南蛮経由で渡来しているので、鴨南蛮になった。

銘柄鶏

- **東京しゃも**　体重：平均2,400g。東京都畜産試験場が十数年の歳月をかけて軍鶏の純系を保ちながら闘争心を和らげ、さらに改良を重ねた最も純系軍鶏に近い肉用鶏。伝統的な鶏肉の風味を最大限に生かし他の鶏肉に比べて赤みが濃く、肉の熟度が増し歯ごたえも良い。さらにクッキングロスが少なく"うまみ"と"こく"のある最高の鶏肉。「東京都地域特産品認証食品」に指定されている。純系軍鶏とロードアイランドレッドを交配した雄に、純系軍鶏を掛け合わせた。飼養期間は130日と長期。東京しゃも生産組合が生産する。

- **国産鶏種はりま**　体重：平均3,000g。平飼いか開放鶏舎で約60日間飼養。飼料は非遺伝子組換えでポストハーベストフリーの原料を使用。(独)家畜改良センター兵庫牧場で系統造成され、ブロイラー種として国内で唯一原原種から種の維持管理ができている肉専用種。白色コーニッシュの雄と白色プリマスロックの雌を交配。国産鶏種はりま振興協議会が生産する。

- **香鶏** 体重：平均2,450g。開放鶏舎でたっぷり運動をさせ、健康的に90〜100日間の飼育。肉質は筋線維が細かくジューシーで弾力のある歯ごたえをもつ。バフコーチンと烏骨鶏の血統を継承する秦山鶏を交配。蔵王フーズが生産する。

たまご

- **しんたまご** 天然飼料で育てた若どりのいきいき卵。プルンと盛り上がった黄身と白身、美味しさが違う。卵本来のおいしさで生が美味しい。指定農場直送なので鮮度が違う。ビタミンEは普通の卵の2倍、α-リノレン酸は4倍含まれる。JA全農たまごが販売する。
- **きみに愛** β-カロチンが普通の卵の15倍、ビタミンDは10倍、ビタミンEも3倍含まれ、健康の後押しをする若どりの卵。厳選された純植物性飼料にハーブやキャノーラ油を加え卵独特の臭いを軽減。卵のお母さんのお母さんまでも責任を持って育てている。日清丸紅飼料が販売する。

県鳥

ユリカモメ、百合鴎（カモメ科） 名前は、花のユリのように白く綺麗なかもめに由来する。冬鳥、成鳥の夏羽は頭部が黒いので、英名では、Black-headed Gull（頭の黒いかもめ）といわれる。

汁　物

汁物と地域の食文化

　徳川幕府の成立によって天下の総城下町となった江戸には全国の諸大名をはじめ諸国の商人やその他諸々の人々が入り、武士、商人ばかりでなく各階層の人々の交流の場となった。諸国の料理や食材の交流の場となり、昔の東京の自然・風土を基礎に生まれた江戸の料理は、諸国の食材や料理をも参考にしつつ江戸独自の庶民の食文化として出来上がったといえよう。

　江戸時代、江戸町民だけではなく、江戸で暮らす地方からの単身赴任の武士や独身の武士の食生活に、東京湾の魚介類（江戸前の魚）や近郊の野菜類（江戸の伝統野菜）が貢献した。現在も東京の台所を賑やかにしており、江戸の料理が伝えられている。

　江戸時代の代表的な江戸料理としては、そば、天ぷら、おでんなどが挙げられる。いずれも、そばつゆ、天つゆ、おでんの汁など、主として醤油仕立ての汁が必要である。それぞれの「つゆ」のベースになっているのが「かつお節やサバ節などの節類のだし」「昆布のだし」「しいたけのだし」といった「だし」と、千葉県の銚子や野田から運ばれた「醤油」で、必須食材となっている。成田空港が開港されてから、「日本に来ると醤油の匂いがする」と言った外国人がいたという噂を聞いたことがあるが、銚子や野田から思い出された風評かもしれない。

　東京都大島町の「えんばい汁」は、アジに塩をかけて叩いて出てきた液体を布でろ過したものか、大島で作っている「くさや」の塩汁をろ過したものを調味料として使った汁物である。

　東京の郷土料理や伝統料理では「汁物」と名のつく料理は見当たらないが、「だし」と醤油は汁には欠かせないものとなっている。世界文化遺産としての日本料理に欠かせないのが「だし」のうま味にあるといわれている。そのうま味の食材の利用法には、京料理と江戸料理にやや違いがあることも世界文化遺産としての和食の意味が含まれているのかもしれない。

現在も奥多摩地方には、小麦粉の団子を入れた「だんご汁」や太麺を入れた「のしこみ」がある。

汁物の種類と特色

東京都の代表的料理として、天ぷら、ウナギかば焼き、すき焼き、江戸前鮨が挙げられるが、鍋物を汁物とするなら、すき焼きも汁物のカテゴリーに入る。すし店では、仕入れた材料により澄まし汁や粗汁などを提供するが、郷土料理としての汁物が出ることはない。

「ちゃんこ料理」は、明治時代の末に、旧両国国技館完成の頃、名横綱常陸山の人気で出羽の海部屋への入門者が多く、一人ひとりに食事の膳を配るには時間がないことから、一つの鍋をみんなで囲んで食べる形式が考え出された料理といわれている。「ちゃんこ鍋」には、ちり鍋風のものと寄せ鍋風のものがある。いずれも、だし汁に材料として魚介類、鶏肉や野菜を入れて煮込んだ鍋で、味噌味、醤油味、塩味などがある。加熱しながら食べるので、また栄養のバランスもとれているので、力士の健康に良い鍋である。

「すき焼き」も大勢で鍋を囲み団欒して食べる卓袱料理と南蛮料理の影響を受けて発達したものといわれている。もともとは、野外で捕らえた獲物を、農機具の鋤の上にのせて焼いた料理から発達したものである。関東のすき焼きは、明治時代のはじめに考案された「牛鍋」が進化したものであるともいわれている。東京風は、すき焼き鍋で牛肉を焼き、これに長ネギ、焼き豆腐、タマネギ、シイタケ、春菊・ハクサイなどを加えて、割り下またはすき焼き用のだし汁で煮込む料理である。

東京都区内や周辺の地域には、古くからその地で生活する人が少なくなり、郷土料理の継承もみられなくなった。ただし、東京都の伝統野菜が鍋物の具材に使われているところは多く、地産地消の点から見直されている。伊豆七島の島嶼地区には、郷土料理や伝統野菜が受け継がれていることが多い。伊豆大島の郷土料理の「塩梅汁」は、ムロアジを内臓ごと塩漬けにして調味液をつくり、この液でサトイモ・アシタバを煮込んだ汁物である。ムロアジまるごとを塩漬けしてできた調味液は伊豆諸島で作られている「くさや」のつけ汁の「くさや汁」となる。

食塩・醤油・味噌の特徴

❶食塩の特徴

　東京都の食塩は、伊豆七島で外洋の水を汲み上げて、平釜で煮詰めて作っているものが多い。「小笠原の塩」「ひんぎゃの塩」（青ヶ島）、「海の精　あらしお」（伊豆大島）、「ピュアボニンソルト」（小笠原諸島）、「しほ・海の馨」（伊豆大島）、「深層海塩　ハマネ」（伊豆大島）などがある。

❷醤油・味噌の特徴

　東京都区内では、醤油・味噌の醸造に適した水の確保が難しいので、東京の醤油・味噌を醸造する蔵は多摩地区に集中している。東京都区内に流通している醤油は、野田にある大手メーカーのもののほか、昔からある千葉県や都区内にある小規模な醸造会社の醤油や味噌が流通している。都区内の味噌醸造会社は、小規模で手づくり感を強調した味噌が多い。最近は、「だし醤油」や「つゆの素」などの昆布だしやかつお節だしを入れた醤油も作られている。

1992年度・2012年度の食塩・醤油・味噌の購入量

▼東京都23区内の1世帯当たり食塩・醤油・味噌購入量（1992年度・2012年度）

年度	食塩（g）	醤油（mℓ）	味噌（g）
1992	2,553	8,756	8,477
2012	1,510	5,122	4,876

▼上記の1992年度購入量に対する2012年度購入量の割合（%）

食塩	醤油	味噌
59.1	58.5	57.5

　東京都区内の2012年度の食塩・醤油・味噌の購入量は1992年度のそれらの購入量に比べ、いずれの食品も60％弱となっている。自治体の健康増進担当の指導や栄養士会、食育における塩分摂取の減少のアドバイスや調理実習などの訓練の結果、塩分を含むそれぞれの購入量を満遍なく少なくしたと推定できる。23区外の地域では、2012年度の醤油の購入量が、1992年度の半分になっているところもある。

東京都区内の家庭では、自家用に漬物を作ることが少なくなったことが食塩の購入量の減少に、うどんやそばの汁の塩分濃度の減少が醤油の購入量の減少に、また家庭の味噌汁の塩分濃度の減少や具だくさんの味噌汁が味噌の購入量の減少に、それぞれ関連していると考えられる。

地域の主な食材と汁物

　東京は都市化が進んで飢餓時の農作物も栽培できなくなり、河川や河口、東京湾の汚染によって、かつては東京都民の重要なたんぱく質源であった魚介類の生息数や種類が激減してしまった。そのため、自然環境の回復・地産地消・食の安全性が注目されるようになり、江戸野菜の復活や「江戸前」の食材の消費回復にも取り組まれるようになった。

主な食材

❶伝統野菜・地野菜
　江戸野菜（千住ネギ、滝川ゴボウ、金町小カブ、東京独活（うど）、大蔵ダイコン、練馬ダイコン、亀戸ダイコン、小松菜、馬込三寸ニンジン、品川大カブ、谷中ショウガ、目黒のタケノコ、馬込半白キュウリ、シントリなど）、のらぼう菜、アシタバ、小笠原カボチャ、高倉ダイコン・東光寺ダイコン。その他にJA東京中央会が栽培を奨励している東京都内の野菜、島嶼特産の野菜がある。

❷主な水揚げ魚介類
　かつての江戸ものではアサリ、アナゴ、ハゼを除いては、水揚げの期待はできない。島嶼部ではカツオ、キンメダイ、カジキ、トビウオ、サバ、アジなど。

主な汁物と材料（具材）

汁　物	野菜類	粉物、豆類	魚介類、その他
すき焼き	ネギ、ハクサイ	焼き豆腐	牛肉、糸コンニャク、砂糖／醤油／みりん／酒
すいとん	ネギ	小麦粉（→団子）	鶏肉、醤油／塩

煮だんご	カボチャ、サトイモ、ジャガイモ、ネギ、ニンジン、ダイコン、ハクサイ、ナス	小麦粉、小豆	サバ・マグロ(缶詰)、煮干し、醤油仕立て
ちゃんこ鍋	ネギ、シイタケ、ハクサイ、その他	焼き豆腐	魚介類、肉類、竹輪、その他、酢醤油仕立て
ねぎま汁	ネギ、薬味		マグロ（トロ）、醤油仕立て
小松菜汁	小松菜		味噌汁
ダイコン汁	ダイコン		味噌汁
豆腐汁	ネギ	豆腐	味噌汁
油揚げ汁	ネギ	油揚げ	味噌汁

郷土料理としての主な汁物

　東京都の郷土料理は、江戸時代から明治初期にかけて確立した伝統料理となっているすし、天ぷら、ウナギのかば焼き、ドジョウの柳川鍋、すき焼き（牛鍋）などがあり、当時は庶民の食べ物だったものが、現在は高級料理となったものが多い。東京の都市化、文化文明の発達は、東京湾を汚染し、江戸前の魚介類が消えてしまった。近年、地産地消が注目され江戸野菜や島嶼の農畜産物も見直しされてきているが、汁物に関する郷土料理は少ない。

- ●ちゃんこ鍋　相撲社会では人気の鍋料理である。本来、相撲部屋では、力士（ちゃんこ番）の作る手料理である。相撲部屋によって、材料や作り方に違いがあるが、いろいろな食材を食べることができるので、栄養のバランスのとれた食べ方ができる鍋料理といえる。もともとは、相撲部屋では鍋料理はなかったが、明治末に横綱常陸山以降に鍋料理が取り入れられた。一度に、簡単に大量に、多彩な食材を加熱調理するので、食中毒の原因となる細菌を殺菌できるし、寄生虫は死滅するので、衛生上も安全な料理であることで、相撲部屋では人気であった。ちゃんこ鍋には、水炊き（ちり鍋）、だし汁あるいはスープ炊き（鶏のそっぷ炊き）、塩炊き（寄せ鍋）、味噌炊き風の系統に分けられている。「ちゃんこ」の語源は、江戸時代初期に中国から伝来した鍋の唐音が転訛したものとい

う説、「中国」を指すチャンと、中国語で「鍋」を指すコ（クオ）の組み合わされたものなど諸説がある。

- **どじょう汁**　収穫の終わった後に、野菜と一緒に煮込むどじょう汁を作る地域があるが、東京のどじょう汁は、ゴボウ・ダイコンを入れた味噌仕立てである。ドジョウは生命力が強く、ビタミン類やたんぱく質、脂肪を多く含むことから精のつく食べ物として、江戸時代から利用されていた郷土料理である。

- **すき焼き**　すき焼きの作り方は、関東と関西では違いがある。関東のすき焼きの起源は、横浜で生まれた牛鍋料理にあるといわれている。その形を残しているのは1867（明治元）年から今でも営業している「太田なわのれん」の味噌仕立てのタレで作るすき焼きである。現在の東京のすき焼きは、牛肉や野菜類を割り下（醤油やみりん、その他の調味料で調製したすき焼きのタレ）で調味して食べる。牛肉以外の野菜その他の具（焼き豆腐、白滝など）は、家庭によって、料理店によってさまざまである。

- **ねぎま鍋**　江戸っ子の好みの鍋料理だった。江戸時代中期の文化・文政から天保年間（1804〜43）頃に、当時は「イヌも食わぬ」といわれた安価なマグロの脂肪の多い部分（今ではトロという部分）を角切りにし、ぶつ切りの長ネギを入れて、醤油と酒で調味しながら食べる。昔は、魚市場で働く人たちは、安くて新鮮なマグロの脂の多い部分を持ち帰り、家庭料理の材料としていた。

- **おでん**　東京風のおでんは、大阪では「関東炊き」とよんでいる。昆布とかつお節のだし汁に醤油、酒、みりんなどを加えて調味し、ダイコン、コンニャク、豆腐、がんもどき、はんぺん、ちくわぶ、薩摩揚げなど安価な食材を煮ながら食べるという、家庭では鍋物の一種である。

- **たたき汁**　サンマ、タカベ、カマスなど手に入る魚の頭、内臓、ウロコを除いた身をまな板にのせ、出刃包丁で叩く。塩、味噌を入れて混ぜて味を調え、適当な大きさに丸め、沸騰した醤油味のだし汁へ入れる。団子が浮き上がったら、そうめんを入れて茹で、最後にアシタバを入れて仕上げる。大島の郷土料理である。

伝統調味料

地域の特性

▼東京都の１世帯当たりの調味料の購入量の変化

年　度	食塩（g）	醤油（ml）	味噌（g）	酢（ml）
1988	3,462	14,269	12,785	2,382
2000	1,869	3,443	7,447	2,096
2010	1,730	6,032	5,155	2,007

　東京の食文化に注目するとき、江戸前といわれる、現在の東京湾で漁獲された魚介類の料理があげられる。東京湾は房総半島と三浦海岸に囲まれた浅瀬で、さらに隅田川、多摩川、荒川、中川、江戸川から魚介類の豊富な餌が流れ込むところであるから、魚介類の宝庫であり、江戸前の魚介類は美味しいとの評判であった。東京の都市化が進むにしたがい東京湾は生活排水や工場からの排水、東京湾を航行する船からの排水や燃料により海底も水域も汚染され、海産生物が生息できなくなるまでに汚れてしまった。最近になって海底や水域の浄化が進み少しは江戸前の魚介類が生息するようになったが、江戸っ子が自慢するまでには至っていない。

　代表的な江戸前の魚介類の料理は、すし、天ぷらがある。すしに使う調味料は食塩、食酢、醤油があり、天ぷらに使う調味料として、つけ汁には醤油、だしを使い、天ぷらを揚げるには植物油を使う。最近の天ぷら店では塩をつけて食べることをすすめる店もある。

　東京風の佃煮は、アサリ・ハマグリ・シジミ・ハゼ・小エビ・小ブナ・イカナゴ・シラウオなどの小形の魚介類を、醤油・みりん・砂糖などの調味料で煮詰めてつくるので、調味料がなければ長期間の保存ができる佃煮が誕生しなかったといえよう。佃煮の味付けは、時代とともに変化し、店によって特徴ある味付けとなっている。東京惣菜や弁当の味付け醤油の味が強調されているのは、汗を流して働く江戸時代の職人向けの味付けの名

残であると思われる。古くから日本橋や築地で営業している料理店の弁当の味付けは、醤油の味付けの名残のあるものに出会うことがある。江戸の佃煮の原形は、漁師たちが徳川家康に献上して余った雑魚の塩煮を、試みに売り出しところ、保存食になると評判であったことから、後に醤油味の佃煮になったといわれている。

東京のお好み焼きのルーツは、昭和6〜7（1931〜32）年頃に東京の花柳界で評判であった「ドンドン焼き」といわれている。昭和6〜7年頃以降はそれほど普及しなかったようである。本格的に普及したのは第二次世界大戦後の昭和24〜25（1949〜50）年頃から米不足の代用食として小麦粉の食べ物としてお好み焼きが復活し、昭和30年代になってさまざまな家族の間や友達の間で盛んになった。お好み焼きの美味しさは、ソースが決め手のことが多い。

さまざまな流動性を示すソースが出回るようになったのは、東京で流行ったお好み焼き、豚カツを洋風スタイルで食べさせようとして考案されたとも考えられる。カレーライスにソースをかけて食べるスタイルも第二次世界大戦後の食料不足の時代であった。

知っておきたい郷土の調味料

醤油・味噌

東京都区内には、大豆やコメの栽培や醸造に適した水の確保が難しく、東京都内の醤油や味噌を作る蔵は多摩地区に集中している。また、製塩は島嶼地区に集中している。東京も明治時代の頃は荒川、江戸川、中川、綾瀬川、多摩川なその河川を利用した田畑もあり、地下水を利用した清酒、醤油、味噌などの醸造場もあった。東京で生活している人々は、ほとんどが東京以外から上京している。東京にある会社もその本社だけは東京あるいはその近郊にある。食品表示で本社の所在地が東京でも、製造場所が東京近郊や地方にある場合が多い。

- **東京都の醤油・味噌の特徴**　現在、東京の醤油・味噌のメーカーは都区内に存在している会社もある。宝醤油（本社は中央区、工場は銚子）、佐野味噌（江東区）、ログハウス味噌（足立区）、大塚青木商店（豊島区）、宮坂醸造（中野区）、ちくま味噌（江東区）、郡司味噌漬物（台東区）、

やままん明治屋醬油（江東区）などがあるが、所在地がビルの場合もあるので、製造場所は都区内ではないことも推測できる。

　これらの醸造会社は、手作りを強調していることが多い。立川市の北島こうじ店は、米糀の製造販売の専門店である。北海道の大粒大豆、赤穂の天塩、自家製の米麹を使って「手作り「米こうじ味噌」を製造・販売している。都区内にある醸造会社も伝統的な味噌づくりを手作りで行っているところが多い。㈱ちくまは、元禄元年の創業で300余年にわたり伝統的手法で「ちくま味噌」を製造・販売している。醬油については、千葉県の大手企業の製品のシェアが広いためか、都区内の醸造会社は醬油よりも味噌に力を入れている。また、この会社は「こぶだし（赤）」というみそ汁向きの味噌の製造・販売をしている。

①あぶまた江戸甘味噌は江戸時代から愛好されている味噌。塩分濃度は通常の辛口味噌の半分である（中野区の㈱あぶまた味噌）。

②かねじょう江戸味噌は光沢のある茶褐色で、大豆の香りと糀の甘味の調和のとれた味噌（神田の日本味噌㈱）。

③金紋江戸みそは麹をたっぷり使い、高温で熟成させた味噌（港区海岸の㈱日出味噌醸造元）。

④キッコーゴ丸大豆醬油は明治41年創業の会社で、奥多摩の伏流水を使って醬油を醸造している（あきる野市の近藤醸造㈱）。

● **だし醬油**　こぶだし、カツオ節だしを入れため「だし入り醬油」は醸造の大手企業やだしメーカーが製造・販売している。カツオ節の老舗の「にんべん」（日本橋）は、元禄時代に創業してから300年以上、だしの材料であるカツオ節の製造・販売している。だし入り醬油とし「つゆの素」を製造販売を始めた。それ以来、企業体の大小の区別なくいろいろな会社で「だし入り醬油」を製造・販売を始めている。

　現在、万能調味料が各料理店や料理研究家の肩書きのある人が開発し普及しているが、「だし入り醬油」「めんつゆ」は万能調味料の前身といえる。その後、動物の内臓、植物性たんぱく質の分解物、カツオ節やサバ節の抽出物に由来するうま味物質の濃縮物や乾燥物が「だしの素」という形で手軽に利用できる「だし」が開発されている。だし入り醬油やだしの素の製造は、都区内では難しいので都区内以外の工場で行い、都区内の会社が販売を担当しているケースが多い。

カツオ節のだしの主な主成分がイノシン酸、昆布のだしの主な成分がグルタミン酸、干ししいたけの主なうま味成分はグアニル酸であることが明らかになっていることから、だし入り醤油やだしの素の原料はカツオ節、昆布、干ししいたけのような高価な食材の代わりに、安く手に入る食材からうま味成分を抽出して利用している場合が多い。

食塩

- **製塩は島嶼で**　東京都に属する伊豆七島で製塩している。外洋の海水を汲み上げて、平釜で煮詰めるので適量の苦汁や水分が存在し、イオン交換膜法による「塩事業センター」のものに比べるとうま味もある。

  ①小笠原の塩　小笠原の二見湾の南側は珊瑚礁があり海洋は透明感がある。その周辺の潮流から汲み上げた海水を加熱して作る。

  ②ひんぎゃの塩　青ヶ島の沖合いの黒潮から海水を汲み上げ、平釜で15日間かけてゆっくりと火山の地熱で加熱し、蒸発させて塩の結晶を調製する（青ヶ島村の青島村製塩事業所）。

  ③ピュアポニンソルト　小笠原諸島の周辺の外洋の海水を汲み取り、火力で時間をかけて煮詰めて、塩の結晶を調製する。

  ④海の精あらしお、海の精やきしおなど　伊豆大島の沖合の黒潮を汲み上げて伝統的製塩法で作り出したものである（本社は海の精㈱）。海の精ハーブソルト、海の精ペッパーソルトもある。微量の苦汁成分が甘味のある塩辛さを感じさせる。

  ⑤しお・海の馨　伊豆大島の地下200数メートルから汲み上げた地下塩を含む深層水を30時間以上ゆっくりと煮詰め、乾燥、結晶させた塩である（大島町の㈲阪本海水研究所）。

  ⑥深層海塩ハマネ　伊豆大島周辺の海域の地下300mの深さから海洋深層水を汲み上げて製塩したもの（大島町の深層海塩㈱）。

- **塩の利用**　塩は味付けや漬物に欠かせないが、最近出店が多くなった駅構内のスープ専門店では、塩スープも用意している。日本の国民食となったラーメンには、「塩ラーメン」がある。塩味ラーメンのつゆに使われる。

- **東京駅のラーメンストリートと塩**　東京駅八重洲口の改札口を出ると、商店街が目に留まる。東京駅のラーメンストリートにはスープの味付け

に塩を専門に取り扱う塩専門店がある。

ソース・たれ・食酢・その他

　都内には都区内または周辺の大手食品会社が開発した焼肉「たれ類」を
はじめとし、各種のタレやソース、ドレッシングが流通している。量販店
にはあまり出ていないソースを紹介する。

- ●**生ソース（ウスタータイプ・中濃タイプ）**　東京ソース工業組合と東京
  都立食品技術センターが共同で開発したソースである（葛飾区の東京都
  ソース工業協同組合）。
- ●**生ソース（ウスター・中濃・濃厚）**　熱を加えずに生の野菜を酵素で分
  解し、熟成させたソースである（北区滝野川のトキハソース㈱）。
- ●**真黒酢**　中国に古くから伝わる固体発酵法により熟成度が高く、濃いう
  ま味のある黒色の食酢で、全国的に貴重な酢である。食酢の香りは弱く、
  ほんのりと甘味がある。原料は玄米と小麦で、酢酸菌で発酵熟成させて
  つくる。揚げ物のタレ、イワシの甘辛煮の調味液として使う。魚の生臭
  みが緩和される（江東区・横井醸造工業㈱製）。
- ●**炒り酒**　日本酒に梅干しと花カツオ（削り節）を入れて、ゆっくり加熱
  し、煮詰めたもので、江戸の住民には欠かせない調味料であり、最近、
  復活した。塩の含有量は醤油より少なく、素材の味を生かし、まろやか
  なうま味がある。

だし

- ●**ダシ一筋の「にんべん」**　東京でカツオ節を専門で販売しているのは、
  日本橋の「にんべん」である。日本橋三越の近くにある会社であるが、
  最近は日本橋三越の前の「COREDO室町」という商業施設と会社のあ
  るビルディングで営業している。ここでの営業を開始と同時に、有料で
  だしスープを飲ませるドリンクバーを設け、だしの美味しさのPRも行
  ったら、独自の店を構えて営業していたときよりも繁盛するようになっ
  た。
  　　「にんべん」は元禄12（1699）年に江戸の中心地の日本橋で鰹節や乾
  物の商いを始めた。それ以来、300年以上も鰹節を中心に日本の味を伝
  えてきた。鰹節や昆布などだしの材料は、東京では築地魚市場という銀

座に近いところで買うことができるが、一般の消費者が築地魚市場にだしの材料だけを買い求めにでかけるには、何となく遠慮してしまう。そこで、日本橋や銀座にでかけた時に、専門店の「にんべん」で品質の良い鰹節や昆布などだしの材料を買う人が増えている。「にんべん」は鰹節の製造する工場をもっていないが、産地の生産者との間の信用と品質を選ぶ長い経験から、「にんべん」は品質のよい「本枯鰹節」を選び販売し、江戸の食文化の伝承に貢献してきている。便利性を求める最近の食卓事情に合わせ、「削り節」「麺つゆ」「だし醤油」のほか、「厚切り鰹節」「シート状の鰹節」なども開発・販売している。

食用油

大島の椿はよく知られており、大島の土産品として化粧品向き、食用向きの椿油を製造販売している。
- **食用つばき油** 小さな利島も、椿油の生産量が多い。椿油を食用油に調製したもので、料理にも使われる（東京島しょ農業協同組合利島店）。

郷土料理と調味料

東京都内のデパートの食品売り場にある調味料コーナーには、日本中の調味料が用意されている。もちろん、外国産の調味料も用意されている。
- **東京の佃煮** 佃島の佃煮は東京の名産の一つである文久2（1862）年に、日本橋室町の鮒屋佐吉が魚介類を醤油で煮詰めたものが最初であると伝えられている。健康のために食塩の摂りすぎないようにしている現代でも、昔ながらの醤油の味を強調した塩辛く色の濃い佃煮をつくっている会社もある。保存食として発展した佃煮は、お茶うけ、酒の肴に合うように調味されたものが多くなった。

発　酵

くさや

◆地域の特色

　東京23区、多摩地域および島嶼部（大島、三宅島、八丈島、小笠原諸島）からなる。小笠原諸島を含むため、日本最南端および最東端に位置する都道府県でもある。約1395万人（2020（令和2）年現在）と最も人口が多く、全人口の10％以上を占め、人口密度も日本一高い。主要部分は関東平野に位置し、東京湾に面している。気候は23区～多摩東部および伊豆諸島は太平洋側気候に属する。夏季は高温、多雨となり、冬季は晴れて乾燥する日が多い。小笠原諸島は亜熱帯気候である。

　東京都の耕地面積は8460haで、全国最小である。大消費地にあるため、野菜、果樹、花卉が主に生産されており、コマツナ、ホウレンソウが主要な生産物である。かつて東京湾は「江戸前の海」と呼ばれ、江戸前ずしの語源となるような漁場であったが、現在の水産業の中心は、伊豆大島付近、八丈島付近などの島嶼部である。種類としては、カツオ、アジなどで、くさやの干物のような特産物もある。

◆発酵の歴史と文化

　徳川家康が入城して以来、江戸は政治、経済、文化の中心として発展し、全国最大の消費地となった。参勤交代の行われた江戸は消費都市として巨大化し、酒、味噌、醤油、菜種油などの日用品も一級品が求められた。江戸の消費需要が上がるにつれ、日本全国から多種多様な物産が海運で運び込まれるようになる。1697（元禄10）年、江戸での酒の消費量は四斗樽で年間64万樽だったのが、1785（天明5）年には77万樽を超え、1800年代に入って文化文政の頃には、180万樽もの酒が江戸に入ってきたと記録されている。その7～8割が灘や伊丹などの関西からの「下り酒」であった。

　醤油の製造が本格的に始まったのは上方（関西）が早く、江戸へ送られた関西の醤油は、関東の醤油に比べて品質が優れており、多くの「下り醤

油」が江戸へ運ばれた。独自の江戸食文化（すし、そば、うなぎの蒲焼など）が形成されつつあった元禄時代になると、下総で造られた濃口醤油が江戸市場を独占するように変わっていく。東京は大消費地として、今でも全国の発酵食品の製造に大きな影響を与えている。

◆主な発酵食品

醤油　1978（昭和53）年には醤油の蔵元が22軒あったが、今では近藤醸造（あきる野市）のみとなっている。

味噌　江戸甘味噌は光沢のある茶褐色で、深く蒸した大豆の香味と麹の甘みが調和し、とろりとした独特の甘みをもつ味噌で、味噌田楽、どじょう汁といった江戸の料理に使われてきた。米麹と大豆を原料とし、熟成期間は2週間程度と短い。塩分が少なく、米麹の使用量が多いため甘みが強い。あぶまた味噌（中野区）、日出味噌醸造元（港区）、糀屋三郎右衛門（練馬区）などで造られている。佐野みそ亀戸本店（江東区）では、60種類以上の全国の味噌が昔ながらの樽に並べて販売されており、イートインコーナーでは味噌汁を味わうことができる。

日本酒　1596（慶長元）年創業の豊島屋酒造（東村山市）、100年の時を超え2011年に都心に復活した東京港醸造（東京都港区）のほか、小澤酒造（青梅市）、石川酒造（福生市）、田村酒造場（福生市）など10の蔵がある。

焼酎　1853（嘉永6）年に、流罪となり八丈島に来た鹿児島の商人、丹宗庄右衛門がサツマイモを原料とした焼酎造りを伝えたのが始まりである。その技術は三宅島、大島などへと広がった。その後麦焼酎を造り始め、今では、芋焼酎、麦焼酎、芋麦ブレンド焼酎が造られている。神津島酒造（神津島村）、三宅島酒造（三宅島三宅村）、八丈島酒造（八丈島八丈町）、青ヶ島酒造（青ヶ島村）などで造られている。

小笠原ラム　小笠原ではサトウキビ栽培が盛んで、その糖蜜を蒸留した酒である「糖酎」が戦前、愛飲されていた。1989（平成元）年に小笠原ラム・リキュールが設立され、「糖酎」の復活ともいえるラム酒の販売が開始されている。

ワイン　東京初のワイナリーである東京ワイナリー（練馬区）のほか、都心にある深川ワイナリー東京（江東区）、清澄白河フジマル醸

造所（江東区）などで造られている。

ビール　　　サントリー武蔵野ビール工場（府中市）で、首都圏向けのビールが造られている。クラフトビールとしては、1887（明治20）年西多摩で醸造されていたビールを甦らせた明治復刻地ビールの石川酒造（福生市）、銀座で造る八蛮（中央区）のほか、ホッピービバレッジ（港区）、アサヒフードクリエイト（墨田区）、高円寺麦酒工房（杉並区）などがある。

甘酒　　　東京大学のある本郷台地一帯は、江戸時代には地下室（むろ）による麹造りが盛んに行われていた。本郷台地の南端に位置する神田明神には、三河屋綾部商店と天野屋の2軒の甘酒屋がある。それぞれ、1616（元和2）年、1846（弘化3）年創業の老舗である。天野屋では、現在も地下室で麹を造っている。

酒種パン（さかだね）　　　通常、パンは小麦を練ったパン生地に酵母（イースト）を加えて発酵させて焼く。銀座にある木村屋（中央区）では、酒種を使って酵母を育てパンを焼いている。酒種とは、日本酒の酒母を造るように、米と麹と水から酵母を育てたものである。1874（明治7）年、西洋から伝わったパンを酒種で作り、日本古来のあんを入れた和洋折衷のあんぱんを売り出した。

くず餅　　　関東では江戸時代後期に入り、小麦粉を発酵させたものから作られた菓子がくず餅と呼ばれるようになった。くず餅は小麦粉から精製したデンプンを約1年間乳酸発酵させたもので、独特の発酵の風味がある。黒蜜、きな粉などをかけて食べる。亀戸天神前の船橋屋（江東区）、池上本門寺前の浅野屋本店（大田区）、王子稲荷前の石鍋商店（北区）など古くからの店で作られている。他方、関西のくず餅は葛から作る葛餅で、発酵工程はとらない。

くさや　　　ムロアジなどの新鮮な魚を、「くさや液」と呼ばれる魚醤に似た独特のにおいや風味をもつ発酵液に漬け込み、これを天日干しにしたものである。新島など伊豆諸島で作られる。独特のにおいのもとは、コリネバクテリウム・クサヤなどの細菌や螺旋菌（いわゆるくさや菌）や、耐塩性の酵母の働きによって生成される酪酸や吉草酸などによる。新島では魚のことを「ヨ」と呼び、「臭い魚」という意味の「クサヨ」が転じて「クサヤ」になったといわれている。

べったら漬け　　ダイコンの皮を厚めにむき、塩漬けによる下漬けの後、砂糖または水飴、米、米麹で本漬けする。表面についた麹がべとべとしていることからこの名が付いた。ポリポリした歯ざわりとさっぱりとした甘みが特徴である。毎年10月に、宝田恵比寿神社がある日本橋大伝馬町では「べったら市」が開かれる。

沢庵　　ダイコンを数日から数週間天日干しにして、手で曲げられる程度にまでしなびたダイコンを、米糠と塩で1〜2カ月漬けたもので、風味付けのため昆布やトウガラシ、柿の皮などを加えることもある。江戸時代に沢庵宗彭（たくあんそうほう）が考案したという言い伝えがある。宗彭が創建した東海寺（品川区）の近くで、「ビルの谷間のたくあん祭」が開催されている。

福神漬け　　ダイコン、ナス、ナタマメ、レンコン、キュウリ、シソの実、シイタケなどの下漬けした野菜類を塩抜きして細かく刻み、醤油とみりんなどで作った調味液に漬けたもの。明治時代初頭、上野の漬物店「山田屋」（現在の酒悦）の野田清右衛門が作り、茶店で売り出したところ評判となり、日本全国に広まったとされる。カレーライスに添えられる定番の漬物である。

東京カカオ　　チョコレートは、原料のカカオマメを発酵させて作られる。まず、乳酸発酵に続き酵母によりアルコール発酵が進む。できたアルコールは、さらに酢酸菌による酢酸発酵で酢酸ができる。3種類の発酵によりチョコレートの風味が生まれる珍しい発酵食品である。

　小笠原村の母島で2003（平成15）年に「東京カカオプロジェクト」が平塚製菓により進められ、2019（令和元）年に東京産チョコレートが発売された。

◆発酵食品を使った郷土料理など

どじょう鍋　　江戸の昔から、夏のスタミナ源として庶民に親しまれてきたドジョウをゴボウやネギとともに酒や醤油と煮た鍋料理である。浅草には、駒形どぜう（台東区）、どぜう飯田屋（台東区）など専門店が集まっている。

佃煮　　小魚、アサリなどの貝類、昆布などの海藻類を醤油と砂糖で甘辛く煮付けた食べものである。江戸時代、佃島（現在の中央区）の漁民は船内食などとするため、自家用として小魚や貝類を塩や醤油で煮詰めて常備菜、保存食としたことが起源とされる。

◆特色のある発酵文化

種麹屋　　　日本醸造工業（文京区）では1961（昭和36）年から主として醤油用、味噌用の種麹を製造、販売している。現在、種麹の製造は茨城県日立市で行っている。

日本醸造協会（北区）　　1904（明治37）年、醸造業界の近代化を目的として大蔵省に醸造試験所が設置された。2年後の1906（明治39）年に、醸造試験所の研究成果を社会に役立てる機関として設立された。以来、優良な清酒酵母を収集し「きょうかい酵母」として、全国の酒造場に頒布している。醸造試験所は、1995（平成7）年に広島県に移転し、その名称も酒類総合研究所と変更されたが、本協会は移転せず、旧醸造試験所第一工場（赤煉瓦酒造工場）のある醸造試験所跡地公園のそばにある。

◆発酵にかかわる神社仏閣・祭り

小網神社（中央区）　どぶろく祭　　日本橋に鎮座する厄除の神で、毎年11月にどぶろく祭が行われる。関東2大どぶろく祭の一つであり、五穀豊穣に感謝し、無病息災、強運厄除を祈願し、参拝客にどぶろくが振る舞われる。

物忌奈命神社（神津島村）　神事「かつお釣り」　　鰹節が当地の特産物であった江戸後期、荒海においてカツオを漁獲し、無事に帰ることができたことを神に感謝し奉納されてきた祭りである。

明治神宮（渋谷区）　　参道には、その規模が全国一といわれる数の日本酒のこも樽がずらりと並ぶ。フランスのブルゴーニュから献納されたワイン樽も奉納されている。説明板には、明治天皇が葡萄酒を好まれたことに由来すると書かれている。

◆発酵関連の博物館・美術館

ヱビスビール記念館（渋谷区）　　1890（明治23）年発売のヱビスビールについて、その歴史、製造法などが紹介されている。

東京農業大学「食と農」の博物館 (世田谷区) 卒業生が蔵元の、日本酒瓶のコレクションや日本酒の酒器、古民家の古農具などが展示されている。

日本の酒情報館 (港区) 酒造りに使う櫂棒や半切り桶と呼ばれる道具のほか、全国各地の特色ある酒器、日本酒、本格焼酎、泡盛の原材料や麹の実物見本などが展示されている。

代田記念館 (国立市) ヤクルトの父といわれる代田稔が乳酸菌シロタ株 (L.カゼイ・シロタ株) を発見し、「ヤクルト」を誕生させるまでの歴史などが展示されている。

食とくらしの小さな博物館 (港区) 1900 (明治33) 年から現在までの味の素グループの歩みと食卓風景の移り替わりを展示している。再現されている昭和30年代の台所や食卓を見ることができる。

◆発酵関連の研究をしている大学・研究所

東京大学農学部生命化学・工学専修、農学生命科学研究科応用生命工学専攻

発酵学誕生の大学である。酵母や麹菌などの分子レベルでの研究で世界的な成果をあげている。泡盛、甘酒などの東大グッズも販売されている。

発酵から生まれたことば　くだらない

江戸に幕府が開かれ参勤交代が始まると、多くの人が江戸に集まるようになった。江戸市中の人口は爆発的に増え、日常生活に必要な物資の大消費地となった。かつて都のあった京都や大坂は、上方と呼ばれ、文化、技術に優れているものが多かった。こうした製品などは上方から江戸に下ったので、優れている物や高級品は「下り物」と称された。つまり、銘酒は江戸に運ばれ「下り酒」と呼ばれたが、地物の酒は、江戸までは下ることはなかった。すなわち、「下らない酒」と呼ばれたことから、取るに足らないものを「くだらない」というようになったのである。

東京農工大学工学部生命工学科、工学府生命工学専攻

麹菌などの微生物酵素の研究を通じて、バイオセンサーの開発といった応用分野でユニークな研究を展開している。

東京農業大学応用生物科学部醸造科学科、生命科学部バイオサイエンス学科

日本酒、味噌、醤油といった古典的な発酵、醸造学では最も伝統がある。日本酒、味噌、醤油メーカーで活躍している卒業生も多い。

早稲田大学先進理工学部応用化学科、先進理工学研究科応用化学専攻

アミノ酸発酵などの生産プロセスの開発や工業化を行ってきた。最近は、微生物による環境浄化など環境関連の研究も展開している。

コラム　赤門と麹菌

東京大学の本郷キャンパスは加賀藩主前田家の屋敷跡であり、新しい研究棟の建設に際して行われる地下埋蔵物調査では、江戸時代の遺跡が数多く発掘されている。2010（平成22）年4月頃、埋蔵文化財調査室から、赤門脇の建設予定地で江戸時代の地下式麹室の跡が発掘されたとの連絡を受け、現場を見学させてもらった。地下3mほど掘り返した調査地には、中央の縦穴に続き、四方八方に横穴が開けられており、横穴の入り口には扉をたてたと思われる柱の跡が、また、麹を作っていたと思われる横穴の壁には棚を支えていた竹を刺した穴がはっきりと確認できた。江戸時代の書物にも本郷近辺では麹が作られており、味噌などが特産品として売られていたことが書かれているという。本郷台地は、地下式麹室を作るのに最適の場所であったようで、近年、お茶の水の東京医科歯科大学付近でも同様の地下窒室が発掘されている。また、これらの構造は、神田明神前にある江戸時代から続く甘酒屋「天野屋」の地下式麹室と構造もよく似ていることからも、赤門ができる前は町屋が並び、麹作りが盛んであったことを示している。

和菓子 / 郷土菓子

麦落雁

　日本列島の太平洋側、東京湾に面した関東平野に位置し、日本国の首都である。古く武蔵国とよばれ、地域としては東京23区部、多摩26市部、島嶼部の伊豆諸島・小笠原諸島の3地域からなっている。区部では旧江戸城（皇居）を基準に「城西」「城北」「城東」「城南」とよび分けられ、国会、中央官庁など国の中枢を占める千代田、中央、港の3区を都心とよぶこともある。

　江戸の頃をみると、武家地、寺社地、町人地がある。さらに山の手地区、下町地区とあり、下町には日本橋・神田地区、上野・浅草地区、隅田川の東部本所・深川地区と個性ある町があった。そこには生業に基づく生活文化が生まれ、江戸文化を構成していた。近代都市となった東京だが、菓子文化にはまだ、江戸の庶民文化が息づいている。

地域の歴史・文化とお菓子

一茶の句に見る江戸の菓子と民俗

①一茶の生い立ち

　江戸後期の俳人小林一茶（1763〜1827）は、信州信濃の人ながら35年間も江戸に暮らしていた。一茶は3歳で実母が早世し、継母との折り合いが悪く15歳で江戸に出る。10年間の消息は不明だが、25歳頃俳人の二六庵竹阿に師事して頭角を現していた。

　一茶の句といえば「雀の子　そこのけそこのけ　お馬が通る」と、幼い頃の経験から滲み出た優しさが読者に感動を与えてくれる。その一方、貧乏暮らしを売り物にした俳諧師であった。「家無しも　江戸の元日　したりけり」「煎餅の　ような布団も　我が家哉」の句がある。

②一茶の江戸暮らし

　一茶の生活圏は下町だった。主に隅田川の東部"葛飾"とよばれた地域で、浮世絵師の葛飾北斎はこの地の本所生まれであった。「我が庵は　江戸の辰巳ぞ　むら尾花」とあり江戸の辰巳は東南方向で深川をさし、一茶は42、3歳の頃本所五ツ目（現江東区大島や相生町）に住んでいた。この辺りは飲み水の水質が悪く「水屋」から水を買っており「一文の　水も馬にも　呑ませけり」の句がある。一文は今の約20円ぐらいで、馬も人も買った水を飲んでいるといった一茶の句には、江戸庶民の暮らしぶりが生き生きと詠まれている。

③江戸の夏の風物詩「冷水売り」と年寄りの冷や水

　現代のように冷蔵庫や自動販売機がない時代、江戸の町には夏になると「ひゃっこい、ひゃっこい」と売り声を上げ、冷水の入った水桶を担いで売りに来た。「水売りや　声ばかりでも　冷っこい」「水売りの　今来た顔や　愛宕山」「月影や　夜も水売る　日本橋」と、一茶に詠まれた「冷水売り」は、掘り抜き井戸や瀧水の清水を真鍮や錫の碗に白砂糖と寒晒粉（白玉粉）の小さな団子を入れて客に出した。1碗4文（約80円）で、希望で砂糖をもっと足すと8文や12文になった（式亭三馬の『浮世風呂』に「冷水売り」の面白いやり取りが描かれている）。

　白砂糖も冷水も貴重だった時代に、口触りのよい白玉団子の入った1碗は特別なスイーツだったようだ。

　幕末の百科事典『守貞漫稿』（喜田川守貞著、1853〈嘉永6〉年頃完成）によると京・大坂では「砂糖水売り」とよんでいた。白玉団子なし冷水と白砂糖のみで1碗6文。黒砂糖は安かったが白砂糖は高級品だったので、冷たさプラス上品な甘さの砂糖水は夏のご馳走だった。しかし、江戸ではただの冷や水も売っており、江戸っ子はこれを飲むのが「粋」であった。錫製の碗は余計に冷たく、一気飲みをするが、年寄りが粋がって飲むと腹を壊した。「年寄りの冷や水」とはここから生まれた（因みに江戸では「水売り」と「水屋」は別の商売で、水屋は生活の水を売り歩いた。歌舞伎の団十郎の演じるのは前者で、落語の「水屋の富」は後者である）。

④江戸の飴細工の歴史と「和鋏」

　「梅咲くや　飴の鶯　口を明」「春風や　鳴き出しさうに　飴の鳥」と一茶の詠んだ「飴の鶯」「飴の鳥」は、晒し飴（水飴の水分を除いて白くし

た飴）を巧みな技で動物などを形づくる飴細工のことで、江戸時代から昭和初期頃まで主に鳥を細工していたので「飴の鳥」とよばれていた。ストロー状（昔は葦）の棒の先に水飴を丸めて付け、息を吹き入れるとたちまち可愛い鳥が作られ、和鋏でチョキンと嘴を付けると出来上がり。子供にも大人にも喜ばれる大道芸である。この飴細工は、意外にも「たたら製鉄法」による和鋏の普及と関係していた。

　飴細工は平安時代の京都で、中国から渡って来た飴職人が東寺建立の際、お供え用として作ったのが最初とされる。その後京都に住んだ彼らが、お多福飴（江戸の金太郎飴）などの細工飴を作り京都の町で売り歩いていた。江戸に伝わったのは江戸時代前期とされる。

　「飴の鳥」が定着したのは、1746（延享3）年に飴売りの口上で「さあさあ子供衆、買うたり買うたり、飴の鳥じゃ飴の鳥……」と浄瑠璃で演じられたのがきっかけであった。また飴細工に必要な和鋏が、天秤ふいごの考案で量産されたのも要因で、各地で飴細工が広まり、一茶の活躍する化政期（文化・文政期：1804〜30）頃には、全盛期を迎えていた。

⑤江戸の草餅と関西の蓬餅

　「けふの日や　庵の小草も　餅につく」「草餅に　いつか来て居る　小蝶哉」「人形の　口へつけるや　草の餅」。一茶には草餅の句が多く、この一連の草餅は雛節供の草餅と思われ、3首目は幼子の様子がよくわかる。関東の草餅はモチグサとよばれ「モグサヨモギ」を使ったもので、春先の若葉を摘んで灰汁抜きをして餅に搗き込む。この草はキク科の多年草で、「燃え草」といって乾燥させるとお灸のモグサになり、香りが強いことから邪気を祓うものとされてきた。

　関西では平安時代から草餅には母子草が使われ「ほうこ餅」とよんでいた。母子草は春の七草のゴギョウで、別名「モチヨモギ」。足利時代以降草餅は、関東の「モグサヨモギ」全盛時代を迎えるが、「草餅」とは決してよばず「蓬餅」である。訛っても「ヨゴミ餅」で、これは母子草への愛着なのだろうか（草餅については第Ⅰ部参照）。

⑥嘉定喰い和菓子の日

　「子のぶんを　母いただくや　嘉定喰ひ」と一茶に詠まれた「嘉定喰ひ」は、江戸時代に宮中から民間まで陰暦6月16日に行われた行事で、この日16個の菓子や餅を神に供えて食べると疫病を祓うとされた。菓子は無

言で食べる習わしだが、家族皆で食べるので、食べる人を笑わせようとおどけた仕草で挑戦する。それを乗り越え笑わず無言で食べ終わると、1年中の厄難が免れるとされた。

　この日、江戸幕府では御目見以上に将軍から菓子を賜う式があり「嘉定頂戴」といわれ、庶民は16文で16種類入った袋菓子を買い「嘉定喰い」を楽しんだ。

　嘉定（祥）喰いの起源は平安前期に遡る。仁明天皇の承和年代（1834〜47）に、諸国に旱魃や疫病が蔓延し人々が苦しんだ。天皇は年号を「嘉祥」と改元し、この年の6月16日に16種類の菓子を神前に供え人々の健康を祈願された。そのため「嘉祥」とも書く。また鎌倉中期の後嵯峨天皇（1243〜46）が、即位前の6月16日に宋の嘉定銭16文で食物を買い整えたからともされる。「嘉定通宝」に由来し「嘉通」を「勝つ」とし、「かつうの祝い」ともよんだ。

　現代では1979（昭和54）年全国菓子協会が、6月16日を記念し「嘉定の日」「和菓子の日」とし、和菓子を食べて災いを祓い福を招く日とされている。

行事とお菓子

①目黒安養寺の涅槃会「やしょうま」

　お釈迦様の入滅した2月15日を「涅槃会」といい、各寺院では本堂に「涅槃図」を飾り法要が行われる。「やしょうま」はこの日に作る供物で、米粉の団子を細長い棒状にし3本の箸で形作り蒸して「お釈迦様のお骨」といってお供えする。東京では珍しく、安養院で米粉だけの白、黒胡麻、青海苔入りの3種が作られる。切り分けて参拝者に授与され、炙っていただくと無病息災とされる。「やしょうま」は主に北信州で作られ、北陸地方では「団子撒き」といい薄く切り、米粉製の小さな動物と一緒に本堂で撒かれる（「長野県」「石川県」の項を参照）。

②品川千躰荒神の「釜おこし」

　荒神様といえば台所や竈の神様として知られ、火と水を守りかつてはどこの家でも祀っていた。品川・海雲寺境内の千躰荒神堂の大祭は、毎年3月と11月の27、8日の両日で、参詣者は家の荒神様の小さなお宮を持参し、新しいお札をいただいて護摩火で清め、また大事に持ち帰る。この時

口をきいたり、寄り道したり後ろを振り返ったりせず帰るのが仕来たりであった。荒神祭の縁起物は「荒神松」と「釜おこし」。おこしは蓋のある羽釜の形をした小さなもので、「身上を起こす」といって縁起がよく、家族の人数分を買い求める。

③江戸の富士信仰と「駒込のお富士さん」

7月1日は富士山の山開き。昔は旧暦6月1日で「富士詣」といった。富士山を信仰する富士講の先達の指導で登拝する信仰行事で、江戸っ子は富士山が大好きだったので、江戸の町の各所に富士権現（浅間神社）が分祀され、境内に「富士塚」（ミニ富士）が造られた。浅草富士、十条富士、駒込富士などあり、山開きには白装束で参拝する風が盛んであった。駒込富士は「駒込のお富士さん」と親しまれ、元は本郷にあったがこの地に移り、ここは大麦の産地だったので麦藁を利用し「麦藁蛇」が作られた。雨を降らせる竜神伝説に因んだお守りで、台所に飾って水や火の災い除けにした。江戸の郷土玩具としても知られ、縁起菓子の落雁は、大麦の粉と砂糖で雪を冠った富士山を表した素朴な菓子である。浅草富士は植木市が有名で、今でもここで買う植木はよく根付くといわれる。

④芝大神宮のだらだら祭りと千木筥（千木箱）

江戸・東京を代表する秋祭りで、期間も9月11〜21日の11日間と「だらだら長い祭礼期間」でその名がある。別名「生姜祭」ともいわれ、門前に初物の葉付き生姜の市が立った。この祭りの縁起物が「千木箱」で、箱は小判型の簡単な曲げ物容器だが、色鮮やかに藤の花が描かれ『守貞漫稿』によると江戸後期には箱の中に飴が入っていて、参拝客は千木箱の飴と生姜を土産にしたとある。もっと昔は鮨が入っていたようだ。藤の花を鮨にかざすと長持ちするといわれ、藤が描かれているのはそういう謂れだった。

現在は小さな箱が3段重ねになって藁で括られている。中に2、3粒の煎り豆が入り振ると音がする。明治期には煎り豆や砂糖豆が入り、天井に吊るして雷除けにした。千木箱は芝浦の漁師の弁当箱"チゲ箱"という説もある。この神社では「太々餅」（餡ころ餅）も有名であった。

⑤あきる野市・二宮神社の「牛の舌餅」

毎年9月9日は二宮神社の秋の例大祭で、この祭りも別名「生姜祭」。本家の芝神明の生姜市は下火となったが、こちらは大変な賑わいで祭礼当日には神社の境内や参道には葉付きの生姜が山ほど積まれて大勢の参拝客

が買い求めている。生姜は厄除けとされこれを食べると無病息災、風邪を引かないとされていた。さらにこの祭りには、古来から「葉根付き生姜」「子持ち里芋」「牛の舌餅」という3種の特殊神饌が奉納される。「葉根付き生姜」と「子持ちの里芋」は生姜も里芋も子供がたくさんできるので子孫繁栄が願われた。「牛の舌餅」は、長さ30cmで1kgもある楕円形の餅で、3枚重ねて神前に供える。こちらも命長かれと延命の意味があった。

「牛の舌餅」は、今は神社近くの和菓子屋さんが作っていて、神饌の牛の舌餅を模して、上新粉に砂糖を加えた「すあま」製で売られている。

⑥東京の七五三祝いの「千歳飴」

3歳の男女児、5歳の男児、7歳の女児の成長を祝う七五三は、今では全国的だが、もともと東京を中心に周辺地域での行事であった。古くは宮中や公家、武士の間で「髪置き、袴着、帯解き」と称されていたが、江戸中期以降庶民の間にも浸透した。今日のような華美を競い合う子供たちのお祝い行事は、昭和も戦後の高度成長期以降である。子供の成長を祝う千歳飴は、浅草の飴屋七兵衛が江戸の中頃売り出したとされ最初は「千年飴」「長寿飴」とよばれていた。

⑦西の市の「切山椒」

甘いしん粉餅のすあまに山椒をまぜ、着色して長方形に切った「切山椒」は正月の菓子でもある。だが、11月の酉の日に立つ浅草・鷲神社の西の市には、「三縁起」といってお金や福を掻き込む「熊手」、人の頭になるようにと蒸した「八つ頭の芋」、そして「切山椒」が売られ、山椒の薬効からこれを食べると風邪を引かないとされる。

知っておきたい郷土のお菓子

- **虎屋羊羹**　室町後期京都で創業。1869（明治2）年東京遷都で御所御用の菓子司として東京に進出。高級和菓子の老舗で羊羹は代表格。昭和初期に虎屋羊羹1本の値段で一流ホテルに泊まれたという。黒糖を使った羊羹「おもかげ」は関東人好みとして定着した。元は「虎屋饅頭」が有名。赤坂・本店には虎屋ギャラリーがあり、ユニークな企画展を行っている。

- **越後屋若狭**　1765（明和2）年創業。江戸の武家御用菓子屋の伝統を伝え現在も両国で受注後に作る手法を守り、茶席菓子や水羊羹は絶品であ

る。

- **塩瀬饅頭**　饅頭の始祖林浄因は室町時代前期に、奈良で餡入り饅頭を最初に創製。創業660年の老舗。大和芋を使った薯蕷饅頭が特色で、薄皮で大納言の小豆餡を包んだ本饅頭は兜饅頭といわれ、1575（天正3）年長篠の合戦の際、家康出陣の際に献上したという故事が伝わる。
- **羽二重団子**　創業1819（文政2）年。「搗き抜き」という手法で作られたキメ細かな串団子。醤油と漉し餡の2種があり、「芋坂の団子」と漱石にも愛された。
- **言問団子**　明治初年創業の老舗。在原業平の歌に因んだ名物団子で串はなく都鳥の絵皿に漉し餡、白餡、味噌餡（鶯色）の3種が盛られる。
- **長命寺桜餅**　創業1717（享保2）年。向島・長命寺門前の名物餅。初代・山本新六が墨堤の桜葉を塩漬けにして餡餅を包んだのが最初。その後、小麦粉生地を薄く焼いて餡を包み、関東風桜餅の元祖となる。
- **船橋屋葛餅**　亀戸天神の名物餅。近辺は江戸の頃、藤や梅の名所で遊山客で賑わった。小麦粉澱粉を精製したくず餅は、黄な粉と黒蜜でいただく。
- **梅鉢屋**　江戸の砂糖漬・野菜菓子の技法を守る向島の名店。謡曲『隅田川』の梅若伝説や芭蕉の高弟宝井箕角の「夕立」に因んだ菓子がある。
- **高木屋草団子**　寅さんで有名な柴又帝釈天の名物団子。周辺は武州の米所で春には家々で草団子を作りそれを参拝客に商ったのが最初。
- **松屋の飴**　環境庁の「音100選」に選ばれた松屋の飴切音頭は「寄ってけ、買ってけ」とリズミカルに包丁を叩いて心地よい。セキトメ飴、あんこ飴等がある。
- **雷おこし**　浅草常盤堂の製品。江戸中期に雷門建立記念に売り出され人気を博した。大阪の「岩おこし」とは異なり、うるち米と糯で作った唐菓子形のやわらかな「おこし」。
- **うさぎやどら焼**　1913（大正2）年創業の人気商品。茹で小豆のようなやわらかい粒餡とレンゲの蜂蜜入りの焼き皮が自慢。他に喜作最中がある。上野本店の屋根には、兎の置き物があり、お客さまを迎えてくれる。
- **空也最中**　焼き色の最中皮に大納言餡が挟まれた瓢箪形の銀座銘菓。初代が関東空也衆だったことから、瓢箪は空也念仏の際に使う道具で、それをヒントに創製された。季節限定だが黄味餡の「黄味瓢」も味わい深

い。

- **木村屋餡パン**　イースト菌ではなく酒酵母使用の日本初の餡パン。130余年前木村安兵衛、英三郎が開発し、銀座で初めて売り出した。
- **梅花亭**　幕末嘉永年間創業。長崎帰りの蘭学者の話をヒントに釜を使った焼き菓子「亜墨利加饅頭」や1枚皮の「銅鑼焼」など焼き菓子を創製。
- **長門屋**　8代将軍吉宗の頃からの御用商人。ケシの実を振った大きな瓦煎餅風の「松風」は一子相伝で、切羊羹も名高く日本橋の江戸風菓子の名店。

乾物 / 干物

浅草のり

地域特性

　日本の首都東京は特別区23区および多摩地区、伊豆七島をはじめとする島々からなり、政治、経済、産業、行政機関のすべてを統括する。東京都は関東平野の一部に位置し、東京湾から小笠原諸島に至るまで広範囲にわたり、一括管理下としている。第二次世界大戦以降目覚ましい発展を遂げ、急ピッチな東京湾の埋立てから始まり、大きな変貌を遂げることとなった。東部には隅田川、荒川、江戸川など沖積平野が広がり、南部の奥多摩、西部は武蔵野台地、臨海工業地域から埋立て地羽田にいたるまで目覚ましい発展を続けている。気候的には四季の変化が明瞭であり、夏は高温多湿、多雨となり、冬は晴れの日が多く乾燥する日が多いが、年間を通して比較的安定している。武蔵野台地に見られる農産物は消費地も同じ地域に集中しており、需要も多く、野菜類も練馬大根や千住ねぎなど在来はあるが、生産物は今はほとんどない。東京湾もかつての面影はなく、江戸前といわれる海苔、穴子、貝類は今や神奈川県産、千葉県産となっている。

知っておきたい乾物 / 干物とその加工品

浅草海苔　　江戸時代中期に東京湾内の品川から大森を中心に海苔の養殖が本格的に始まり、海苔の代名詞「浅草海苔」の名前が登場する。江戸前の海苔は御膳海苔として幕府への献上品となっていた。海苔の胞子が付きやすい場所にヒビ（海苔を付着させて育てる道具、古くは木や竹を使ったが、現在は網が主流）を立てて胞子を付け、ヒビごとに養殖場に移植する。明治時代になると、品川付近で採れたものを浅草の紙漉き技術によって薄板加工し、江戸最大の浅草寺境内で販売され、人気の海苔であった。

　現在、板海苔として食べられている海苔は90％以上がスサビノリ。中でもナラワスサビノリという品種である。「海苔」は東京湾では絶滅した

と考えられていたが、2004年に東京都と神奈川県の境を流れる多摩川河口で発見され、この品種が「アサクサノリ」として命名されている。このアサクサノリは病害に弱いため、養殖、量産に適さないことから、漁師の間では「バクチグサ」と呼ばれ、生産が安定しない海苔として敬遠されていた。現在は、その独特な風味と濃いうま味に昔懐かしい味わいを求める保存研究家などの研究により、熊本県海路口漁協、有明漁協の生産者の協力で養殖に成功し、復活したが、まだ全国的な生産量に達するほどではないため、希少品種として販売されている（板海苔漁法は「佐賀県」の項目を参照）。

七味唐辛子 香辛料として各種の珍味や陳皮などを薬味として混合したもので、唐辛子加工品の代表的な商品。配合は各業者によってさまざまであるが、一般的なものとしては、唐辛子粉、黒胡麻、山椒、芥子の実、麻の実、陳皮、青海苔など7種類の香辛を混合したものである。浅草の「やげん堀」、長野市の八幡屋礒五郎商店、京都府清水の「七味家本舗」「一味堂」「山城屋」などが有名である。

煎り糠 精米したときに出るふすま、生糠を煎った製品。玄米を精米するときに生じる副産物である生糠はそのままだと雑菌が多く、コクゾウムシなどが発生しやすいので、保存性に問題があるが、これを煎ることによって利便性を高めたものである。玄米を精米すると約10%の生糠が出る。生糠は非常に脂肪分が高いので、抽出精製し米油や化粧品などに利用されている。

　日本の漬け物「ぬか漬け」に欠かせない「糠床」を作る風習が関東以北の地方で大変好まれている。また、飼料、キノコの培養床などにも使われている。

麦焦がし イネ科のオオムギや裸麦を煎ってから粉にした製品。地方によって呼び名が違うが同じもので、はったい粉、こうせんなどがある。砂糖を加えてそのまま食べたり、水か湯で練って食べたりする。

深大寺そば 代表的な門前そばである調布市の深大寺そばは、江戸時代に土地が米の生産に向かないことから小作人が蕎麦を作り、深大寺守護の神「深沙大王」水神に、奉納品としたことに由来する。東京では浅草寺に次ぐ古い歴史を持つ寺で、献上された蕎麦粉を打ち、参

拝人をもてなした。また3代将軍の徳川家光が鷹狩の途中に深大寺に立ち寄った際に献上したなどの言い伝えもある。

　現在は、門前には20軒を超える蕎麦屋が軒を連ね、また、市販されているものでは乾麺深大寺そばがある。

明日葉粉末

明日葉は、今日摘んでもまた明日新しい芽が出るといわれるほどの生命力があり、食用や牧草として栽培されている。東京都利島村、大島町の特産品として、粉末が作られている。明日葉の茎や根を折ると出てくるカルコンとクリマリンと呼ばれる液汁はダイエットサポート効果が期待されている。

もんじゃ焼き

もんじゃ焼きのルーツは大阪お好み焼きとほぼ同じで、小麦文化から生まれた食品。千利休が広めたとの言い伝えがある。関西のお好み焼きに対して関東、特に東京はもんじゃ焼きにこだわっている。月島地区が有名であるが、上野、浅草にも多くの店舗がある。小麦粉を主体に水溶きし、いか、タコ、キャベツ、揚げ玉、生姜など関西のお好み焼きと具材は似ているが、鉄板に流し込み、ヘラでかき混ぜながら調理し、お好みに焼きながら食べる。もんじゃ焼きのほか、「ぼったら」、「おいの」と呼ぶ地域もあるようだ。

Column：海苔

　寿司屋で海苔巻を注文すると、七輪の上で軽く炙り焼いた焼き海苔の香りが何ともいえない。今は、工場の焼き海苔機で海苔を焼いてしまい、家庭でも袋に密閉された焼き海苔を買ってくるが、香りはいまひとつである。生活習慣上、家庭には七輪はなく、炭焼きなどは難しいので仕方ないが、ガスレンジの上に石綿の餅焼き網を載せて焼くか、オーブンなどで軽く炙ると格段においしくなる。

　スーパーマーケットでは生海苔は販売していないが、上野のアメ横では生板海苔を売っているので、試してみてほしい。理想の海苔は、味が濃く、色、艶、香りがよいものである。

　老舗の蕎麦屋に行って焼き海苔を注文すると、網を敷いた海苔箱に生海苔と消し炭が入って出てくることがある。香りとパリパリ感がよい。

　海苔の歴史は古く、平安時代には上層階級の贈物や寺院の精進料理に珍

重されたと文献にあるが、江戸時代の享保年間（1716年）に、浜の浅瀬にヒビと呼ぶ木の枝や竹を刺して胞子を付着させる天然の採苗方式が生まれた。当時、浅草近辺で作られていた「浅草紙」の製法をまねて、板状に薄くすく「すきのり」が誕生した。こうした海苔の製法で簀子の大きさが19cm×21cmの簀子の板の大きさが今日の板海苔のサイズに統一された。海苔は「運草」「のりぬら」などとも呼ばれ、その年によって収穫は安定していなかった。

Ⅲ

営みの文化編

伝統行事

神田祭

地域の特性

東京は、関東の南西部に位置する。西部に関東山地、その東に武蔵野台地・多摩丘陵が広がり、東は東京湾に向かって低地となる。領域には伊豆・小笠原諸島、さらに日本東端の南鳥島、南端の沖の鳥島まで含まれるため、気候も一様ではない。たとえば、南部の島嶼部では、亜熱帯気候もみられ、降水量が多い。

徳川家康の江戸入府から都市づくりがはじまったが、市街の発展とともに生活・農業用水が不足した。そこで、多摩川から導水する用水路掘削工事が行なわれ、承応3（1654）年に玉川上水が完成。江戸の生活用水、武蔵野の灌漑用水として農地を潤した。江戸時代には、小松菜、練馬大根などの野菜や浅草海苔などの特産物も生まれている。

明治以降は、日本の首都。人口の約1割を有し、世界でも有数の巨大都市として発展をとげていることは、周知のとおりである。

行事・祭礼と芸能の特色

東京で特筆すべき行事は、盆である。盆は、旧暦（太陽・太陰暦）の7月15日を中心とした祖霊や精霊の供養行事である。全国的には旧慣が伝わっており、現行の新暦では8月15日を中心に設定している。東京都下では、それを新暦（太陽暦）で行なう。明治政府が新暦を取り入れた際、いちはやく適応したからである。

伝統的な行事や芸能は、都心から離れた北部の多摩地方や南部の島嶼部に多く伝わる。鹿島踊（奥多摩町）、鳳凰の舞（日の出町）、かつお釣り行事（神津島）、大踊（新島）など。また、板橋区に伝わる田遊びも注目に値する。

七福神めぐり

元旦から1月7日までのあいだに、七福神を巡拝して開運を祈る参拝行事。七福神は、古来、インド・中国・日本で信仰されてきたさまざまな神を七神あわせ、中国の「竹林の七賢」などにならって成立したもの、といわれる。また、仏教では、「七難即滅、七福即生」という教えがあり、世の中の七難を七福によってなくす、という信仰にもよる。一般には、大黒天・恵比寿・毘沙門天・弁財天・福禄寿・寿老人・布袋和尚の七神だが、寿老人にかわって吉祥天が入ることもある。

　七福神信仰の発達は、現世利益の信仰が発達する室町時代ごろからとされる。とくに江戸時代になると、七福神巡りが、江戸や京都で年中行事化して盛んになった。

　江戸では、谷中（台東区）の七福神がもっとも古いとされている。すなわち、護国院の大黒、青雲寺の恵比寿、不忍池弁天堂の弁天、天王寺の毘沙門、長安寺の寿老人、修性院（花見寺）の布袋、西行庵（現在は東覚寺）の福禄寿を巡拝するものである。

　もっとも名高いのは、隅田川（西岸）の七福神巡りであろう。向島三囲神社の恵比寿・大黒、弘福寺の布袋、多聞寺の毘沙門、白鬚神社の寿老人、百花園の福禄寿、長命寺の弁天を巡るもので、これは、蜀山人などの文芸家が隅田川の川遊びから思いついたものだという。ほかに下谷や山の手の七福神巡りも広く知られる。

亀戸天神鷽替神事

亀戸天神（江東区）では、毎年正月7日の初天神に「鷽替神事」が行なわれる。これは、木製のウソ（鷽）に旧年の罪穢を託して送り捨て、かわりに今年の幸運を招く金のウソをいただくというもので、九州の太宰府天満宮で行なわれたのがはじめである。

　ウソは、スズメによく似た小鳥で、スズメよりはやや大きく、頭が黒色、背中は青灰色、腹は灰色をしている。菅原道真が愛したウメの木によく飛んできたことから、天満宮の使いの鳥といわれるようになり、各地の天満宮でこのウソをかたどった木製や陶製のウソが開運招福の縁起物となったのである。

　1月7日の夕刻、鷽替神事に集まった参詣人は、各自小さなウソを持ち、

明かりの消えた境内のクスノキを廻って、「替えましょ、替えましょ」と言いながら互いに相手かまわずウソの交換をする。よいころあいに神官が参詣人の中にまぎれこみ、金製のウソを1、2個渡す。群衆の中でこの金のウソを当てた人は、その年1年を幸せに過ごせる、とした。ちなみに、鷽替の意味は、「人の道にはずれた嘘、行動の嘘など、すべての嘘や過ちを天神様の誠に取り替えてもらうため」とも、「旧年中の不幸がすべて嘘となって幸運に替わり、今年がよい年となるため」ともいわれる。

いまでは、社務所や露店でこのウソを売るようになった。それを神棚にあげておけば防火のまじないになる、と信じられている。

とげぬき地蔵のまつり

巣鴨の萬頂山高岩寺（板橋区）は、とげぬき地蔵の名で親しまれている曹洞宗の寺である。本尊は、地蔵菩薩（延命地蔵）。創建は、慶長元（1596）年、と伝わる。現在の本堂は、昭和32（1957）年に再建されたものである。

とげぬき地蔵の名は、江戸時代に、針を誤飲した毛利家の女中が地蔵菩薩の御影を飲みこんだところ、針を吐き出すことができ、吐き出した御影に針がささっていた、という伝承に由来する。

とげぬき地蔵の例祭は、年に3回（1月24日・5月24日・9月24日）行なわれる。午前10時30分と午後3時30分の2回、本堂で約20人の僧侶による大法要が行なわれる。大勢の僧侶による「大般若経」の転読は圧巻である。参加者は、無病息災の御利益にあずかろう、と僧侶の衣に触れようと手を伸ばす。

例大祭の日は、門前の地蔵通りまで200もの露店が並び、10万人以上の参詣客でにぎわうが、ことに1月24日の大祭の人出が多い。

赤塚の田遊び・徳丸の田遊び

田遊びは、小正月か旧正月のころに、その年の五穀豊穣と子孫繁栄を祈願する予祝の行事である。稲作の一連の作業を所作と唱え言で表現していく。

赤塚の田遊びは、2月13日の諏訪神社（板橋区下赤塚）の祭礼の夜に奉納される。太鼓を田に見立てて、木の枝元に餅をつけたものを鍬にして、それで太鼓を突きながら唱え言をし、田ならしから実りまでのしだいを演じる。その間、境内では、旧年中の災厄や不幸を焼き払い、新年の家内安全と子孫繁栄を祈ってのトンド焼きが行なわれる。

徳丸の田遊びは、2月11日の夜に北野神社（板橋区徳丸本町）で行なわれる。赤塚と同じく、種蒔きから収穫までを模擬で行なうが、演じ方は動作によるものが少なく、稲本（田遊びの統率者）と氏子とが太鼓を囲んで唱え言を掛け合わせながら進めるので、赤塚に比べるといくぶん芸能色に乏しいといえよう。

　なお、赤塚諏訪神社田遊びと徳丸北野神社田遊びは、昭和51（1976）年、国の重要無形民俗文化財に指定されている。

大国魂神社暗闇祭

　大国魂神社（府中市）は、景行天皇41（111）年創建といわれる古社である。そこに伝わる暗闇祭は、5月5日に行なわれる。真夜中に祭事が行なわれたことから、そう呼ばれるようになった。消灯と静粛を旨とし、祭祀者も氏子も物忌に服する忌籠のまつりである。最近は、保安上の問題から夕方から行なわれるようになっている。

江戸の代表的な三つのまつり

　神田祭・三社祭・山王祭は、江戸のまつりの中でも特筆されるべきものといわれている。

神田祭　神田神社（通称神田明神、千代田区）の例祭で、5月15日（もとは9月15日）に行なわれる。江戸時代は、その豪華さをもって、山王祭とともに天下祭と呼ばれた。氏子各町内から山車・屋台踊・地走踊・住吉踊・太神楽などが数多く出て、下町を練り歩く。町内同士の趣向争いが常に話題となった。もとは、毎年大祭を執行していたが、天和年間（1681〜83年）から山王祭と隔年に行なうようになった。一時期変動もあったが、丑・卯・巳・未・酉・亥の年に大祭を執行し、その他の年は、蔭祭といって、神幸の巡路を町内だけにとどめた。現在は、13日に神輿が本社を出て、その夜、両国の御仮屋に入御。16日から18日の宵宮まで日本橋・内神田を巡幸する。

三社祭　浅草神社（台東区）のまつりで、5月16日から18日まで行なわれる。その始まりは、正和5（1316）年と伝わる。古くから獅子舞・びんざさら舞が行なわれてきたが、一時中絶。昭和30（1955）年に復活して、千束町の氏子によって拝殿で舞われるようになったが、何といってもこのまつりの最大の見ものは、重さ1トン以上の大神輿3台の渡御である。大神輿が三手に分かれて浅草の町を巡る光景は、初夏の風物詩にもなっている。

山王祭　日枝神社（千代田区）のまつりで、6月14日から16日にかけて

行なわれる（本祭は15日）。日枝神社は、文明年間（1469～86年）に江戸城の守護神として勧請されたといわれ、以来、徳川幕府の崇敬があつかった。そして、その祭礼は、江戸の大祭礼と定められ、のちに神田祭とともに天下祭といわれるようになったのである。山車・屋台踊などの練り歩きでにぎわうのも神田祭と同様である。現在は、14日に鳳輦が本社を出て、麹町・四谷などを巡幸。15日は本社で祭典を行なう。16日には、丸の内・芝・京橋を巡って茅場町の御旅所に入所、17日に還御となる。

芝大神宮だらだら祭り

芝大神宮（港区）は、芝増上寺の鎮守で、芝の明神さまと呼ばれ親しまれている。芝大明神の例祭は9月16日だが、11日から21日までの10日間という長い期間にぎわうことから、「だらだらまつり」の名がある。また、境内にショウガを売る市が立つことから、「生姜まつり」とも呼ばれる。ショウガとともに、千木筥も売られる。これは、神社の千木の余材で作ったための名称で、ヒノキの曲げものにフジの花が描かれ、中に飴が入れられている。これを箪笥に入れておくと着物が増える、といわれた。昔、神前にショウガと鮮魚を供え、甘酒を千木の器に入れて奉ったことから千木と生姜を売るようになった、と伝わる。

べったら市

10月19日・20日の両日、日本橋の大伝馬町から小伝馬町をつなぐ通りで開かれる漬けものの市。本来は、恵比寿講に祀る恵比寿・大黒の神像や縁起物の打出の小槌・懸鯛・切山椒などを売るための市であった。それがいつのころからか、ここで売られる浅漬け大根が安くてうまいと評判になり、主流商品となった。そこで、その漬けものの名を冠して「べったら市」と呼ばれるようになったのである。

ハレの日の食事

まつりには、各家庭で赤飯や煮しめが用意された。雛まつり（桃の節供）には、シジミやハマグリの汁がつきものであった。

花見には重詰めをつくり、サクラの花の下で会食した。重箱の中身は、玉子焼やかまぼこ、煮しめなど。

江戸後期からは、土用の丑の日にウナギを食べる習慣が生じた。そうした料理に用いる魚介類は、かつて「江戸前」といわれた東京湾で獲れたものである。

寺社信仰

明治神宮

寺社信仰の特色

東京都には江戸時代から政治の中枢が置かれ、明治時代から天皇一家が住むことから、皇族や維新政府、徳川将軍家に関係する寺社が多い。

全国一の初詣客を集める渋谷区の明治神宮は明治天皇と昭憲皇太后を祀り、明治天皇に殉じた陸軍大将の乃木希典は港区の乃木神社に、海軍元帥の東郷平八郎は渋谷区の東郷神社に祀られている。千代田区の東京大神宮は、大正天皇の結婚の儀に倣い、神前結婚式を創始した。

幕末以来のたび重なる戦役の犠牲者は、千代田区の靖国神社や千鳥ヶ淵戦没者墓苑、墨田区の東京都慰霊堂、文京区の東京都戦没者霊苑、中央区の明治観音堂、江東区の八百霊地蔵尊、八王子市の相即寺（ランドセル地蔵）など都内各地に祀られて、今も平和を願い続けている。

徳川将軍家の産土神は千代田区の日枝神社（山王様）で、江戸総鎮守の神田明神（千代田区）とともに、その祭礼は江戸城内に入ることを許されたことから天下祭とよばれた。江東区の富岡八幡宮の深川祭りとともに江戸三大祭りと称された。徳川将軍家の菩提寺は、天台宗関東総本山の東叡山寛永寺（台東区）と、浄土宗大本山の三縁山増上寺（港区）である。寛永寺は天海の創建で、徳川将軍家の祈祷所でもあり、上野東照宮には日本三大石灯籠の「お化け灯籠」がある。

東京都は古く西部が開け、調布市の深大寺には7世紀の銅造釈迦如来倚像（国重文）が残る。隣の府中市には武蔵国府が、その隣の国分寺市には武蔵国分寺が置かれた。府中には武蔵国総社の大國魂神社も創建されている。武蔵一宮も、古くは多摩市の小野神社であったと考えられ、あきる野市の二宮神社が武蔵二宮であったと思われる。

ただし、東京都最古の寺院は東部にある台東区の浅草寺（浅草観音）であるともいわれ、現在は都民のみならず海外からも絶大な人気を集めている。坂東巡礼の13番札所であり、招き猫発祥の地でもある。

築地本願寺
つきぢほんがんじ

中央区築地。西本願寺東京別院。浄土真宗本願寺派の関東における信仰拠点。本尊の阿弥陀如来立像は聖徳太子作と伝える。1617年、本願寺12世の准如上人が横山町（浜町）に開創した。1657年に明暦の大火で類焼したため、佃島の名主忠兵衛が再建に奔走、海中を埋め立てて土地を築き（ここから築地とよばれた）、1680年に本堂が完成した。このときに京都本願寺のチンバ踊を受け継いで始められたのが、7月13〜15日に行われる〈佃の盆踊〉‡（佃踊／佃島念仏踊）であるという。江戸時代は寺中子院を58ヶ寺も擁する一大寺町を形成したが、関東大震災で子院は各地へ移転、附属墓地は杉並区の和田堀に移された。本堂は、震災祈念堂（現東京都慰霊堂本堂）や一橋大学兼松講堂を建てた伊東忠太の設計で再建され、古代インド仏教式外観の近代的耐震耐火建築となっている。

大乗院
だいじょういん

足立区西保木間。古谷野山寶持寺と号す。本尊は聖観音。1272年の創建と伝え、本堂裏からは1289年の釈迦一尊種字板碑が出土している。15世紀に賢勝阿闍梨が中興、七堂伽藍が並んだが、やがて焼失したという。薬師堂の近くには薬師様の御使いの白蛇が棲んでいたが、堂が焼けてから姿を消してしまい、以後、飢饉や悪病が続いたことから、代わりに藁で大蛇を編んで木の上に掛けたのが、今も正月に行われている〈じんがんなわ〉の始まりという。昔は初薬師の1月8日に実施したが、戦後は1月7日となり、2009年からは成人の日となっている。早朝に大門厨子とよばれる旧家の人々が集まり、古い大蛇を下ろして燃やし、その灰で新しい大蛇の目鼻をつくり、藁で頭と胴をつくる。完成した大蛇を木に這わせると、干葉粥という干した大根の葉を入れた塩抜きの粥を食べる。

天祖神社
てんそ

江戸川区西小松川町。天照大神を祀り、明治初頭まで神明社と称した。相殿には香取・鹿島の両大神を祀る。例祭は8月21日。1456年、下総国の千葉氏に仕えていた神職の秋元氏が当地へ移り創祀したと伝える。以来、秋元氏が子孫代々奉仕してきた。秋元氏は江戸流神楽（江戸里神楽）の一つ〈葛西の里神楽〉の中心的な担い手でもあった。この神楽は、東葛西領総鎮守の香取神社（現葛飾区葛西神社）

の神官が創作したという葛西囃子にのせて、神話を題材とした身ぶり手ぶりの黙劇を繰り広げるもので、現在は区内の篠崎浅間神社などで奉納されている。また、秋元家にある〈四つ股の道標〉は1805年の建立で、4面にそれぞれ「大山石尊大権現」「秩父三峯山大権現」「讃州金比羅大権現」「遠州秋葉山大権現」と刻み、それぞれ市川・浅草・行徳・両国への道を示した。

北野神社（きたの）

板橋区徳丸。正一位太政大臣菅原朝臣道真公を祀り、徳丸天神と親しまれる。昔、当地で疫病が流行した時、里人の徳麿の夢に道真公が現れ、里にある梅の古木に祈るよう告げた。早速に疫病平癒を祈るとたちまち霊験が得られたことから、山城国の北野天満宮より御分霊を戴き、正月11日に祠を設けたのが始まりという。この時、神前に田夫の業を奉納したのが〈板橋の田遊び〉†の始まりと伝える。現在は2月11日の例祭（春季大祭）で田遊び神事が奉納され、社殿前庭にモガリ（舞台）を設け、太鼓を据えて田に見立て、苗代づくりから収穫に至るまでの一年の農耕作業を摸す。徳丸郷には16の洞があり、その代表者が代々田遊びなどの諸祭儀に奉仕してきた。洞は小字のようなもので、現在は町会へと移行している。5月5日には全6幕の獅子舞と、四つ竹踊りが奉納される。

小野照崎神社（おのてるさき）

台東区下谷。下町八福神（下町八社巡り）の一つ。小野篁が亡くなったとき、その霊を上野照崎（忍岡）に創祀したと伝える。1625年、東叡山寛永寺創建の際、長左衛門稲荷社の境内（現在地）に遷座したという。近くの天台宗小野照山嶺照院が別当であった。境内の〈下谷坂本の富士塚〉†は富士山を写した直径16m・高さ5mの大塚で、富士山から移した溶岩で全体が覆われ、合目石や役行者像を具えている。1828年の築造で、6月30日・7月1日の御山開きに登拝できる。富士塚は富士信仰の流行とともに江戸時代に50基以上が築かれたが、完全な形を保つのは当富士塚と、豊島区高松の浅間神社にある〈豊島長崎の富士塚〉†、練馬区小竹の浅間神社にある〈江古田の富士塚〉†の3基のみである。

井草八幡宮（いぐさはちまんぐう）

杉並区善福寺。武蔵野の面影が残る景勝地にあり、併設する井草民族資料館では宮崎茂樹・芳樹宮司が集めた転棒や高機など〈武蔵野新田村の生活用具〉を所蔵公開している。一帯

は井草川や善福寺川の水源で、古くからの生活拠点であった。境内の東からは縄文時代中期の住居址や国重文の顔面把手付釣手形土器などが出土している。平安時代末期に春日神を祀ったのが始まりで、後に源頼朝が奥州討伐の折に戦勝を祈願して八幡大神を合祀したと伝える。頼朝は当社宿陣の際、飲み水を得ようと井戸を掘ったが、水の出があまりに遅いため「遅の井」とよんだといい、当社も明治時代までは遅野井八幡ともよばれていた。別当は本山派修験の勝鬼山金胎寺林光坊であった。例祭は10月1日で、3年ごとに神幸祭があり、1952年からは流鏑馬神事を5年ごとに実施している。

奥澤神社 (おくさわ)

世田谷区奥沢。世田谷七沢八八幡の一つ。15世紀に吉良氏の家臣が奥沢城を築く際、八幡大菩薩を守護神に勧請したのが創祀という。城跡には〈浄真寺の二十五菩薩練供養〉で知られる九品仏が建ち、当社の二つの旧本殿が観音堂と五社様として移築されている。9月の例祭は初日に長さ10mの藁蛇が町内を巡る〈奥澤神社の大蛇お練り行事〉で有名だが、昔は神事舞太夫による〈江戸の里神楽〉[†]で有名だった。今も品川区東大井の間宮社中が奥沢囃子にのせて神楽を奉納している。厄除け大蛇の行事は、18世紀に疫病が蔓延した際に、八幡様の夢告で始められたという。1939年に中断したが、宮司が「神社は古いことを見直し、伝えるべき」と1958年に復活させた。本祭では、大蛇を巻き付けた樽神輿や、蟹歩きで進む城南神輿など7町会の神輿6基が連合で宮入を行う。

大國魂神社 (おおくにたま)

府中市宮町。武蔵国府跡（国史跡）の隣に建つ。8世紀前半頃から代々の武蔵国造が祭務を掌ってきた。武蔵国の一宮から六宮までを祀り、武蔵総社六所宮と称されたが、1871年に現称に改めた。なお、現在の武蔵一宮とされる氷川大神は三宮として祀られ、一宮には小野大神を祀っている。馬場大門の欅並木（国天然記念物）は源頼義・義家父子が1062年に寄進したものである。5月5日の例大祭は国府祭で、関東三大奇祭の一つ闇夜祭として著名である。1961年からは暗闇での神幸式が廃止されたが、野口の仮屋の神事など古い行事を伝承している。広域住民で組織された太鼓講中が胴径1.6mの大太鼓6張を曳行し、8基の神輿を御旅所まで先導する〈武蔵府中の太鼓講の習俗〉[‡]は圧巻である。1月1日午前0時には崇敬者80名が3打ずつ太鼓を打ち悪疫

を退散させている。

薬王院（やくおういん） 八王子市高尾町（たかおまち・たかおさん）。高尾山にあり、関東三大霊場の一つとして著名。真言宗智山派三大本山の一つ。関東36不動08、多摩88-68、関東91薬師05。14世紀に高尾山頂へ飯縄権現（いづなごんげん）を勧請（かんじょう）して以降発展した高尾山修験道の霊場で、日本三大天狗にも数えられる。年中行事は、山頂で初日の出を拝む1月1日の迎光祭に始まり、2月の節分会、3月の火渡り祭、4月1日の滝開き、4月の大祭（稚児練行）、5月の天狗祭り、6月の峰中修行会などきわめて豊富。11月の「高尾山もみじ祭り」では民謡踊りや〈八王子車人形（くるまにんぎょう）〉‡などのイベントが山麓で催される。車人形は八王子市下恩方（しもおんかた）の西川古柳座（にしかわこりゅうざ）が伝承する芸能で、3人で1体の人形を操作する文楽とは異なり、操作者が車輪を仕込んだ台に腰掛ける工夫により1人で遣う人形芝居である。全国で車人形を受け継ぐのは八王子・奥多摩・埼玉の3座のみ。

春日神社（かすが） 日の出町平井（ひのでまちひらい）。宮本地区（みやもと）に鎮座。日本武尊（やまとたけるのみこと）の旧跡に村首（むらおびと）の日奉森明（ひまつりもりあきら）が大己貴命（おおなむちのみこと）を祀ったのに始まり、後に日奉森栄が武甕槌命（たけみかづちのみこと）・斎主命（いわいぬしのみこと）・天児屋根命（あめのこやねのみこと）を合祀（ごうし）したという。9月の例祭には〈下平井の鳳凰の舞（しもひらい・ほうおう）〉†が奉納される。江戸風の奴ノ舞と、上方風の鳳凰ノ舞の2庭から構成され、前者は江戸歌舞伎の太刀踊で、所作や台詞回しに荒事（あらごと）の影響がみえる。後者は京都の雨乞い踊に祇園囃子と風流踊が結びついたもので、鳳凰の冠や踊り方が希少な伝承である。例祭は道場（どうじょう）地区の八幡神社と合同で「平井の御祭」と親しまれ、春日神社からは志茂町・加美町・桜木の3基の山車が、八幡神社からは八幡と三和の2基の山車が宿通りを巡行し、競合いを行う。重松流祭り囃子の掛け合いは圧巻。宵祭の19時頃には中宿で両社の神輿と山車すべてが勢揃いして最大の活況を呈する。

長栄寺（ちょうえいじ） 新島村本村（にいじまむらほんそん）。日蓮宗。三松山と号す。本尊は一塔両尊四士（いっとうりょうそんしし）。1415年に中山法華経寺法宣院4世の日英が若郷（わかごう）に開創したのが始まりという。8月の盆には境内で盆祭祝儀踊（ほんさい）がある。男性が周囲にカバとよぶ布を垂らした笠を被り、白足袋跣（しろたびはだし）で、役所入り踊、お福踊、伊勢踊を踊る。若郷の妙蓮寺の盆踊とともに〈新島の大踊（おおおどり）〉†とよばれている。境内奥には白砂を敷き詰めた共同墓地があり、行事ごとにショバナ（羽伏浦海岸（はぶし）の渚で波に洗われた砂）を入れ替え清めている。老人が墓（ダント

一）を毎朝綺麗にする習慣があり、花も活けられ美しい。墓地の一段下、不浄道の先には流人墓地があり、島特産の抗火石でつくった墓が並ぶ。なかには酒樽や賽子と壺の形をした墓もある。寺の隣は大三王子明神など同族13神を祀る十三社神社で、招霊の木や楠の木が茂っている。

物忌奈命神社

神津島村前浜。伊豆国賀茂郡上津島の鎮守、物忌奈命を祀る。伊豆一宮の三嶋神と、長浜の阿波咩命の御子神とされ、定大明神と崇められた。本地仏の薬師如来を薬王殿に祀っている。弟神は多幸湾の日向神社とその沖の祇苗島に祀られたという。例祭は８月１日・２日で、子供御輿と山車が練り歩く。１日は神津島太鼓の競演、２日は〈神津島のかつお釣り行事〉†と花火大会もある。鰹釣りは、境内を漁場に見立て、青竹でつくった舟や擬似の鰹を用いて、漁師の若衆が出船・撒き餌・一本釣り・帰港・入札（競り合い）・沖上がり（大漁を祝う宴）などを模擬的に再現し、豊漁を祈願するものである。鰹釣り儀礼は１月２日の乗り初めでも行われている。旧暦１月24日・25日には島民が物忌を行う二十五日神事がある。

伝統工芸

江戸指物

地域の特性

　東京都は関東の南西部に位置し、関東山地、武蔵野台地、多摩丘陵に囲まれた平地で、東京湾の彼方には伊豆・小笠原諸島、日本東端の南鳥島、南端の沖ノ鳥島を含む広域に及ぶ温暖な気候の地域である。島嶼部からは、絹織物の黄八丈のほか、伊豆七島の御蔵島からはツゲやクワなどの稀少な材が産出され、工芸家たちの創作意欲を掻き立てる。

　徳川家康の江戸入府以来、掘削や干拓を重ね、諸大名への課役による天下普請と相まって、地方からの人口流入とともに一大消費地となった。水路や川が張り巡らされ、武家屋敷・大名屋敷の邸宅街、浅草の繁華街、日本橋界隈の商業地は、今や高層ビルが立ち並ぶ世界でも有数の大都市として日本の経済・文化活動の中心地となっている。

伝統工芸の特徴とその由来

　江戸の「裏勝り」という言葉がある。派手になる一方の町人文化に、幕府は1683（天和3）年に呉服屋に対して金紗・刺繍・惣鹿子絞りなどの販売を禁じた。厳しい倹約令で町人の身なりも一見地味になっていくが、裏地や長じゅばんなど見えないところに凝るようになる。これが江戸っ子の粋な気風となった。特に江戸小紋といわれる東京染小紋に引き継がれている。倹約令は雛祭りなどのゆかしい行事の世界にも及んだ。特に寸法は8寸以下と厳しく制限されたが、人形問屋たちは、取り締まりの裏をかいてミクロの技を突き進め、「芥子雛」や七澤屋の極小雛道具のような独自の工芸美へと昇華させた。

東京染小紋（新宿区ほか）
（とうきょうそめ こ もん）

超微細な文様を、1色で染める型染の着尺をいう。一見無地に見えるが、近くで目を凝らすと、小さなあられ粒が無数に繰り広げられている。町絵師が身の回りにあるものを何でも小紋柄にした。「松竹梅」「雪月花」「麻の葉」「わらび」「三味線」「宝づくし」「富士」「茄子」など、万を超す柄ができた。色も「茶」「鼠」「藍」の3色だけが町人に許されたが、その色から工夫した「四十八茶」「八百鼠」、藍の「納戸」「茄子紺」など、日本の四季に合った繊細で気品のある色を無数につくり出した。

小紋染に用いる型紙は「伊勢形（型）紙」が用いられる。良質の手漉き和紙を柿の渋で張り合わせた地紙に、3cm四方に800～1200粒の模様を錐や小刀で、錐彫り、突き彫りしたものだ。長板に張った生地（絹織物）にこの伊勢形紙をのせ、その上に色糊をヘラで置いていく。長板から剥がした生地に地色を染め、色糊の染料を定着させるため生地を蒸し、最後に糊や余分な染料を落とすため水洗いをして仕上げる。

小紋は型紙をつくる人、彫る人、染める人とそれぞれの職人の技の結晶ともいえるが、特に極と名のつく細かい小紋柄は究極の技を必要とされる。

本場黄八丈（八丈町）
（ほん ば き はちじょう）

本場黄八丈の特徴的な黄、茶、黒の3色からなる縞や格子は、島に自生する植物染料で糸を染め、手機で織り出される。黄色はイネ科の一年草コブナグサ（八丈刈安）を煮出して染液を抽出した後綛にした糸束を一晩浸し、翌朝に絞って直射日光で干す。この作業を約16日間繰り返して、ツバキの灰汁で媒染して黄色に発色させる。茶色はタブノキの樹皮を煮出して、同様に染めと天日干しを20～40回繰り返してタブノキの灰汁で媒染。「晴天四十日」という言葉の所以である。黒はシイノキの樹皮を煮出した染液で染めた糸束を泥に浸し、鉄媒染を行う。

始めは大奥専用とされていたが、町人文化が興隆した文化文政年間（1804～30年）には、広く庶民たちも袖を通すようになり、江戸好みの粋な色合いが人気となって全国に流行が広まった。明治の文豪、幸田露伴が娘の文に買い与えたとされるのも黄八丈であった。

「あとにもさきにもたつた一度、父が自ら択みみづから代を払つて買つ

てくれた著物がある。格子の八丈である。〜中略〜嬉しさも忘れられない
が、もつと忘れられないのはこのときの父のことばである。『どんな高慢
な女でも一生一度はきつとどつかで我を折らずにはゐられないような男に
も逢ふだろうし、どんな醜い女でもよく似合つたと云はれる著物にめぐり
あいもしようぢやないか』と云つたのである。（後略）」（『父　こんなこと』
幸田文全集第1巻、岩波書店）。心に刻まれる言葉である。

江戸指物 (台東区、荒川区ほか)

えどさしもの

江戸時代、幕府は全国から多くの職
人を江戸に呼び寄せ、手工業を発展さ
せた。消費生活が発達するにつれ家具調度品も細分化され、小机、鏡台、
棚、小引き出し、箱、火鉢など暮らしの中の家具類をつくったのが指物師
だった。江戸指物の特徴は、木目の表情を主役に余計な装飾を排し、見た
目は華奢でありながら堅牢に仕上げていることだ。ちなみに京指物は朝廷
用・茶道用が発達したが、江戸指物は、武士用・町人用・歌舞伎役者用が
特長だった。

　木目が一続きに見える箱の角には「留型隠し蟻組み継ぎ」、額縁や鏡の角
をぴしっと決める「留型隠し三枚継ぎ」、飾り棚の柱は1本ではなく、棚板
部分で上下差し込む「ろうそくほぞ」、人形ケースの枠づくりに使われる
「三方留めほぞ」などが代表的な仕口だ。外見からはわからないようにいかに
きれいにほぞを組めるかが、職人の腕の見せどころとなる。

　現代では、住まいにエアコンや床暖房など木材にとっては悪条件だが、
それに対応する仕口も生まれてきている。江戸時代からの高度な指物の技
は、東京では10人前後の職人と数人の若手後継者が受け継いでおり、東
京都谷中で組合独自にテーマを設けて、組合員全員が出品する展示会は、
毎年の恒例になっている。

江戸和竿 (東京都、栃木県、埼玉県、千葉県、神奈川県)

えどわざお

江戸和竿は、
天然のタケを
用いてつくられる継ぎ竿で、江戸時代中期に始められた。京竿、紀州竿な
ど、今も各地に竿の産地はいくつかあるが、それらと江戸和竿とが一線を
画するのは、その種類の多さである。海や川、掘割でいわゆる江戸前の魚
がよく釣れており、釣る魚によって竿の種類も増えていったのである。

　竿の善し悪しは材料のタケによって決まる。日本には350種類ほどのサ
サやタケがあるとされるが、竿に用いられるのは、主にホテイチク、ヤダ

ケ、ハチク、ダイミョウチク、マダケなどである。これらの天然のタケを自然乾燥して保管し、注文に応じて切り組みを行い、火入れをして矯めを施し、削って、磨いて、1本の竹のように節をつないでいく。

　カーボン主流の現代にあって、竹製の継ぎ竿ならではの魅力は、餌の踊りが自然で、魚の食いつきがいいこと。その感触は、新素材では味わえない竹独特のもち味であるとともに、漆と絹糸で加飾を凝らした和竿は、単なる実用品の枠を超え、工芸品としての美しさを湛えている。

東京銀器 (文京区、台東区ほか)

東京銀器は銀瓶や杯、帯留めなど身近な品に施された細やかな鏨の技が魅力である。江戸の町人の力が強まった元禄年間（1688〜1704年）に金工師の横谷宗珉が彫金の技術・技法を確立したことから、その後銀器の職人として銀師が活躍するようになり、櫛、かんざし、神輿の飾りをつくる錺職人が現れた。これが東京銀器の始まりとなる。

　厚さ1mmほどの地金を金槌や木槌でたたきながらデリケートな曲線をつくり上げていく「鍛金」、模様を鏨で打ち出したり、刻んだりする「彫金」、絵柄の部分を切り抜き、赤銅、四分一などの別の金属をはめ込む「切嵌」などに加え、ヘラ絞りや精密鋳造なども加わり、その技術はさらなる進化を遂げた。仕上げの工程では、多くの場合「古美」と呼ばれる仕上げがなされる。長年使ううちに、銀の白さが黒ずんでしまうのを避けるため、藁でいぶして青みのある黒色に仕上げたり、硫酸銅の溶液に浸けて、小豆色に仕上げるなどする。成熟した人間をいぶし銀の魅力と例えるように、日本特有の仕上げ法であり、渋みのある銀製品になる。茶釜、湯沸かし、急須、花瓶、香炉、カトラリー、酒器、ペンダント、ブローチなど日常生活に広い分野で利用され、多様多彩の製品がつくられている。

江戸切子 (江東区、千葉県市川市ほか)

ガラスの表面に細かく刻まれた文様が、光の反射で上品に輝くのが切子。「江戸切子」の特徴は色ガラス層の厚みが1mm弱と薄く、透明ガラスとの境目がくっきりとしてシャープで繊細な輝きを発することである。

　江戸切子は1834（天保5）年に、びいどろ屋加賀屋の手代、皆川文次郎（後の加賀屋久兵衛）が、金剛砂を用いて、ガラス面に彫刻することを工夫したことが始まりとされる。当時の加賀屋で刷られた引き札（商品パンフ

レット）には、60種類以上のガラス製品が掲載され、その中で菓子器や文具揃いなどに切子が使われている。

1981（明治14）年には、官営の工部省で英国人のエマヌエル・ホープトマンによる西洋式のカットと彫刻技法がもたらされ、これによって近代的な技法が確立され現代に至る。当初は透明な鉛ガラスで硬度や厚さにも問題があり、そのためデザインは最も単純な魚子模様や太い囲み格子の中に籠目といった幾何学模様がほとんどだった。しかしその後ガラスの主流はソーダガラスになり、1921（大正10）年代には水晶のように無色透明で光線の屈折率が高く、肌が美しく重量感があるクリスタルガラス（高級鉛ガラス）が登場。技術・技法はさらに進歩した。現代は、表面は赤、青、緑などの薄い色を重ねた「色被せガラス」や、原料に金を加える「金赤」のクリスタル製品が人気を呼んでいる。

模様は伝統的文様の「矢来」「笹の葉」「菊花」「くもの巣」などに加え、現代風なデザインも多く生まれており、グラス類、酒器、花器など小物類からアート作品まで制作されている。

江戸からかみ（文京区、台東区、豊島区、北区ほか）

からかみとは和紙に模様を摺り出した装飾紙のこと。平安時代中期に中国（唐）から渡来した「紋唐紙」を和紙に模造し、和歌を筆写する料紙として貴族らに用いられたのが始まりとされている。中世以降には襖や屏風などにも貼られるようになった。

江戸からかみは、徳川幕府による江戸の街づくりが進む中、最大の消費地として、独自の発展を遂げ、渋型紙による捺染摺りや刷毛引き、砂子振りの技巧を多用した様式が生まれた。

現在でも、京都と東京に数軒の「唐紙師」がその伝統を伝えているが、東京では震災や空襲による版木焼失を乗り越えて、大きく様変わりした都市生活者の嗜好を研究しながら、発展してきた。唐紙のサイズが大きくなるにつれ、版木も大きくなり、文様の雰囲気もゆったり大らかに、用途も襖だけでなく、壁紙やパネルなどインテリア資材へと広がりをみせている。近年、レターセットやグリーティングカードが注目されている。もともと書をしたためる料紙から始まっただけに、有職文様を始め、多種多様の優美で品格が漂うカードは、ウィリアム・モリスなど海外ブランドを凌駕するほどの人気である。

江戸節句人形　（足立区、台東区ほか、埼玉県さいたま市ほか）

　江戸節句人形とは、雛人形や御所人形などの人形と飾り甲冑、つまり3月の雛祭りや5月の端午の節句に飾る人形である。その特徴は、小振りで渋く洗練され、素材や細部にこだわるという江戸好みに貫かれていること。

　江戸の人形製作は、京都の影響を受けて江戸時代初期に始まった。宝暦年間（1751〜64年）頃には、雛人形や五月人形は写実的で洗練された姿となり、江戸時代後期の文化文政の頃に最盛期を迎え、より精巧な贅を凝らした人形がつくられるようになった。一方では、幕府の贅沢禁止令がたびたび発せられて制約が厳しくなり、知恵比べをしながら極小雛のような独自のスタイルへと発展した。

　雛人形は、木、藁、紙、布など天然素材からつくられる。木彫りや桐塑などで成形し、胡粉を塗った頭と胴体に手足を組み付け、別に仕立てた衣装を着せ付けて形づくられる。

　江戸甲冑は、木や紙、絹糸や皮革の天然素材と鉄、銅などが用いられる。時代考証に基づいて製作されるものも多く、実寸の縮尺寸法による鉢や金具、威の紐の色の再現など丹念な手仕事が継承されている。

江戸木版画 （文京区ほか）

　江戸木版画は、花見や相撲など庶民の暮らしや名所、芝居絵など生活に密着したテーマを題材にした浮世絵の多色刷り木版画である。

　江戸時代、墨一色の版画の上に色を筆で彩色していたことから始まり、色を板木で摺るようになり、さらに複数の版木に「見当」と呼ばれる印をつけることによって、版木を換えて色を摺る工夫がなされた。金や銀、さらに中間色も木版で刷り上げることができるようになり、精緻な多色摺りの技法へと発展した。

　現在も、天然の桜の板を版木として用い、彫師が彫刻をし、摺師が出来上がった版木に顔料を置き、手漉き和紙をのせた後、紙の上から馬連で摺り込む伝統的な技法で、数々の名作が復刻されている。彫りの深さ、摺りにおける色の加減、分量など、それぞれ経験に基づいた微妙な調整が必要なため、手作業が必須とされる。用いる顔料は墨、藍、朱、黄の4色。これらを混ぜ合わせ、例えば世界で最も有名な日本美術とされる葛飾北斎の通称「浪裏富士」（冨嶽三十六景神奈川沖浪裏）が摺り出されるのである。

民　話

地域の特徴

　東京は、徳川家康が江戸に幕府を開いて以来、400年以上にわたり政治の中心の地となっている。1868（慶応4）年7月、江戸から東京に改称され明治になると、伊豆諸島や小笠原諸島、三多摩郡を編入し南と西に大きく広がる。現在は23区、26市、1郡、大島・三宅・八丈・小笠原の4支庁となり、都市化された23区のほかに、南方の伝承をうかがわせる島嶼部や山間部の伝承を残す西部など、豊かな自然も有している。

　東京の中心部は江戸時代の中期以降、文化的にも経済的にも発展し、地方からの人口流入とともに一大消費地となってきた。また、江戸の文人たちの活動によって残された随筆・地誌類（『慶長見聞集』『耳嚢』『江戸塵拾』『江戸名所図会』など）から、江戸の町の伝説や世間話について比較的豊富な当時の伝承をうかがうことができる。

　経済的な中心地は現在も変わらず、2018年3月に東京都総務局から発表された2015年度の都内総生産額は104兆3,000億円で、東京都だけで同年の国内総生産額の19.6％を占めている。これは1,300万人以上の人口を抱える一大消費地であり、多くの上場企業の本社があることによる。

伝承と特徴

　昔話伝承については、衰退している地域である。また、昔話の採集調査も多く行われなかった。昭和に自治体が関係した主要なものとしては、八丈島・大田区・中野区・府中市・青梅市・町田市などの調査がある。これらの調査においては、いわゆる「五大御伽噺」といわれる「桃太郎」「かちかち山」「猿蟹合戦」「舌切り雀」「花咲爺」については報告がされている。この五つは江戸時代からよく知られてきた昔話であるが、明治時代以降、これらの話が学校教育や絵本や児童文学において多く取り上げられてきたので、その影響は無視できない。発端句と結末句についても、語ることは

少ない。その中で発端句を語る場合は「むかし、むかし」や「むかし、むかし、あるところに」が主流である。結末句は「イチがサカエ」（町田市）「これでいちにまちだとよ」（府中市）など「一期栄えた」の変化が一部にみられる。語りが行われた場については、まず夜に語ることが多かった。場所は、こたつや囲炉裏を囲んで（中野区、青梅市、府中市、八丈島）や添い寝の時（町田市）、夏の夜に子どもたちが夕涼みの縁台に集まった時（中野区）などで、昔話を「夜ばなし」「寝ばなし」と呼ぶ場合もあった（大田区）。ほかにも、月並み念仏の宿でお念仏の後に年寄りが話してくれる場合（大田区）、お盆過ぎに近所の人たちが集まり、蚊を払いながら話を聞いた場合（府中市）、年寄りの茶話の合間（中野区）など、人が集まる場でも語られた。また、夜なべや雨の日の針仕事の時（大田区）、母親が繕い物をする時や針仕事をする時、かまどで夕ご飯の支度をしている時（中野区）など、仕事のかたわらで語ることもあった。東京でも人々のコミュニケーションの中で、昔話が機能していた様子がうかがわれる。

　伝説については、高尾山では天狗、御岳山では日本武尊を苦しめる狼や、反対に日本武尊を悪い山の神から助ける狼などが語られる。また、平将門伝説も広く東京各地で語られており、大島に流罪になった源為朝の伝説は、伊豆諸島に多く伝えられている。そして、杖をついた場所から清水が湧き出すという「弘法清水」をはじめとした全国的に語られる弘法伝説も東京において伝えられている。

　世間話については、各地域さまざまであるが、「狐火」「狐の嫁入り」「狐憑き」「狐に化かされる話」などは、東京でも濃厚に伝承されている。

おもな民話（昔話）

津波の話　　八丈島に次のような伝承がある。

　昔、大津波があって、島中が全滅した。そのとき、神山の1本のシュロの木に、一人の女がひっかかって生き残った。近くのもう一つの神山には一人の男がやはり同じように生き残っていた。そこで二人は夫婦となり、子孫をふやした。神山には、今でも、その場所に穴があり、木も残っている（『文化財の保護』6号）。

　この話は神話的伝承といえる。洪水によって人類が絶滅した後、最後に生き残った男女から人類が増えていったという神話は、日本の沖縄など南

西諸島や中国の西南部などでも語られており、八丈島の話もこれらとの繋がりをもつ伝承である。

桃太郎　「桃太郎」は昔話伝承が希薄な東京でも、比較的よく知られている。ただ、その多くが国定教科書に載った内容と大きく変わらず、学校教育や書籍の影響も大きいと思われる。その中で、小金井市に伝わった「桃太郎」（『昔話研究2』1号）は、後半部が「猿蟹合戦」型である。山梨や広島、岡山、愛媛などでも語られ、全国に点在している話である。「昔、爺さんは山へ草刈りに婆さんは川へ洗濯に行った。ぶらんこぶらんこ桃が流れてきて、婆さんがそれを拾って家に帰って棚にしまった。爺さんが帰ってきてから割ると、小僧っ子が出て、桃太郎と名付けた。すると見る見る大きくなって、鬼ヶ島へ行くことになる。爺さんに作ってもらった魚籠に、婆さんに作ってもらった黍団子を入れて、日本一の黍団子と触れ歩く。そこへ蟹が来て、黍団子をもらい家来になる。それから立臼、糞、蜂、卵、水桶が同じように家来になる。鬼ヶ島の鬼の家は留守だった。桃太郎の指図で、石臼がとんぼ（玄関）口の上に、蟹が水桶の中に、糞がとんぼ口に、卵がきじろ（炉の横の燃料置き場）に隠れる。桃太郎が、きじろに火を焚いていると、鬼が帰って来て、桃太郎を食べようとする。卵が鬼にはねつき、蜂が鬼の目を刺したので、鬼は火に落ちた。鬼が水桶に行くと、蟹にやられ、とんぼ口に行くと糞に滑って、臼が落ちてくる。桃太郎は、宝物を持ち帰った。」この話は、1936（昭和11）年時点で63歳の話者が、子どもの頃（明治初期）に曾祖母から聞いた話である。江戸時代の赤本には、すでに犬・猿・雉子をお供に桃太郎が鬼退治をする話が描かれ、明治時代も同様であった。一方で、こうした出版文化とは無縁の「桃太郎」も口伝えとしてあった。

かちかち山　大田区に地元の話として語られる伝承がある。
大田区高畑生まれのおばあさん（1855（安政2）年生）が子ども時分、本寺（宝幢院）の竹山に狸が住んでいた。人を騙し、お爺さんの柴刈りを手伝って、悪いことをした。お爺さんの留守に、お婆さんを踏み臼に入れて搗き殺して、鍋汁にして、お爺さんに食べさせた。それで、狸が外の柿の木に登って、揺さぶりながら「ジンジナ、ジンジナ、ジンジナ婆汁食ったげな」と歌った。爺さんが流しに行くと、お婆さんの骨があって、泣いていると、兎が来た。本寺の山の狸のことを話すと、兎

が仇を取ることになる。兎が柴刈りをしていると、狸が手伝い、柴を背負って家に帰る。兎が後になり、狸の柴にカチカチと火口で火をつける。狸が「兎さん、ボウボウ音がするけど、あれは何だろう」と言うと、兎は「あれは、ぼうぼう山だよ」と言う。狸が火傷して寝ているところに、兎が唐辛子の膏薬を売りに行き、火傷に貼る。その後、汐干狩に行こうと、舟を作る。古川村の小向で船を造っていて、高畑でも船を造っていた。そこで兎が木の舟を造っていると、狸が出てきて尋ね、自分も連れていくように言うので「お前はお前のを造れ、こっちは木の舟だが、そっちは泥の舟を作れ」と言う。狸は一生懸命泥こねして、舟を造った。それで多摩川へ舟を引き出す。そして、川崎の妙光寺の下へ行って「兎の舟は木ぃ舟、木ぃ舟。狸の舟は泥舟（どーろぶね）」と言って、兎は狸の舟を沈める（『大田区の文化財22』）。

　昔話は、そもそも「むかしむかし、あるところに」と時間と場所を設定しない虚構の話なので、このように地元の地名を昔話に当てはめるのは珍しい。書籍や学校教育には登場しない「かちかち山」であり、地元の人々がこの昔話に親しんでいたことをうかがわせる。

猿蟹合戦　江戸時代からよく知られている昔話で、東京における伝承も、「猿と蟹が握り飯と柿の種を交換して、蟹が柿を育てる。柿の実が実ると猿が独り占めして、渋柿を蟹に投げつける。その後、助っ人が蟹の仇討ちをする」という典型的な内容である。ただ、助っ人に関しては違いが出る。明治時代に童話作家の厳谷小波が「石臼・焼き栗・大蜂」にして以来、教科書や絵本ではこのメンバーが主流になった。一方、口伝えの昔話にもこの影響がみられるが、それでも独自の伝承を残している。例えば「臼・蜂・栗」「ダイドウ臼」（『大田区の文化財22』）、「臼・蜂・卵（ただし、卵は破裂するのではなく、猿の足を滑らせる）」（『中野の昔話・伝説・世間話』）、「栗・立臼・蜂」「とろろ（滑らせる）」（『続　中野の昔話・伝説・世間話』）、「栗・立臼・蜂」「卵・蜂・牛の糞・立臼」（『府中の口伝え集』）、「栗・蜂・昆布・臼」「卵・蟹・蜂・大便・臼」「栗・蟹・太鼓・鏡・立臼」（『青梅市の民俗』第2分冊）などである。特に、青梅では助っ人の活躍が豊かで、猿の足を滑らせるのに「昆布・大便」、火で弾けるのに「栗・卵」、さらに、太鼓の音と鏡の反射で驚かせるという珍しい伝承もある。青梅では、みな明治生まれの話者であり、工夫を凝らした仇討ちの様子を語っていた。また、比較的教訓もつきやすく「悪いことをしてはいけない」

というのが、青梅でも府中でも最後に語られ、大田区では「むすびは食べてしまえば、そんとき、その場で終わりだけど、種は蒔けば、なるんだから、目先のものより、いいものを取れ」とも最後につけられた。子どもへ語る際、教訓話にしやすかったことがうかがえる。

おもな民話（伝説）

高尾山の天狗

醍醐寺から高尾山の薬王院へ移った俊徳上人の夢に飯縄大権現が現れ、それ以後、薬師如来に加えて祀るようになった。そして、権現の使いの天狗も高尾山で活躍を始めた。高尾山には、樹齢何百年という大杉が立ち並び、ケーブルカー終点から薬王院入口付近の木立の一本に天狗の腰掛け杉がある。天狗は、この大杉に腰掛け、天下を見下ろして、悪人を懲らしめ善人を助けたという。高尾山の参道の途中の曲がり角にタコ杉と呼ばれた大杉の根が飛び上がり、狭い山道にはびこって、参拝者を悩ませていた。これを天狗が山に追い上げて、道には一本の根もなくなった。またある時は、町から高尾に工事に来た土方が「天狗がなんだ、小便を引っかけてやる」と言っていた。その後、山に仕事に行ったが、その男だけ帰ってこない。天狗にさらわれたということで、みんなで山に入り探すと、男は松の木の高い所に藤づるで巻かれてつるされ、おいおいと叫んでいた。木から降ろすと、男はすぐ高尾山へ行って、天狗に謝った（『八王子ふるさとのむかし話1』）。

天狗のイメージには修験道が反映され、修験道の広がりとともに天狗も知られてきた。天狗が腰掛ける「天狗松」、斧で木を伐って倒す音が聞こえるが倒れた木が見当たらない「天狗倒し」、山中で笑い声が聞こえる「天狗倒し」など、山中の怪異や神隠しなどの伝承は全国的に有名である。高尾山は修験の山なので、信仰とかかわって天狗伝承が残されてきた。

平将門伝説

平将門を祀る神社は各地にあるが、中でも東京の神田明神は有名である。平将門が藤原秀郷に首を取られ、その屍がこの地まで追ってきて倒れたという伝説や、討たれた首が飛んできて落ちた所という伝説もある。首を祀ることで特に有名なのは、大手町の首塚である。関東大震災後、崩され、そこに大蔵省仮庁舎が建った。しかし、大蔵省の役人に死者や病人が続出したので、鎮魂祭が行われた。その後も落雷・炎上の騒ぎがあり、1940（昭和15）年に将門一千年祭を催し供養

した。さらに太平洋戦争後には、米軍によって大手町一帯が整備されたが、この場所でブルドーザーが横転して運転手が死ぬという事故が起こった。そのため、首塚は現在も手厚く祀られている。これらは、日本人が非業の死を遂げた人物を神として祀る御霊信仰に基づいている。また地名にも関わり、「青梅」は将門が植えた梅の実が、いつまでも熟さず、青いままであったことに由来しているという（『平将門伝説』）。

おもな民話（世間話）

本所七不思議

『墨田区史』によれば、本所七不思議は次の七つ。
①「置いてけ堀」 この堀では非常によく魚が釣れるが、夕方になって帰ろうとすると何者とも知れず堀の中から「置いてけ、置いてけ」と呼ぶ声が聞こえ、そのまま帰ろうとすると途中必ず釣った魚を失ってしまうといわれている。②「馬鹿囃」 本所の人々が夜半にめざめて耳をすませると、遠くあるいは近くおはやしの音が聞こえてくるが、それがどのあたりから起こるか明らかでない。③「送りちょうちん」 夜ふけて道を歩いていると前方にちょうちんの火が見えるが、これに向かって進んで行くとちょうちんもまた進んでいって追いつくことができない。④「落葉なき椎」 人呼んで、椎の木屋敷といった大川端の松浦上屋敷内の大木の椎は、道路をおおうほどに枝葉が茂っていたが、その葉はどのような時にも落葉したことがない。⑤「津軽の太鼓」 江戸時代には大名屋敷の火の見やぐらでは版木を打つことになっていたが、津軽家に限り特に太鼓を打つことが許されていた。⑥「片葉の葦」 本所藤代町の南側から両国橋東の広小路に渡る駒止橋の下を流れる隅田川の入堀に生えていた葦を片葉の葦という。その葦の葉はすべて一方にだけ生えて片葉となっているという。⑦「消えずのあんどん」 これは江戸時代に二八そばといわれたそば屋のあんどんで、夜間にいつ見ても火の消えたのを見た者がない。

本所七不思議については伝承が複数あり、「送り拍子木」（自分が打った拍子木の後に同じような音が聞こえる）や「足洗い屋敷」（旗本屋敷の味野家で毎晩、天井から汚れた大足がつき出て足を洗わせる）もある。

これら本所の七不思議は、江戸時代に成立した。江戸は水路や川が張り巡らされた町であり、武家屋敷・大名屋敷が立ち並ぶ町である。本所七不思議はそんな土地柄を反映した話といえる。

河童

妖怪伝承

地域の特徴

　東京都は東京都区部（東京23区）、多摩地域、東京都島嶼部よりなる。旧国では隅田川以西の地域は武蔵国に、隅田川以東の地域は下総国に、島嶼部の伊豆諸島は伊豆国に属していた。

　東京都区部と多摩地域は関東平野に位置し、東京湾に面する。区部と多摩地域の旧北多摩郡の東部地域はおおむね平坦な地形となっている。区部は平安時代以降、江戸と称された。15世紀半ばに、関東管領上杉氏の重臣・太田資長（道灌）が江戸城を築いて以降整備され始め、1590（天正18）年の徳川氏の入府以降、開発された。現在は皇居となっている江戸城を起点として西南方面には武家屋敷がつくられ、「山の手」を形成した。東方面の沖積平野には、町人町の「下町」が形成された。区部の東京湾沿岸部は、近世期以来数度の埋め立て開発が行われて人工的に造成され、近世期には漁師町として、近代以降は工業地帯として発展した。1868（慶応4）年の東京奠都で首都機能が移転して政治・経済の中心地となり、更なる人口の集中と都市域の拡大が行われた。2017（平成29）年現在の東京都の人口は、日本の総人口の10%超となっている。

　多摩地域の西・南・北部は河岸段丘の武蔵野台地および多摩丘陵からなる。武蔵野台地には古墳が多く残り、古代から発展していた。西多摩郡地域は標高が高く、「奥多摩」とよばれる地域は関東山地の山裾であり、山岳地形の山間部となっている。多摩地域の西部は内陸性の気候であり、冬季には数十cmの積雪も珍しくない土地も存在する。

　東京島嶼部は伊豆諸島と小笠原諸島からなる離島地域である。気候は温暖であり、離島独自の文化を育んできた。伊豆諸島は平安時代以降罪人の配流の地とされ、本土との関わりも深かった。小笠原諸島は幕末に江戸幕府が領有を宣言して天領とし、入植して日本領と確定した地域である。

　東京都区部は近世以降の都市開発により人口が集中した都市である。近世に政治・経済の中心都市となり、地方からの人口が流入、都市が拡大した。18世紀初頭には人口が100万人を超える、世界的にも有数の巨大都市となった。このように新興開発の人口密集地であるため、山野に根差した妖怪の伝承は少なく、幽霊・怨霊やお化け屋敷、祟りなど人間の霊の出現を主題とした伝承、「流行り神」とよばれた著しい霊験のある神仏への参詣の流行、怪異を並べ挙げた「七不思議」がもてはやされた。また「化け物の仕業かと思ったが実は合理的に説明のつくことだった／誰かのトリックだった」という話も、近世期からもてはやされていた。しかしながら区部でも、東部の川沿いでは河童の目撃譚が、江戸湾沿岸では海の怪異が、区部周縁部では狐狸の化かし話が生き生きと伝承されていた。

　武蔵野台地は都市部に隣接した農作地帯として、近世より商品作物を多く生産しており、都市部との交渉も多かった。こうした地域では、都市部との移動の途中に狐・狸・ムジナに化かされたという怪異譚が多く伝わっている。特に狐・狸が汽車に化けたという「偽汽車」の話は、都市部からの影響を直接に受けるこの地域の伝承の特徴だといえる。西多摩郡地域の山間部では、高尾山を中心とした天狗の伝承、埼玉の三峰山に連なる山犬（狼）の伝承、秩父地域と連続するオーサキ（オサキ、オサキギツネ、オーサキドウカ）の伝承が濃密である。

　東京都島嶼部は離島文化であり、島々の生活に即したそれぞれの伝承が伝わる。特徴的な妖怪としては、日時を定めて海から訪れるとされていた海難法師（カンナンボーシ）や、狐狸に代わって山野で人を化かすとされた山猫の伝承をあげることができる。

小豆婆
（あずきばばあ）
　武蔵野台地から多摩丘陵にかけて、小豆とぎの音の怪異が多く伝わる。谷川や渓流でザクザクと小豆を研ぐ音をさせる老婆で、子どもをさらうなどと言う。名称は地域ごとに小豆婆あ（『稲城の昔ばなし』）、小豆婆さん・小豆とぎ婆あ（『多摩市の民俗』）、ザックリ婆・シャキシャキ婆（『里語りとんとんむかし』）、ザクザク婆（『秋川市史』附

篇）など、変化がある。婆に声をかけると凶事があると伝える地域もある。

海坊主　　東京湾沿いには多くの漁師町が繁栄していた。それだけに、海の妖怪も多く伝承されている。品川沖では海坊主が現れ、船の先にぽーんと丸い頭を出して驚かせたという。その正体は当時東京湾まで回遊していたスナメリではないかという説もある（『口承文芸』）。

海難法師・日忌様（火忌様）　　伊豆諸島の伝承。島民を苦しめた代官を謀殺するためわざと海が荒れる日に船出するように仕組んで遭難させた、もしくは村の若者25人が代官を殺し、他の島に潜伏しようと船出したが海が荒れ、全員遭難した。その代官や若者の霊が1月24日に戻ってくるので、この日は扉を閉ざして外へ出ず、門口にヒイラギやトベラなどの魔除けの葉を刺し、海の方を見ないように物忌みをして過ごすのだという（『大島町史民俗篇』『神津島の民俗』）。神を迎える物忌みの行事が妖怪来訪の伝承に変化したと考えられる。

河童　　江戸は水路が縦横無尽に広がる水の都だった。そこには当然、水の妖怪である河童の伝承が多い。調理関係の道具街で有名な台東区の合羽橋には、洪水に悩むこの土地のため、商人・合羽屋喜八が私財を投げ打って始めた掘割工事を隅田川の河童たちが手伝ったという伝説が伝わる。喜八の墓所のある曹源寺、通称「河童寺」には波乗福河童大明神が祀られ、河童の手のミイラも所蔵されている。他に深川の堀で河童が捕まったという風聞や、新宿の片町のはずれの合羽坂に河童が出たという伝承、本所七不思議の置行堀の怪異の正体を河童とする説など、河童の伝承は多い。東京都は1959（昭和34）年から1997（平成9）年まで、10月1日の都民の日に河童をモチーフとしたバッジを頒布していたこともあり、江戸・東京と河童とのつながりは非常に強いといえる。

カネ玉　　真っ赤もしくは真っ青な火の玉で、ブーンと音を立てて飛ぶ。これが家に飛び込むと裕福になるが、家から出て行ったり、砕け散ったりすると貧乏になるという（『子どものための調布のむかしばなし』）。砕け散ったカネ玉を実際に見た人がいたという。

狐　　江戸に多いものを称して「伊勢屋稲荷に犬の糞」という言い回しが成立したほどに、稲荷を祀る祠が多かった。東京の郊外にも狐に化かされたという伝承も多く、江戸川区鹿骨の伝左衛門狐とお夏狐など（『江戸川区の民俗』1）、各地に名のある狐の伝承も残る。道に迷わされた、

魚やごちそうを取られた、狐火や狐の嫁入りを見たという他に、特に「麦畑を川と思わされ『おお深え』と歩かされた」という化かし方が多い。北区にある王子稲荷神社は関東の狐の元締めとされ、大晦日には関東中の狐が集まり、近くの装束榎稲荷で身なりを整えて王子稲荷に参拝するとされた。王子では伝承にちなんだ狐行列のイベントも行われている。

大蛇　東京都の多くの地域で、池や沼の主が大蛇であるという伝承がある。練馬区石神井の三宝寺池には主の大蛇を人力車に乗せたという話が伝わる。稲付（北区）の亀ヶ池付近から人力車に乗った若い女が、人気のない三宝寺池付近で降りたので、車夫が様子をうかがうと、女は大蛇になって池に入った。亀ヶ池が手狭になったので、主が三宝寺池に移ったのだという（『練馬区史』）。別の話では徳丸（板橋区）から荷馬に乗ってきたともいう。池尻（世田谷区）池の下の池の主が娘に化けて馬に乗り、井の頭の池（三鷹市）に移ったなど、主の移動の伝説は多い（『下北沢』）。座席を濡らして消える女性の伝承は、現代のタクシーの消える乗客の都市伝説にも影響を与えている。

ダイダラボッチ　東京には、ダイダラボッチがつくったと伝える地形がいくつもある。代田（世田谷区）は足跡が窪地となったというし、町田市のフシドクボはふんどしを締め直さそうと力んだ後（『町田市史』）、青梅市の大手は手の跡、火打ち岩はキセルから落ちた吸殻だという（『青梅市史』）。

狸（ムジナ）　江戸の西側から多摩地区にかけては狸も多く棲息し、狸が化かすという伝承も多くあった。スタジオジブリのアニメーション作品『平成狸合戦ぽんぽこ』（1994年）は、そうした伝承を背景にもつ作品である。狸は小泉八雲が『怪談』に書いた、紀尾井坂でのっぺらぼうに化けた例の他、大入道や一つ目小僧などに化けて出た事例が多い。和田村（青梅市）の「づんづく大尽」とよばれた家は狸を大事にしたところ狸が「づんづく」と腹鼓を打って応えて以来運が向き、長者になったと伝えている（『青梅市史』）。

天狗　多摩地域の山間には山の怪異としての天狗の伝承が多い。天狗礫や天狗笑い、神隠しなど、天狗は山の神霊として尊敬されていた。特に高尾山（八王子市）は修験道の霊山とされ、天狗は本尊・飯縄大権現に従う随身として尊崇された。青梅市二俣尾の海禅寺には、和尚と禅問答

をして負けた天狗が書き残した、天狗の文書が遺されている（『青梅市史』）。また日の出町の於奈淵では川天狗が人を惑わせたという（『日の出町史』）。

豆腐小僧

夜道などに豆腐を持って現れるだけの小僧の妖怪。豆腐小僧は江戸期の娯楽読物である「黄表紙」に登場する妖怪で、そのかわいらしさと間抜けさで人気を博した。創作されたキャラクターとしての妖怪だが、人気とともにその存在が浸透したらしく、夜道で豆腐小僧に脅かされたという話も伝えられている（『東京・江戸語り』）。

七不思議

土地の七つの不思議を列挙した言い回し。江戸の町にはいくつもの「七不思議」が存在していた。最も有名なのは墨田区本所の「本所七不思議」だ。魚を釣って帰ろうとすると「置いてけ」と声をかけられる置行堀、提灯の火や拍子木の音がついてくる送り提灯・送り拍子木、無人の蕎麦屋台の提灯に火を灯すと凶事があるという燈無蕎麦、泥だらけの巨大な足が天井から出る足洗邸、片方にしか葉が生えない片葉の葦、どこからともなく聞こえる狸囃子の七つの他、消えずの行灯・落葉なしの椎・津軽屋敷の太鼓を七不思議の一つに数える場合もある。七不思議は深川（江東区）、千住（足立区および荒川区）、麻布（港区）などにもある。遊郭・吉原の郭用語や仕来りをパロディにした、怪異とは関係ない「吉原七不思議」がつくられるなど、江戸期に七不思議の形式が流行したことがわかる。

偽汽車

鉄道路線が延び始めた明治～大正期、狐狸の化けた偽汽車の話が流行した。夜に汽車を運転していると、進行方向から来るはずのない汽車が来る。あわててブレーキをかけると向こうから来ていた汽車は消える。それが続いておかしいと思い、意を決してそのまま突っ込むと汽車は掻き消え、翌朝、大きな狐や狸が轢かれて死んでいたという話である。東海道線の品川、京王線の仙川、青梅鉄道、市電赤羽橋～麻布間、常磐線亀有など各地に伝承がある。特に葛飾区亀有・見性寺にはそのときに轢かれたムジナを祀った狢塚がある（『葛飾のむかし話』）。

法螺貝

1872（明治5）年夏、道灌山（荒川区）の崖が崩壊した。これは山に千年棲んだ法螺貝が竜になり、昇天したのだと評判になった（『日暮里の民俗』）。また「彰義隊が密かに隠した火薬が爆発した」という噂も流れたという。大森海岸でも夜な夜な光が天に上り、貝が昇天したと評判になったが、後に軍隊が演習で照らしたサーチライトだったと

わかったという（『大田区史』）。奥多摩町海沢では、山の大蛇が土中から昇天するときに起こした土砂崩れを蛇抜とよんでいる（『奥多摩町の民俗』）。

山犬（狼）／オサキギツネ

多摩地域には、霊力をもつ特別な獣である山犬（狼）に関する説話が多くある。また憑き物であるオサキギツネ（オサキ・オーサキ・オサキドウカ）の伝承も多い。こちらについては共通する埼玉県の項目を参照してほしい。

山猫

東京島嶼部では狐狸に代わり、山猫が人を化かす動物として活躍する。人を夜道で迷わせたり、土産の魚を取ったり、自宅だと思わせて洞窟で一晩を明かさせたり、子どもの姿に化けたりする（『東京都の民俗』）。式根島には、村人を苦しめた怪猫チナガンバーを、平家の落武者2人が退治したという伝説がある（『日本の伝説』50）。他に島根県の隠岐島や新潟県の佐渡島でも猫が人を化かす。離島では、猫が狸・狐の代わりとなるのである。

山姥

多摩地域の山間部は山姥・山男の伝承も多い。山地地域の伝承は武蔵野台地や江戸都市域よりも、埼玉の秩父山地地域の伝承と共通する。奥多摩・小河内に出た山ん婆は人に害をなしていたが、猟師の新三と権三に退治された。その体は祟りを恐れて42（または49）か所に分けて祀られたという（『奥多摩の世間話』）。山姥が山の恐るべき怪異である反面、尊崇すべき山の神であることがうかがえる伝説だといえる。

雪女郎・雪女

東京西部は冬季は雪深かった地域が多く、雪女郎・雪女の伝承もある。白い姿の女で、雪の日に外に出ている子どもを連れていくともいう（『多摩市の民俗　口承文芸』『続　中野の昔話・伝説・世間話』『口承文芸』）。小泉八雲『怪談』（1904年）所収の「雪女」の原話は現在の青梅市出身の人物によって語られたものであり、雪女が意外にも東京の伝承であったことがうかがえる。

ろくろ首

昼間は普通の人と変わらないが、夜になると首が長く伸び、行灯の油や天井の煤を舐める（『檜原の民話』）という怪異。首が体から離れてさまようともいう。多くは女性で、体質や病気に近いものとされ、しばしば親の因果が子に報いたためだともいわれる。特に婚期を逃して独り身の大店の娘や、大店が雇った使用人などがろくろ首だったという話が多く、都市社会に特徴的な怪異伝承だといえる。

高校野球

東京都高校野球史

東京ではかなり早くから野球が行われていたが，その中心は第一高等中学校（現在の東京大学）などの大学で，中等学校野球も早慶を中心に，大学の附属中学がリードした．

1915年の第1回大会には早実が関東地区代表として参加．翌16年夏には正式に関東予選が始まり，予選を制した慶応普通部は，全国大会でも無難に勝ち上がって優勝を果たしている．以後，慶応普通部が6年連続して出場，22年夏に早実が代表を奪回すると，7年連続して代表となり，24年の第1回選抜にも早実が選ばれて準優勝した．

両校以外の学校としては，29年の選抜に慶応商工が初出場，38年選抜には日大三中（現在の日大三高）も出場したが，戦前に出場したのはこの4校のみで，しかもすべて大学の附属校であった．

46年夏は東京高等師範学校附属中（現在の筑波大学附属高校）が全国大会に駒を進めた．翌47年夏は慶応商工が出場し，以後慶応・早稲田・明治・日大・法政の各大学の系列校が甲子園の出場を独占した．

57年春には王貞治が早実のエースで4番として出場，戦後東京勢では初となる優勝を達成した．夏の1回戦の寝屋川高校戦では王投手が史上初の延長戦ノーヒットノーランを達成している．58年選抜では2試合連続ホームランを打つなど，王選手は投打にわたって活躍した．

64年夏修徳高校が大学の系列校以外の学校として初めて甲子園に出場した．67年には堀越高校も出場，以後さまざまな私立高校が活躍するようになった．堀越高校は69年選抜で準優勝している．

71年選抜では日大三高が優勝した．翌72年の選抜では日大三高と，初出場の日大桜丘高校の兄弟校が決勝で対戦し，日大桜丘高校が初出場で初優勝した．

74年，参加校数が膨大になった東京都予選が東西に分割され，夏の甲子

園には東西の東京代表が参加することになった.

東東京地区では, 最初の9年間のうち早実が6回の代表となるなど圧倒的な強さを見せた. また前田三夫監督が就任した帝京高校も力をつけ, 80年選抜では2度目の出場で準優勝するなど全国屈指の強豪へと成長. 東東京地区は激戦区となった.

一方西東京地区は, 分割前の有力校であった日大三高の力が衰え, 毎年のように違う学校が予選を制した. 76年夏には桜美林高校が決勝でPL学園高校を延長11回で破り初優勝した. 80年夏には都立国立高校が都立高校として初めて甲子園に出場した.

一方, この年東東京からは1年生の荒木大輔投手をエースに起用した早実が出場, 甲子園で荒木は好投を続け, 決勝戦で横浜高に敗れたものの爆発的な人気を得た. 以後, 早実は荒木とともに5季連続して甲子園に出場, 計12勝をあげている. 82年春, 荒木を擁する早実は準々決勝で敗れたが, 二松学舎大学附属高校が準優勝を果たした.

85年春, 帝京高校が2度目の決勝戦に進出. 87年春には関東第一高も準優勝するなど, この頃に活躍した学校は, 早実を筆頭に, 帝京高校, 関東一高, 二松学舎大学附属高校など全て東東京地区に属しており, 相変わらず東西格差は大きいままであった.

89年夏は, 帝京高校が通算3度目の決勝戦に進み, 仙台育英高校を延長戦の末に破って悲願の初優勝を達成した. 以後, 帝京高校は毎年のように好選手をそろえて甲子園に出場し, 安定した成績を収めた. 92年選抜では2度目の優勝, 95年夏には3回目の優勝を果てしている.

その後, 東西の学校数にアンバランスが生じたため, 96年夏に東西の線引きの見直しが行われ, 国士舘高校などが西から東に移動した. さらに2001年春には, 名門・早実が新宿区から国分寺市に移転して西地区に移り, 06年夏に全国制覇するなど, 東京都の高校球界の勢力地図は西高東低に変化している.

10年以降は, 東地区は関東第一高校と二松学舎大付属高校, 西地区は日大三高と東海大菅生高校の2強状態となり, 日大三高が10年春と11年夏に優勝している.

岩倉高 (台東区, 私立)
春1回・夏1回出場
通算5勝1敗, 優勝1回

　1897年鉄道学校として創立. 1903年岩倉鉄道学校と改称. 48年の学制改革で秦東商業学校と統合し, 岩倉高校となる.

　60年創部. 84年選抜で甲子園に初出場すると決勝まで勝ち上がり, 決勝でも桑田・清原のいたPL学園高校を1安打完封で降して初出場初優勝を達成した. 97年夏にも出場している.

桜美林高 (町田市, 私立)
春6回・夏4回出場
通算11勝9敗, 優勝1回

　1921年に北京で創立した崇貞学園が母体で, 46年に桜美林学園を創立した. 48年の学制改革で桜美林高校となる.

　51年創部. 67年選抜で初出場. 76年夏の甲子園に初出場すると, 決勝でPL学園高校を延長11回の末に降して全国制覇した. 以降も出場を重ねている.

関東第一高 (江戸川区, 私立)
春6回・夏8回出場
通算22勝14敗, 準優勝1回

　1925年関東商業学校として創立. 43年帝国第一工業学校, 45年関東第一商工学校を経て, 48年の学制改革で関東総合高校となる. 53年関東商工高校を経て, 73年関東第一高校となる.

　27年創部. 85年夏に甲子園初出場でベスト8に進出, 87年選抜では準優勝した. その後, やや低迷時期があったが, 2008年選抜に出場して以降は常連校として活躍, 15年夏にはベスト4に進んでいる.

佼成学園高 (杉並区, 私立)
春2回・夏1回出場
通算0勝3敗

　1954年立正佼成会を母体として佼成学園が創立され, 56年に開校した.

　57年夏から予選に参加し, 67年選抜に初出場. 74年夏を最後に出場していない.

国学院久我山高 (杉並区, 私立)
春3回・夏3回出場
通算1勝6敗

　1944年岩崎学園久我山中学校として創立. 48年の学制改革で久我山高

校となる．52年国学院大学と合併して国学院大学久我山高校となる．

44年創部．79年選抜で初出場．春夏通じて6回目の出場となった2019年夏の大会で前橋育英高校を降して初勝利をあげた．

国士舘高 (世田谷区，私立)
春10回・夏1回出場
通算10勝10敗

1917年に創立された私塾国士舘が母体．25年国士舘中学校として創立．戦後，46年に至徳中学校に改称．48年の学制改革で至徳高校となり，53年国士舘高校に改称．

46年創部．91年選抜に初出場すると，いきなりベスト4まで進出して注目を集めた．2度目の出場となった93年選抜でもベスト4に進出．以後も出場を重ねているが，圧倒的に選抜の出場が多い．

修徳高 (葛飾区，私立)
春3回・夏5回出場
通算6勝8敗

1904年修徳夜学校として創立．31年修徳商業学校，38年修徳高等女学校を経て，48年の学制改革で修徳高校となる．

野球部は40年から活動していたが戦争で中断，53年に復活した．64年夏に甲子園初出場．93年夏にはベスト8まで進んでいる．近年では2013年夏に出場した．

城西大城西高 (豊島区，私立)
春0回・夏2回出場
通算4勝2敗

1917年城西実務学校として創立．48年の学制改革で城西高校となる．73年城西大学附属城西高校となったが，しばらくは城西高校と呼ばれることが多く，甲子園出場時も城西高校のままだった．91年頃から城西大城西高校の名称が一般化した．

56年に創部し，74年夏に甲子園初出場，79年夏にはベスト8まで進んだ．

創価高 (小平市，私立)
春3回・夏5回出場
通算5勝8敗

1968年に創立し，72年に創部．83年夏に甲子園初出場．94年夏に初勝利をあげると3季連続して出場し，95年夏にはベスト8に進出した．近年は2007年夏に出場している．

早実 (国分寺市, 私立)

春 21 回・夏 29 回出場
通算 66 勝 48 敗 2 分, 優勝 2 回, 準優勝 3 回

1901 年新宿区に早稲田実業学校として創立. 48 年の学制改革で中等部と高等部に分かれ, 63 年から早稲田大学の系属校となる. 2001 年国分寺市に移転し, 夏の予選から西東京大会に転じた.

1905 年創部. 15 年の第 1 回大会に出場. 22 年夏に 2 度目の出場を果たすと, 以後は毎年のように出場して, 25 年夏には準優勝している. 戦後も出場を重ね, 57 年春には東京勢として選抜初優勝. 80 年夏には荒木大輔投手を擁して準優勝した. 2006 年には斎藤佑樹投手で春夏連続出場し, 夏は引き分け再試合の末に駒大苫小牧高校を降して夏初優勝を達成した. 15 年夏にもベスト 4 に進む.

筑波大付高 (文京区, 国立)

春 0 回, 夏 1 回出場
通算 2 勝 1 敗

1888 年お茶ノ水の高等師範学校内に附属尋常中学科として創立し, 96 年附属尋常中学校と改称. 1949 年の学制改革で東京教育大学附属高校となり, 50 年共学化. 78 年筑波大学の設立で筑波大学附属高校と改称.

正式創部以前の 1896 年に学習院と対戦した記録が残っており, 1900 年に正式に野球部が誕生, のちに野球殿堂入りした中野武二が初代主将となった. 46 年夏公立学校として初めて東京都代表として全国大会 (西宮球場) に出場, 小倉中, 松本市中を降して準決勝まで進出した.

帝京高 (板橋区, 私立)

春 14 回・夏 12 回出場
通算 51 勝 23 敗, 優勝 3 回, 準優勝 2 回

1943 年帝京中学校として創立し, 48 年の学制改革で帝京高校となる.

49 年創部. 72 年前田三夫監督が就任して強くなり, 78 年選抜で初出場. 80 年選抜に 2 回目の出場を果たすと準優勝し, 以後全国的な強豪校となった. 85 年選抜で 2 度目の準優勝, 89 年夏に初優勝を果たした. この間, 87 年夏の 2 回戦東北高校戦では芝草宇宙投手がノーヒットノーランを達成. 92 年春, 95 年夏にも優勝している.

東亜学園高 (中野区, 私立)

春 0 回・夏 3 回出場
通算 5 勝 3 敗

1923 年東亜商業学校として創立. 48 年の学制改革で東亜商業高校となり, 75 年東亜学園高校と改称.

63年創部. 86年夏に甲子園初出場, 翌87年夏はベスト4まで進んだ. 89年夏にも出場している.

東海大菅生高 （あきる野市, 私立）
春4回・夏3回出場
通算6勝7敗

1983年東京菅生高校として創立. 89年東海大学菅生高校と改称.

創立と同時に創部し, 96年夏に甲子園初出場. 以後出場を重ね, 2017年夏にはベスト4まで進出した. 21年選抜でもベスト8に進出している.

都立城東高 （江東区, 都立）
春0回・夏2回出場
通算0勝2敗

1978年に創立し, 同時に創部. 99年夏, 東東京大会を制して都立高校としては19年振り, 東東京からは都立高校として初めて甲子園に出場した. 2001年夏にも甲子園に出場, 都立高校として唯一甲子園に2回出場している.

二松学舎大付高 （千代田区, 私立）
春5回・夏3回出場
通算7勝8敗, 準優勝1回

1877年に三島中洲が設立した二松学舎が母体. 1948年の学制改革の際に二松学舎高校を創立し, 50年二松学舎大学附属高校となる.

58年創部. 80年選抜に初出場し, 82年選抜では準優勝した. その後しばらく出場できなかったが, 2002年選抜に20年振りに出場, 以後は出場を重ねている.

日大一高 （墨田区, 私立）
春2回・夏8回出場
通算7勝10敗

1913年日大初の附属校, 日本大学中学校として創立. 41年日本大学第一中学校と改称. 50年日本大学第一高校となる.

29年に創部し, 63年選抜で初出場. 以後11年間で春夏合わせて8回甲子園に出場, 73年選抜ではベスト8まで進んでいる. 88年夏を最後に出場できていない.

日大桜丘高 （世田谷区, 私立）
春1回・夏1回出場
通算4勝1敗, 優勝1回

1950年日本大学世田谷高校として創立. 61年日本大学桜丘高校と改称.

61年創部. 72年選抜に初出場を果たすと決勝まで進み, 日大三高との兄弟校対決を制して全国制覇した. 同年夏にも出場したが, 以後は出場して

いない.

日大三高 (町田市, 私立)
春20回・夏17回出場
通算54勝34敗, 優勝3回, 準優勝3回

1929年東京・赤坂に日本大学附属赤坂中学校として創立し, 翌30年日本大学第三中学校と改称. 48年の学制改革で日本大学第三高校となった. 76年町田市に移転した.

開校と同時に創部. 38年春に甲子園初出場, 戦前に春夏合わせて4回出場した. 戦後, 62年春に準優勝すると, 71年春には優勝, 翌72年春は準優勝して全国を代表する強豪校となる. その後, しばらく低迷時期があったが, 2001年夏に全国制覇して強豪校として復活. 10年春準優勝, 11年夏には3度目の優勝をしている.

日大鶴ヶ丘高 (杉並区, 私立)
春0回・夏3回出場
通算2勝3敗

1951年に東京獣医畜産大学と日本大学が合併した際に, 東京獣医畜産大学附属高校を改組して日本大学鶴ヶ丘高校として創立.

55年夏から東京都予選に出場. 90年夏甲子園に初出場し, ベスト8まで進んだ. 2008年夏, 14年夏にも出場.

日大二高 (杉並区, 私立)
春2回・夏4回出場
通算4勝6敗

1927年日本大学第二中学校として創立. 48年の学制改革で日本大学第二高校となる.

創立と同時に創部し, 59年選抜で初出場, 同年夏にはベスト8まで進んだ. 65年夏, 82年夏も初戦を突破している.

日体大荏原高 (大田区, 私立)
春2回・夏1回出場
通算0勝3敗

1904年日本体育会荏原中学校として創立. 48年の学制改革で荏原高校となる. 66年日体荏原高校, 2016年日本体育大学荏原高校と改称.

1915年の第1回大会の予選に参加, 決勝で早実に敗れて全国大会出場を逃した. 甲子園初出場は, 荏原高校時代の65年選抜で, 日体荏原高校時代の69年春と76年夏にも出場している.

法政大高 （三鷹市，私立）

春2回・夏2回出場
通算3勝4敗

1924年法政大学商業学校，36年に法政中学校が創立し，48年の学制改革で両校を統合して法政大学第一高校となる．2007年共学化し，法政大学高校と改称した．

1938年法政中学校で創部，当初は同校と法政大学商業学校がそれぞれ独立した学校として参加した．法政一高時代の60年選抜で初出場し，ベスト8に進む．84年夏初戦の境高校戦では9回を終わって1四球のみのノーヒットノーランに抑えられていたが，延長戦に持ち込んで10回裏に初ヒットがサヨナラホームランとなって勝利．この大会では3回戦まで進んだ．

堀越高 （中野区，私立）

春5回・夏5回出場
通算10勝10敗，準優勝1回

1923年堀越高等女学校として創立．48年の学制改革で堀越高校となる．
58年創部．67年夏に甲子園初出場，69年選抜では初出場で準優勝した．75年選抜でもベスト4まで進んでいる．97年夏を最後に出場していない．

明大明治高 （調布市，私立）

春4回・夏3回出場
通算10勝7敗

1911年明治中学校として創立し，翌12年神田駿河台の明治大学構内に開校．48年の学制改革で明治高校となる．後に明治大学附属明治高校と改称．東東京大会に出場していたが，2008年調布市に移転し共学化，同年夏からは西東京大会に参加している．

1931年夏から東京予選に参加．50年選抜に初出場してベスト8．以後58年夏まで春夏合わせて6回出場し，うち3回ベスト4に進むなど，全国的な強豪校として活躍した．65年選抜を最後に出場していない．

㉝東東京大会結果（平成以降）

	優勝校	スコア	準優勝校	ベスト4		甲子園成績
1989年	帝京高	9 - 6	岩倉高	日大一高	芝浦工大高	優勝
1990年	関東第一高	7 - 2	修徳高	日体荏原高	早実	初戦敗退
1991年	帝京高	13 - 3	日大一高	早実	修徳高	ベスト8
1992年	帝京高	10 - 2	二松学舎大付高	安田学園高	関東第一高	初戦敗退
1993年	修徳高	7 - 6	関東第一高	帝京高	目黒高	ベスト8
1994年	関東第一高	4 - 2	帝京高	京華商	安田学園高	初戦敗退
1995年	帝京高	15 - 13	早実	都立雪谷高	関東第一高	優勝
1996年	早実	8 - 6	国士舘高	駒大高	東京実	2回戦
1997年	岩倉高	14 - 12	早実	国士舘高	帝京高	初戦敗退
1998年	帝京高	8 - 3	二松学舎大付高	早実	日大豊山高	3回戦
1999年	都立城東高	3 - 0	駒大高	早実	世田谷学園高	初戦敗退
2000年	日大豊山高	5 - 4	国士舘高	早実	東京農大一高	3回戦
2001年	都立城東高	5 - 4	岩倉高	関東第一高	都立江戸川高	初戦敗退
2002年	帝京高	6 - 3	二松学舎大付高	修徳高	安田学園高	ベスト4
2003年	都立雪谷高	5 - 0	二松学舎大付高	安田学園高	岩倉高	初戦敗退
2004年	修徳高	3 - 2	二松学舎大付高	正則学園高	安田学園高	ベスト8
2005年	国士舘高	10 - 3	日大豊山高	修徳高	世田谷学園高	2回戦
2006年	帝京高	5 - 3	国士舘高	都立足立新田高	駒場学園高	ベスト8
2007年	帝京高	4 - 2	修徳高	関東第一高	東京実	ベスト8
2008年	関東第一高	11 - 5	東海大高輪台高	二松学舎大付高	国士舘高	3回戦
2009年	帝京高	24 - 1	都立雪谷高	二松学舎大付高	成立学園高	ベスト8
2010年	関東第一高	6 - 5	修徳高	成立学園高	国士舘高	ベスト8
2011年	帝京高	6 - 1	関東第一高	成立学園高	二松学舎大付高	2回戦
2012年	成立学園高	4 - 3	国士舘高	岩倉高	帝京高	初戦敗退
2013年	修徳高	13 - 6	二松学舎大付高	東京実	関東第一高	2回戦
2014年	二松学舎大付高	5 - 4	帝京高	成立学園高	関東第一高	3回戦
2015年	関東第一高	14 - 2	日大豊山高	帝京高	都立篠崎高	ベスト4
2016年	関東第一高	4 - 3	東亜学園高	都立城東高	二松学舎大付高	初戦敗退
2017年	二松学舎大付高	9 - 1	東海大高輪台高	関東第一高	東亜学園高	2回戦
2018年	二松学舎大付高	6 - 3	都立小山台高	関東第一高	帝京高	3回戦
2019年	関東第一高	4 - 0	都立小山台高	日大豊山高	上野学園高	ベスト8
2020年	帝京高	3 - 2	関東第一高	東亜学園高	大森学園高	(中止)

㉝西東京大会結果（平成以降）

	優勝校	スコア	準優勝校	ベスト4		甲子園成績
1989年	東亜学園高	8－3	堀越高	国学院久我山高	日大三高	2回戦
1990年	日大鶴ヶ丘高	14－6	世田谷学園高	堀越高	桜美林高	ベスト8
1991年	国学院久我山高	7－4	世田谷学園高	工学院大高	堀越高	初戦敗退
1992年	創価高	7－3	堀越高	工学院大高	国学院久我山高	初戦敗退
1993年	堀越高	5－2	国士舘高	日大二高	創価高	2回戦
1994年	創価高	17－3	国士舘高	八王子高	桜美林高	3回戦
1995年	創価高	9－6	国学院久我山高	都立四商	東海大菅生高	ベスト8
1996年	東海大菅生高	7－5	東亜学園高	創価高	国学院久我山高	2回戦
1997年	堀越高	12－11	創価高	日大三高	東海大菅生高	初戦敗退
1998年	桜美林高	4－3	八王子高	国学院久我山高	日大鶴ヶ丘高	3回戦
1999年	日大三高	8－6	国学院久我山高	堀越高	桜美林高	初戦敗退
2000年	東海大菅生高	5－3	明大中野八王子高	法政一高	堀越高	初戦敗退
2001年	日大三高	9－6	東亜学園高	創価高	八王子実践高	優勝
2002年	桜美林高	4－0	日大鶴ヶ丘高	早実	日大三高	2回戦
2003年	日大三高	4－3	東海大菅生高	堀越高	早実	初戦敗退
2004年	日大三高	11－3	穎明館高	都立昭和高	都立国立高	3回戦
2005年	日大三高	13－2	明大中野八王子高	早実	都立小平高	ベスト8
2006年	早実	5－4	日大三高	日大鶴ヶ丘高	多摩大聖ヶ丘高	優勝
2007年	創価高	6－3	八王子高	日大三高	佼成学園高	2回戦
2008年	日大鶴ヶ丘高	13－5	早実	日大二高	日大三高	初戦敗退
2009年	日大三高	19－2	日大二高	都立日野高	都立小平高	2回戦
2010年	早実	3－0	日大鶴ヶ丘高	早大学院高	日大三高	3回戦
2011年	日大三高	2－1	早実	日大鶴ヶ丘高	佼成学園高	優勝
2012年	日大三高	2－1	佼成学園高	創価高	都立片倉高	初戦敗退
2013年	日大三高	5－0	都立日野高	創価高	国士舘高	初戦敗退
2014年	日大鶴ヶ丘高	2－1	東海大菅生高	国学院久我山高	日大三高	初戦敗退
2015年	早実	8－6	東海大菅生高	日大三高	国学院久我山高	ベスト4
2016年	八王子高	5－3	東海大菅生高	創価高	日大三高	初戦敗退
2017年	東海大菅生高	6－2	早実	日大二高	八王子高	ベスト4
2018年	日大三高	5－3	日大鶴ヶ丘高	東海大菅生高	国士舘高	ベスト4
2019年	国学院久我山高	4－2	創価高	東海大菅生高	桜美林高	2回戦
2020年	東海大菅生高	4－3	佼成学園高	創価高	国士舘高	（中止）

やきもの

今戸焼（歌川広重「名所江戸百景」「墨田河橋場の渡し瓦窯」）

地域の歴史的な背景

　江戸（東京）のやきものといえば、今戸焼ということになるだろう。大都市江戸の成立に伴い、瓦や日常雑器としての土器の需要が生まれ、江戸市中から隅田川下流域左岸にかけて製陶業が各所に興った。その後、市街地の拡張などによって、各所に点在した産地は移転や廃止を余儀なくされたが、結果的に、今戸焼が残り、瓦や土品などの生産拠点として確立されていったのである。

　特に、江戸中期には瓦の需要が急増。また、江戸後期になると、隅田川周辺がにぎわうことになり、特に浅草が繁栄を極めた。それに伴い、今戸焼は瓦の他に土人形や箱庭道具、茶道具、火鉢など多くの種類のやきものをつくるようになり、隆盛期を迎えたのである。

主なやきもの

今戸焼
いまど

　台東区今戸で焼かれた土器。天正年間（1573～92年）に下総の千葉家一族が今戸村に移住し、瓦や土器を製作したのが始まり、と伝わる。

　貞享年間（1684～88年）に、陶工の初代白井半七が点茶用の土風炉を焼いて活躍。次いで享保年間（1716～36年）には、2代目半七が瓦器に施釉して楽焼風のものをつくった。代表的な作品が菓子鉢。これが今戸焼と呼ばれて評判になった、と伝わる。この頃、窯元の数は十数軒にも及んだ、という。以来、白井家が代々窯を継承し、4、5代目の頃から伏見人形に似た塑像玩具をつくり、今戸人形と称された。今戸人形の焼造は、天保年間（1830～44年）に最盛期を迎えている。

明治になっても、機械の導入など技術改革に努め、今戸焼の盛況は続いた。だが、明治中期以降、特に瓦製造が後退していった。一つには、市街地化に伴い、良質の土が採取できなくなったからである。職人たちは、中川流域や他県へ移住していった。さらに、大正12（1923）年の関東大震災後の区画整理や第2次大戦により、今戸焼は急速に衰えていった。

しかし、第2次大戦後には、また復活をみた。現在、白井家6代目が、招き猫・おかめ・福助など色彩やかな縁起物人形の製作を行なっている。

その他のやきもの

吉向焼 愛媛県生まれの吉向治兵衛（天明4〜文久元〈1784〜1861〉年）が、天保6（1835）年頃、小泉藩主片桐貞信の招聘で江戸に赴き、向島に築窯。晩年には津山藩主松平確堂の御用品を焼いた、という。江戸の吉向窯は、明治期に廃窯したが、江戸に来る前には大坂の十三にも開窯しており、その窯（十三軒松月と号する）は今日まで続いている。

隅田川焼 別名百花園焼。佐原鞠塢が文政2（1819）年に江戸向島の百花園で焼いた楽焼。都鳥香合や皿などがある。4代鞠塢は、京都や瀬戸から土を取り寄せて茶碗や花生などもつくった。廃窯の時期は不明。

高原焼 伝世品はあるが、操業に関しては不明な点が多い。一説には、肥後国（熊本県）高原郷の高原藤兵衛が承応2（1653）年頃に浅草本願寺前に開窯、天明6（1786）年あるいは天保4（1833）年に閉窯した、という。

茶堂焼 青梅市日向和田の茶堂で、幕末から明治にかけて岩松宗義が焼かせた、という。日常陶器が多い。窯跡もつぶされていて、伝世されているものも、当地で焼かれたかどうか不明である。

吾妻焼 本所の吾妻橋付近で明治3（1870）年頃につくられた楽焼で、ペンキで絵を描いてもいる。一時期、盛んに輸出された。

旭焼 明治政府の殖産興業政策推進のためにドイツから招かれたG・ワグネルによって、明治17（1884）年に文京区小石川に開窯された。色を自由にだせて貫入のない磁器の焼成に努め、釉下着画の色絵磁器を開発した。当初は吾妻焼と称していたが、すでにあった吾妻焼と区別するため、旭焼に改称した。明治29（1896）年、閉窯。

玉川焼 稲城市坂浜で嘉永年間（1848～54年）に榎本紫水が焼いた楽焼。ただし、紫水は4代目で、初代理兵衛は、元禄年間（1688～1704年）から、土瓶や徳利、植木鉢などの日常雑器を焼いた。5代目仙之助が跡を継いだが、明治中頃に廃窯。

都市部でのやきものは、人家が密集しているために、大規模な窯場に発達しない。瓦焼をのぞいては、個人窯が主流である。現代も、東京には個人窯が数多く存在するが、その個別な紹介は、ここでは割愛する。

Topics ● 浮世絵と落語

歌川広重『名所江戸百景』の中に「隅田河橋場の渡かわら竈」という図がある。橋場の渡しは、寺島村（墨田区堤通1丁目）と浅草橋場町（台東区橋場2丁目）との間にあった渡しのことである。都鳥が浮かぶ広い隅田川を前景に、立ち上る竈の煙によって筑波山と対岸を分割する構図になっており、洒落た風情がある。

その立ち上る煙こそが、今戸焼の竈からの煙。当時は、瓦を焼く竈が多く、いつも煙を吐いていた、という。

また、「今戸焼」と題した落語もある。夕刻、亭主が帰宅すると、女房がいない。独りぶつぶつ女房の不満をこぼしているところへ、近所のかみさん連中と芝居見物に行っていた女房が帰ってくる。すっかり膨れっ面の亭主を見て、女房は「お前さん、怒っている方が顔が苦みばしっていいよ」とおだてる。「家で待ってる俺の身にもなってくれよ」とこぼす亭主に、女房は「あたしだって、蔭で亭主のこと悪くはいってないわよ」という。「だが、おめえの芝居の話きいてるとよ、元っさんは宗十郎に似てるとか、三吉ッあんは吉衛生門に似てるとか、よその亭主のことばかりだ。で、俺は誰に似てるんだ」、と亭主。「お前さん、福助」「あの役者のか」「なあに、今戸焼の福助だ」、とおちがつく噺である。ちなみに、役者の福助は、夭逝した美貌の女形成駒屋5代目中村福助のこと、といわれる。

IV

◇──────────────◇

風景の文化編

地名由来

東京の不自然さ

　東京都という地域は極めて不自然な構成になっている。もともと江戸の街の文化は今でいう下町に育った。日本橋から浅草・銀座といったところが江戸の街の中心で、江戸城から北・西にいたる地域は大名屋敷や寺社が立ち並ぶといったエリアであった。

　今からおよそ100年前の地図を見ても、隅田川を越えた両国・向島あるいは深川辺りまでは街並みがあるものの、それより東はほとんど田んぼが広がっているだけで、街らしきものは存在していない。江東区・墨田区・足立区・江戸川区・葛飾区のエリアはそのほとんどが下総国に属しており、江戸の範疇には入らなかった。これらの地域が東京に組み込まれても、なお何十年間かは東京の街並みに至っていなかったのだが、戦後の経済復興によって、これらの地域は変貌を遂げていった。今や、これらの地域だけでも250万以上の人々が住んでいる。

　一方、東京の不自然さは西の方にもある。東京都は島嶼の地域を除くと、西に大きく伸びている。それは、ある時期から「三多摩」と呼ばれる地域が東京都に編入されたからである。

　明治5年（1872）、武蔵国多摩郡のうち、後の「南多摩郡」「北多摩郡」「西多摩郡」は神奈川県に移管されていた。一方、現在の杉並区・中野区に当たる地域は東京府に移管され、明治11年（1878）に「東多摩郡」となり、明治29年（1896）には「豊多摩郡」と改称されている。

　「三多摩」が神奈川県から東京府に移管されたのは明治26年（1893）のことだった。その理由の1つは、東京の飲み水である玉川上水の水源を確保することだったが、実はその裏には別な要因も働いていたという。それは多摩地区の自由民権運動にからんだ歴史である。

　三多摩地区は自由民権運動の一大拠点となったところで、明治憲法の草案なども発見されている。板垣退助を筆頭とする自由党がその先頭を切っ

ており、神奈川県下でも当局への強い抵抗を示していた。そこで、時の神奈川県知事の内海忠勝は密かに三多摩を東京府に移管する案を提出し、東京府もそれを受容するという話でことは進んでいたのである。

　これはそれなりによくわかる話だし、政治的なかけひきで今日の現実が生まれているということの証しになっている。

　三多摩が東京に移管されることで、現在の東京都が完成することになるが、それ以前、明治9年（1876）に小笠原諸島が、さらに明治11年（1878）には伊豆諸島が静岡県から移管されていたことを忘れてはならない。よく東京は「下町」と「山の手」から成っていると言われるが、それに加えて「三多摩」「小笠原諸島」「伊豆諸島」の5つのエリアから成り立っているのである。

　しかし、繰り返しになるが、現在の東京都はまとまりのつきにくいエリアになっている。神奈川県・埼玉県・千葉県のいわゆる首都圏と呼ばれる地域のほうがはるかに「東京」に近いと言える。

とっておきの地名

①秋葉原
あきはばら

　秋葉原をなぜ「あきはばら」と読むのかと一度くらいは疑問に思った方も多いだろう。近年、若者たちの間では「アキバ」という呼称が浸透していて、いかにもこれが正しいかのように思われている。だが、この秋葉原の真実はやはり「アキハ」なのである。

　ことの発端は明治2年（1869）12月12日に起こった大火にあった。神田相生町から出火した火災は神田一帯を焼き尽くして、罹災戸数は1,000軒に及んだ。大火の後、政府はここに火除け地を設け、その中心に火伏の神として知られる秋葉神社を勧請した。この「秋葉神社」から「秋葉原」という地名が生まれたのだが、問題はこの「秋葉神社」、何と呼ばれているかである。関東ではとかく「アキバ神社」と読んでしまうのだが、正式には「アキハ神社」と称している。

　このことを電話で直接確認したのだが、念のために静岡県の秋葉神社を訪問してみた。浜松駅から遠州鉄道に乗って終点に着き、さらに50分もバスに揺られてようやく秋葉神社の下社に着いた。その間、周囲の声に耳を傾けてもみたが、すべて「アキハさん」「アキハ神社」であった。

② 王子
おうじ

　北区は下町の風情のあるところだが、この王子は何となく違った雰囲気を持っている。この付近は、かつては「岸村」と呼ばれていたが、紀州牟婁郡の熊野若一王子を勧請したことによって生まれた地名である。王子とは、京都から熊野に至るいわゆる熊野詣での拠点となる熊野神社の末社のことである。王子には今も立派な王子神社が鎮座している。

　王子神社から石神井川を隔てて続く山が飛鳥山で、これも紀州新宮の飛鳥明神を勧請したことにちなんでいる。この地に桜を植えたのは8代将軍吉宗だったが、この吉宗、実は紀州藩の出身である。そんな背景があって、この王子はどことなく異国の風情を感じさせる。

③ 大塚
おおつか

　「大塚」というと、誰もが山手線の「大塚駅」周辺をイメージするが、本来の「大塚」は地下鉄丸ノ内線の「茗荷谷駅」近くにあった。駅の近くの三井住友銀行の研修所の敷地内に「地名『大塚』発祥の地」という石碑が建てられている。それによると、この地にかつて先史時代の古墳があって、「大塚」と呼ばれていた。さらに、滝沢馬琴の南総里見八犬伝に出てくる「大塚の里」はこの地であったという。

　結城の戦に出向いた「大塚番作」が大塚の里に戻ってみたら、すでに家督を奪われていたため、「大塚」を「犬塚」に変えたのだという。その息子が主人公の一人「犬塚信乃」である。

　ミョウガが栽培されていたという「茗荷谷」の一角にある深光寺という浄土宗のお寺の境内に、滝沢馬琴は妻とともに眠っている。

④ 恋ヶ窪
こい　くぼ

　国分寺市にその名も麗しい「恋ヶ窪」という地名がある。「恋ヶ窪」というのだから「窪地」であることはわかるが、問題は「どんな恋なのか」ということだ。

　昔、鎌倉時代に畠山重忠という人物がいた。秩父に居城していた重忠は、鎌倉に赴く時に必ずこの地に足をとめたのだという。この地は鎌倉から府中を経て奥州に向かう街道筋に当たり、妓楼も軒を連ねていたらしい。ここに夙妻太夫という遊女がいて、重忠は次第に心を寄せていった。

　ところが、重忠は頼朝の命で平家追討のために西国に出陣することになり、戦死してしまった。その知らせを聞いて太夫は「姿見の池」に身を投

じて死んでしまったという話である。

　里人は太夫の死を悼んで墓の脇に松の木を植えたが、その松は重忠を思ってか西へ西へと伸びていったという。今も新しい松はあるが、西には伸びていない。

⑤柴又 <ruby>柴又<rt>しばまた</rt></ruby>　　　寅さんの故郷である。この柴又の「柴」は「嶋」のことだとするのが通説である。古くは奈良時代の正倉院文書にも「嶋俣」と書かれている。「島（嶋）俣」から連想される光景は、多くの川が入り組んで流れ、点々と島がつながっているといったところだ。昔は今のような堤防もなく、川の流れは自在で、人々は小高い土地（島）に住んでいたと思われる。

　島俣が「柴又」に変わったのは室町期以降のこととされ、それ以降「柴亦」「芝俣」「芝亦」「柴又」などと書き分けられてきたが、意味は同じである。街並みの正面にある帝釈天は日蓮宗の寺院で、下総国中山法華経寺の日忠上人によって寛永6年（1629）に創建された。

⑥高田馬場 <ruby>高田馬場<rt>たかだのばば</rt></ruby>　　「高田馬場」と言えば、今では山手線の「高田馬場駅」の周辺を指して呼ばれるが、もともとの「高田馬場」は早稲田大学の近くにあった。「馬場」というのは馬術の訓練の場を指す言葉だが、その馬場は今の早稲田大学の裏手に続く台地の上にあった。高い場所にあったので「高田」と呼ばれた。ここは元禄7年（1694）、堀部安兵衛が仇討ちを果たしたところとして知られるようになった。

　JRの今の高田馬場駅が開業したのは明治43年（1910）のことだが、当初駅名を地元の地名にちなんで「戸塚駅」にしようとした．ところが同名の駅が神奈川県にあったため使えず、やむを得ず「高田馬場駅」にしようとした。しかし、この駅名には旧高田馬場の人々から「高田馬場からかなり離れているのに、高田馬場という名をつけるのはけしからん」というクレームが相次いだ。

　そこでひねり出したのは、そちらの高田馬場は「たかたのばば」だが、駅名は「たかだのばば」と呼ぶことにするという、知恵であった。これは悪知恵だったかもしれぬが、そのまま駅名は「高田馬場」になったという次第である。今はこちらのほうが有名になってしまった。

⑦**業平橋**〔なりひらばし〕　東京スカイツリーの開業に伴って東武伊勢崎線の「業平橋駅」は「とうきょうスカイツリー駅」に改称された。これはこれでやむを得ないことであろう。実はスカイツリーからほんの至近距離に「業平橋」という橋が今も存在する。この「業平」は、平安初期を代表する歌人で六歌仙・三十六歌仙の一人である在原業平（825〜880）にちなんでいる。業平はここで都に上ろうとして舟に乗ったのだが、その舟が転覆し、溺死したというのである。『江戸名所図会』によると、ここにかつて南蔵院という寺があって、その境内に霊を祀る業平神社があったのだという。

⑧**八王子・千人町**〔はちおうじ　せんにんちょう〕　「八王子」の地名はここに鎮座する八王子権現社に由来する。延喜年間（901〜923）というから10世紀の初めごろになる。この八王子市に「千人町」という町名がある。これはこの地に「千人同心」が置かれたことによる。家康は江戸に入ると、この地に八王子千人同心と関東一八代官の陣屋を設置した。同心とは下級武士のことで、奉行や所司代などの下で庶務・警察の役割を負っていた。

　同心はその多くが甲斐武田氏の旧臣で、いざという際に幕府を護るために戦うことが義務づけられていた。

⑨**日暮里**〔にっぽり〕　日暮里から谷中一帯はいつの頃からか「谷根千」と呼ばれ、レトロな東京の情緒を楽しむ人々で賑わっている。江戸の後期からこの辺りは「日暮らしの里」と呼ばれ、多くの文人が通った地域でもある。

　だが、もともとは16世紀の中頃に、遠山弥九郎の知行の中に「新堀」を築いたことによるものである。江戸時代にはずっと「新堀村」だったのだが、この山一帯の風景が余りにも美しく見事だったので、次第に「日暮里」という表記が広がって、また「日暮らしの里」とも呼ばれるようになった。「谷根千」とは「谷中・根津・千駄木」を省略したものだが、「谷中」は「谷の中」、「根津」は「本郷台地の根」、「千駄木」は「多くの木材を出したこと」に由来する。

⑩ **両国**（りょうごく） 文字通り、武蔵国と下総国を結ぶ両国橋ができたことにちなむ地名である。両国橋が架けられたのは万治2年（1659）とも寛文元年（1661）とも言われるが、そのきっかけは、明暦3年（1657）に起こったいわゆる明暦の大火であった。死者の数は10万人にも上るとされ、激しい炎から逃げようとする何万という人々が、隅田川を渡れず命を落としたという。

　幕府はもともと江戸を護るために、川に橋を架けることを原則として許してこなかったのだが、この大惨事に直面して橋を架けることに踏み切ったのであった。

難読地名の由来

a.「御徒町」（台東区）**b.**「横網」（墨田区）**c.**「尾久」（荒川区）**d.**「碑文谷」（目黒区）**e.**「蠣殻町」（中央区）**f.**「狸穴」（港区）**g.**「石神井」（練馬区）**h.**「軍畑」（青梅市）**i.**「分倍河原」（府中市）**j.**「人里」（西多摩郡檜原村）

【正解】
a.「おかちまち」（徒士という下級武士が住んでいたことによる）**b.**「よこあみ」（両国なので「よこづな」と読んでしまいがちだが、「網」にちなむ）**c.**「おぐ」（荒川区に「西尾久」「東尾久」がある。JRの「尾久駅」は北区にあり「おく」と読む。大食いに由来するか）**d.**「ひもんや」（街道筋に梵字を描いた石碑があった）**e.**「かきがらちょう」（文字通り貝殻があったことによる）**f.**「まみあな」（アナグマがいたとされる）**g.**「しゃくじい」（石の神信仰による）**h.**「いくさばた」（地元の三田氏と北条氏が戦った場所）**i.**「ぶばいがわら」（新田義貞が鎌倉幕府軍と戦った場所として知られる。六所の神を分配して祀る六所分配宮に由来するともいう）**j.**「へんぼり」（国境などを護る「辺防の里」か）

アメ横商店街（台東区）

商店街

東京都の商店街の概観

　老舗が軒を連ねる銀座と日本橋の二大商業地がオフィス街京橋をはさんで南北に対峙している。日本橋は百貨店を中心に、東京を代表する商店が集中する一方で、新しい商業施設や外資系高級ホテルが次々と誕生し、レトロなビルと相まって新旧の魅力が入り混じっている。銀座は百貨店や大型商業施設を中心に、映画館、劇場、ギャラリーなどの文化施設も集まり、東京のショールームとしての役割を持ち合わせた日本一の繁華街を形成している。

　江戸時代の初めに五街道の起点と定められてから、三井越後屋呉服店（現・日本橋三越本店）などの老舗が軒を並べ、商業集積をみせていた日本橋、明治期に入り、文明開化とともに西欧風都市計画を施した銀座が生まれ、中心地化した。さらに、1895年の甲武鉄道（現・JR中央線）牛込停車場（現・飯田橋駅）開設を機に発展し、「山の手銀座」と呼ばれ賑わいを見せた神楽坂をはじめ、麻布十番や神田、品川、四谷、大塚などの小売商業中心地が明治から大正にかけて形成された。

　1923年の関東大震災以降、中央線沿線を中心に郊外への住宅地開発が進行した。新宿を筆頭に、渋谷・池袋など山手線と私鉄各線の乗換え口としてのターミナル駅が生まれ、そこに盛り場と商店の機能を兼ね備えた商店街が発展・拡大した。1935年の商店街調査によると、当時の東京市（人口約586万人）では17商店街が取り上げられ、中心部では、銀座、人形町、上野広小路など6商店街が、周辺部では浅草雷門、亀戸、蒲田など11商店街が挙げられている。東京市以外では八王子（人口約6万人）の大通りが唯一記されている。

　戦後にかけてさらなる郊外部への拡大がみられ、1950年代以降、西部では、山手線よりも西側の中野、高円寺、阿佐ヶ谷、荻窪、下北沢、三軒

　【注】この項目の内容は出典刊行時（2019年）のものです

茶屋、自由が丘などの駅前に商店街が発展した。一方、東部、北部の下町では錦糸町、亀戸、谷中、三ノ輪、立石、赤羽などの商店街が成長し、現在も健在である。

東京には多くの商店街が点在しており、『東京都商店街実態調査報告書』（2017年）によると、都内には2,535の商業集積がある。なかでも「三大銀座」と呼ばれる「戸越銀座」「十条銀座」「砂町銀座」をはじめとして活気あふれる商店街が多い。阿波踊りのイベントに、毎年100万人もの見物客が訪れる「高円寺パル商店街」、農山漁村との交流を目指した「とれたて村」などの事業に取り組む「ハッピーロード大山商店街」など、独自の創意工夫を凝らした商店街が多数存在している。23区外でも町田のアメ横と言われる「町田仲見世商店街」や、商店街イベントで活性化を図る「立川市商店街連合会」などがある。

一方で、全国各地の商店街と同様に、経営者の高齢化・後継者不足などによる空き店舗の増加、百貨店・ショッピングセンターなど大型商業施設への買い物客の流出により商店街の減少傾向が続いている。今後の課題として、独自の個性を持つ東京の商店街が、まちづくり、観光資源の活用、外国人観光客集客の担い手として、「TOKYO商店街」のブランド化をいっそう進めていくことが大切であろう。

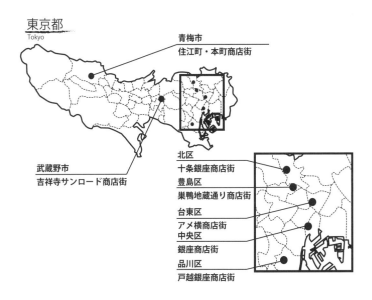

東京都
Tokyo

青梅市
住江町・本町商店街

武蔵野市
吉祥寺サンロード商店街

北区
十条銀座商店街
豊島区
巣鴨地蔵通り商店街
台東区
アメ横商店街
中央区
銀座商店街
品川区
戸越銀座商店街

銀座商店街 (中央区)

—日本の中心、東京の中心「元祖銀ぶら商店街」—

JR東京駅からひと駅、有楽町駅から東方向へ歩くこと数分で銀座エリアに入る。地下鉄（東京メトロ）を利用するとメインストリートの銀座通りに有楽町線「銀座1丁目駅」と、銀座線、日比谷線、丸ノ内線「銀座駅」があり、銀座にショッピングに来る人にとっては地下鉄利用者が半数以上を占めている。銀座に行くと、ほかの商店街にはない華やかさが今でも感じられる。銀座を歩くことが一種のステイタスであると言われてきた。この「銀ぶら」という言葉が出てきたのは大正時代の1915〜16年頃だという説がある。

「銀座」の地名は、江戸時代の「銀座役所」に由来する。1603年に江戸に幕府が開かれると、駿府（現・静岡市）にあった銀貨鋳造所を現在の銀座2丁目に移した。その場所の正式な町名は新両替町であったが、通称として「銀座」と呼ばれるようになった。1869年には銀座1〜4丁目が正式町名となる。1872年、出火により銀座築地一帯が焼き尽くされたため、明治政府は国家予算の4分の1と4年の歳月をかけて、銀座に西欧風都市計画を施した銀座通りと煉瓦街を完成させ、東京を代表する商業の中心地となった。1923年の関東大震災によって、銀座の商店は倒壊や火災でほぼ全滅してしまったが、その後商店が結束して復興に向けて動き出す。復興期の大正時代末期から昭和の初めにかけて、百貨店の進出が発展の大きな起爆剤となった。1924年に松坂屋（現・GINZA SIX）が開店以降、1925年に松屋、1930年に三越と3つの百貨店が銀座通りに揃い、地元の専門店と百貨店が共存共栄する現在のスタイルが確立した。

現在の銀座は南北方向の中央通り（銀座通り）を中心に、東西方向の桜通り、柳通り、マロニエ通り、松屋通り、晴海通り、みゆき通り、交詢社通り、花椿通り、御門通りが交差し、面的な広がりを見せている。

銀座1丁目から8丁目までの中央通りを中心に、東京を代表する老舗商店が軒を連ねている。なかでも、中央通りと晴海通りが交わる4丁目交差点には、1932年に建てられたネオ・ルネッサンス様式の和光本館の時計塔が銀座のシンボルとして有名である。また、商店だけではなく、劇場、画廊、博物館、企業のショールーム、高級ブランドの旗艦店、ビヤホール、

アンティークショップ、各県の特産品を扱うアンテナショップなど様々な施設や店舗が集中している。単なるショッピングだけの街ではなく、文化・情報・流行の集まる国際的な商業の街としての役割を担っている。

　そのため、銀座通連合会は1984年に、①銀座は創造性ひかる伝統の街、②銀座は品位と感性高い文化の街、③銀座は国際性あふれる楽しい街の3つの銀座憲章を制定して、商店街を挙げてまちづくりに努めた。21世紀に入り、国際化が進み、まちづくりに対しての様々な課題も上がってきた。「銀座らしさ」をどのようにして維持・発展していくかが当面の課題となっている。現在の銀座のまちづくりの底流に息づいているのが「銀座フィルター」という言葉である。銀座フィルターとは、文書や決まりごとではなく、銀座らしいものを選り分ける不文律、いわば紳士協定である。銀座らしくないものは、この目に見えないフィルターにかかって自然と消えていく。銀座らしいものだけが生き残る。こうした考え方が銀座のまちづくりに脈々と流れている。「銀座らしいもの」「銀座らしくないもの」をどう振り分けていくか、20年後、50年後、100年後の銀座がどう変化していくのか期待したい。

巣鴨地蔵通り商店街（豊島区）
―とげぬき地蔵を中心に発達したおばあちゃんの商店街―

　JR山手線巣鴨駅、都営地下鉄三田線巣鴨駅から都電荒川線庚申塚駅まで旧中山道沿いの800mにわたって巣鴨地蔵通り商店街がある。「おばあちゃんの原宿」と呼ばれ、全国的にも有名となった商店街は、「歴史と文化を大切にした、触れ合いのある人にやさしい街」を基本コンセプトにしている。商店街入口にかけられたアーチの下には「ぶらり・お参り・ゆったり・巣鴨」の垂れ幕が見える。商店街マップにも商店街のスローガン「人々の安らぎ空間であるとともに、生活空間として日々活況にあふれた商店街」という説明が書かれている。

　アーケードのない道路に面した両側に約200軒の店がある。この商店街の特徴として、大型店が1店もなく、すべて個人商店で構成されている点である。業種別に見ると、衣料品・雑貨・生活小物・靴・鞄などの店が約60軒と一番多く、次に、食堂・喫茶・和菓子・甘味処の店が40軒近くある。ほとんどの店は看板も大きな字で書かれていて、どんな店かわかりやすい。品揃えも豊富で値段も安い。赤パンツ専門店や介護用品の店など、この商店街を訪れるお年寄り向けの店が目立つ。

商店街のアーケードの入口から数分歩くと「とげぬき地蔵尊」という名で親しまれている曹洞宗の名刹高岩寺がある。この寺は1596年に開創され、1891年に巣鴨に移ってきた。ご本尊であり、「とげぬき地蔵」として霊験あらたかな延命地蔵尊は、多くの人々から信仰を集めている。とげぬき地蔵尊縁日（毎月4・14・24の日）には、片側200近くの露天商が立ち並び、たくさんの人が訪れる。高岩寺以外にも、巣鴨には中山道の玄関口にある眞性寺のお地蔵様をはじめ、江戸時代に中山道の休憩所として賑わっていた巣鴨庚申塚も商店街の近くにあり、巣鴨参りの名所が多い。

　巣鴨地蔵通り商店街は、中小企業庁の「がんばる商店街77選」にも入っている。商店街としては東京のみならず全国から訪れる広域型商店街であるが、ただ店を訪れるだけではなく、とげぬき地蔵や庚申塚など信仰の対象として訪れる人も多い。参拝客と買い物客がとけ合い、信仰と商業の2つの顔を持った商店街とも言える。のんびりと歩きながら周囲を散策するには絶好の商店街である。

アメ横商店街（台東区）
―舶来雑貨の殿堂、闇市パワー健在のガード下商店街―

　JR山手線上野駅から御徒町駅までの約500mのガードを中心とした付近は「アメ横」と呼ばれ、神戸-元町-三宮間と並ぶ、二大高架下商店街である。終戦直後に自然発生した闇市に起源があるが、「アメ横」の名称には諸説ある。当時人気を集めた「飴」を甘さに飢えた人々が買い求めて飴屋が軒を並べたことからアメ横になったとか、1950年に勃発した朝鮮戦争によって米国製品を大量に軍需物資として扱い発展したことから、アメリカ横丁がなまってアメ横になったとか言われている。

　現在のアメ横には、衣料品、装飾品、化粧品、バッグ、スポーツ用品、食料品、靴、万年筆、時計、喫煙具など、多様な商品を取り扱う商店が約90店集まっている。なかでも、年末の買出しは年の瀬の風物詩となっている。高架下商店街は、屋根付きではあるが道は狭く、迷路のように入り組んでいる。1950〜60年代にかけては輸入時計やライター、カメラ、化粧品、万年筆などの舶来雑貨を安く買うことができ、「舶来品横丁」の性格が強かった。しかし、現在では、こだわりの商品を置くセレクトショップ的な専門店が多くなり、舶来品だけではなくなりつつある。アメ横の名称も「高架下の超専門店街　アメ横ウェルカムモール」となり、2011年にはガード下の珍獣アイドル「ウェルモパンダ」を誕生させ、さらに

2014年にはアメ横ご当地アイドルをデビューさせたりして、イメージの一新を図っている。とはいえ、雰囲気は今でもかつての闇市の雰囲気を残している。客と店員との対面販売が中心で、お店の人と顔馴染みになると割引率も高くなるようである。

アメ横高架下商店街に隣接して、JR高架の西側にアメ横通り、東側に御徒町駅前通りの2つの商店街がある。アメ横通りにある「アメ横センタービル（1958年完成）」の地下には、世界各地の食材を集めた食料品・魚屋などがあり、外国からの観光客や近隣に居住している外国人にも好評である。近年は少しずつ、周辺の商業施設の再開発が進みつつあり、松坂屋上野店をはじめとする大型商業施設も賑わいを見せている。アメ横高架下商店街が周辺の商業施設と共存しながら昔ながらの闇市的な面白さをどこまで保っていくことができるか期待したい。

十条銀座商店街（北区）
―名物がないのに自然と人が集まる実力派商店街―

JR埼京線十条駅北口から歩いてすぐのところに十条銀座商店街がある。実際に歩いてみると一見どこにでもある普通のアーケード（全長約370m）商店街に見えるが、個人商店主体の商店街全体に活気があふれていることを肌で実感することができる。買い物客とお店の人との距離が近い。十条駅周辺には、北口に十条銀座商店街と連続して富士見銀座商店街があり、南口には中央商店街がある。東京では品川区の荏原銀座、江東区の砂町銀座と並び、東京三大銀座商店街に挙げられている。

1923年の関東大震災で避難してきた東京周辺の商店主が集まって大正時代の終わりに原形ができたと言われている。現在、この商店街には全体の約3割を占める生鮮品や日用品をはじめ、多彩な業種が約180店ほど集まっている。東京オリンピックが開催された1964年の商店街名簿を調べると173店舗が掲載されていて、現在と店の数自体はほとんど変わっていないが、1964年当時から続けている店は約40店舗である。アーケードは1977年に設置され、1997年にリニューアルされた。商店街の道幅はあまり広くない分、両側の店を眺めながら買い物ができる。特筆すべきは、生鮮食料品店をはじめ、あらゆる商品が、ほかの地域と比べて2～3割安いと言われている。商店街の商圏は半径約1.5km以内と比較的狭く、徒歩か自転車での買い物客が中心であるが、物価の安さと品数の豊富さを求めて、遠くは埼玉、横浜、渋谷方面からも買い物客が来るそうである。生鮮

食料品と並び、惣菜を扱う店が多く、「惣菜天国」と言われている。お年寄りから1人暮らしの学生にとって、朝、昼、晩とおかずやごはんを安く買うことができるありがたい商店街である。

　こんな商店街はなかなかありそうでない。毎日来ても飽きない商店街である。昭和の商店街の雰囲気を色濃く残しながら、つくられたレトロ感はない。新旧が混在しているが古臭くもなく、新し過ぎることもない。特にこれといった名物がないのに自然と人が集まるホッとする商店街である。

戸越銀座商店街（品川区）
―日本で最初にできた元祖「〇〇銀座」商店街―

　日本の商店街のなかには「銀座」と名の付く商店街はあらゆるところにあり、その数は350前後と言われている。東京・銀座以外で最初に銀座を名乗った商店街が戸越銀座である。中原街道から第二京浜国道を経て三ツ木通に至る、全長約1.3kmにわたって伸びる東京でも有数の商店街である。最寄駅は東急池上線「戸越銀座駅」で、近くには都営浅草線「戸越駅」もあり、アクセスも充実している。この商店街は3つの商店街振興組合で構成されていて、合計で約400軒の店舗が軒を連ねている。商店街にはアーケードがなく、自動車も通るが、月曜から土曜の15～18時と日曜・祝日の14～19時は、買い物専用時間帯として歩行者専用となっている。

　戸越銀座商店街の誕生のきっかけとなった理由は2つある。1つ目は、1923年の関東大震災で壊滅的な被害を受けた東京の下町や横浜の商業者たちが、当時発展の著しかった品川区大崎周辺の工場地帯の一角を占めていたこの付近に活路を見出して集まってきたことである。2つ目は、1927年に「戸越銀座駅」が開業し、それまで散在していた周辺の商店が駅を中心に集まってきたことである。戸越銀座駅前の「駅誕生88年目の決意」と書かれた木のプレートが駅と商店街との強い結び付きを象徴している。

　戸越銀座商店街連合会が作成した商店街マップを見ながら歩くと、改めて、活気ある商店街の規模の大きさに驚く。生鮮食料品やグルメ関連の店を中心に、美容、医療、不動産から日用品、リサイクル、クリーニング、葬儀など、あらゆる業種の店があり、地元密着の商店街の風格を感じさせる。また、3つの商店街振興組合が結束して「戸越銀座ブランド」事業を進めてきたことも知名度アップの1つとなっている。統一ロゴをつくり、パッケージには戸越銀座商店街の由来を記し、ケーブルテレビでCMを流し、マスコットキャラクター「戸越銀次郎」や名物「戸越銀座コロッケ」

を生み出すなど商店街の底力がある。「とごしぎんざまつり」をはじめとするイベント事業にも積極的に取り組み、量販店や大型店ではまねのできない、個人商店ができる強みを最大限に活かした商店街活性化事業にチャレンジしている。

吉祥寺サンロード商店街 （武蔵野市）
―住みたい街の行きたい商店街―

　住みたい街として人気の吉祥寺にある JR 吉祥寺駅北口から五日市街道を結ぶ約300ｍの間のアーケード商店街である。前身は吉祥寺駅北口商店街と呼ばれ、1971年のアーケード完成時に吉祥寺サンロード商店街と名称を変更した。駅北口にはダイヤ街チェリーナード、元町通りなどいくつもの商店街が面的に広がっている。駅南口には緑豊かな井の頭公園も隣接し、衣、食、住の何でも揃った人気のある住みたい街である。

　商店街は駅北口に集中している。かつては、商店街の周辺には伊勢丹百貨店（1971年開店～2009年閉店）や近鉄百貨店（1974年開店～2001年閉店）などの百貨店もあったが、今では北口に東急百貨店、南口に丸井があるのみで、伊勢丹はコピス吉祥寺という複合商業施設に、近鉄はヨドバシカメラに業態変更した。

　サンロード商店街のアーケードは2004年に改築され、LED 照明を使い、明るく開放的なメンテナンスフリー・バリアフリーな点が評価され、建築・環境デザイン部門の「グッドデザイン賞」を受賞している。商店街内には、吉祥寺駅からの距離が建物ごとにメートル単位で表示されていて、面白い。また、駅北口から五日市街道にかけて、A 地区から G 地区まで分けられている。業種構成も物販（ファッション、ドラッグストアなど）、飲食（食事スペース）、サービス（美容、娯楽、健康など）、その他（医療、不動産など）とバランスよく分散して配置されている。

　実際に歩いてみると、アーケードは開閉式で昼間と夜間では雰囲気も異なり、スクリーンに映像も写されて、商店街の情報も得やすい工夫がされている。商店街のなかには、各店の看板と並んで「いい店いい街サンロード」とフラッグ（旗）も統一されていて、面白い。人通りも多く、どの店も活気がある。商店街の周辺にはアートギャラリーや雑貨、アンティークショップ、ライブハウスから「ハモニカ横丁」と呼ばれているディープな飲み屋街もあり、街全体が吉祥寺らしさを演出している。

住江町・本町商店街 （青梅市）

—街全体に名作映画の看板が飾られた昭和レトロ商店街—

　東京駅から中央線の直通快速に乗って約80分で青梅駅に到着する。ここが東京都かと思うほどのどかな風情が感じられる駅である。改札口に至る地下の通路には『鉄道員』や『終着駅』などの名作映画の看板があり、驚かされる。駅舎も駅名のプレートもレトロなイメージで統一されている。東京都の西多摩地域の中心都市である青梅市は、人口約13.5万人の旧青梅街道沿いの宿場町から発展してきた。青梅は綿織物を中心とした繊維産業が発達し、第2次世界大戦前までは「夜具地」と呼ばれる布団に使われる布地の生産で全国的に知られていた。現在では生産されていないが、40年以上前に生産された生地の反物を使ってポーチやノートなどの小物が土産物として売られている。かつては空前の織物景気で、西多摩唯一の繁華街として人が集まり、活気にあふれていた。

　青梅市中心商店街は、旧青梅街道沿いにある住江町と本町の2つの商店街である。2つの商店街とも古い街並みを保っていて、個人商店が中心となっている。最近の商店街には珍しく大型スーパーマーケットやコンビニエンスストアもない、昔ながらの昭和の風情を色濃く残している。各店舗の看板には商店主が選んだ懐かしの名作看板が飾られている。面白いことに、店の業種に合わせた映画看板が使われていて、非常に凝っている。

　これらは、青梅市在住の看板絵師・久保板観の手によるものである。彼は1950年代当時に青梅市内にあった3つの映画館の看板絵師として活躍していた。また、赤塚不二夫自身が青梅に住んでいたのではないが、漫画家になる前に、父親の故郷・新潟の看板店に勤め、映画看板描きの仕事を手伝っていたことから、旧青梅街道は別名「赤塚不二夫シネマチックロード」と名づけられている。

　近年は大型スーパーマーケットも撤退し、空き店舗も目立ってきた商店街を何とか復活させようと、若手商店主が中心となって考え出したのが名作映画看板とレトロな街並みである。住江町商店街には「昭和レトロ商品博物館」や「青梅赤塚不二夫会館」などの観光施設もつくられている。本町商店街の「まちの駅・青梅」には青梅市の特産品である梅干し、わさび、地酒、吸水性の高いタオルや青梅夜具地が売られ、好評を博している。

　これまではどちらかと言えば、奥多摩や御岳山ハイキングへの通過点として立ち寄る機会が少なかった青梅ではあるが、これだけ東京都心から近

いところに昭和の風情を色濃く残した商店街は珍しい。レトロな建物や横丁も多く、のんびりと散策するには絶好の商店街である。

コラム

『昭和10年全国商店街調査』

　昭和10（1935）年に商工省が商店街に関して実施した調査。昭和恐慌の波を受けて、商店街が近代化への解決を模索していた時期であった。全国の主要な商店街のほとんどを対象としており、「詳細かつ大規模かつ網羅的」な調査と言われている。商店街だけでなく、まちづくり、流通政策にとっての貴重な資料となっている。

〈調査項目〉

　「商店街の位置、長さ」「商店街の街路の幅員、路面、勾配」「商店街小売店の構成」「商店街の小売店以外の構成」「商店街小売店の営業状態」「商店街の顧客」「商店街の動き」「商店街の団体組織」「商店街の共同施設」「商店街の夜店、露店」「商店街の娯楽機関」「商店街の大衆密集場」「商店街の地価、家賃」「商店街地図」「商店街の更生策」等

〈調査対象都市〉

　（大都市）東京市、横浜市、名古屋市、京都市、大阪市、神戸市

　（北海道）室蘭市、旭川市、札幌市、小樽市、函館市（東北）青森市、弘前市、秋田市、盛岡市、酒田市、鶴岡市、山形市、仙台市、福島市、郡山市（関東）宇都宮市、栃木町、前橋市、高崎市、水戸市、八王子市、横須賀市（北信越）新潟市、長岡市、高田市、直江津市、富山市、高岡市、金沢市、敦賀町、長野市、上田市、松本市、甲府市（東海）岐阜市、大垣市、清水市、静岡市、濱松市、豊橋市、岡崎市、一宮市、半田町、津市、宇治山田市（近畿）大津市、明石市、姫路市、和歌山市（中国）鳥取市、米子市、松江市、岡山市、福山市、尾道市、広島市、呉市、宇部市、下関市（四国）徳島市、松山市、宇和島市、高知市（九州）門司市、小倉市、戸畑市、八幡市、若松市、直方市、飯塚市、福岡市、久留米市、大牟田市、佐世保市、長崎市、中津市、別府市、大分市、熊本市、延岡市、宮崎市、都城市、鹿児島市、那覇市

　［外地］平壌府、京城府、仁川府、大邱府、木浦府、大連

　『昭和10年全国商店街調査（全14冊）』（2007、8年復刻）不二出版

花風景

新宿御苑のキク

　17世紀初頭、江戸に徳川幕府が開かれ、19世紀後半に明治新政府が置かれ、京都からの遷都も経て、約400年以上にわたり政治、経済、文化の中心であり続けている。関東平野を中心に、北は江戸川、南は多摩川、西端部は関東山地で、武蔵野台地から東に進むにつれて低地となり、東京湾に臨む。江戸時代には玉川など上水が多く整備された。大名屋敷跡、花見の名所、園芸文化など江戸の遺産が多く残っている。太平洋側の暖温帯の気候で、伊豆諸島や亜熱帯の小笠原諸島など豊かな自然地域も含んでいる。

　花風景は、近世の大名屋敷跡や太政官公園となった花見の名所、神社の梅林やツツジ園、キクの園芸文化など江戸時代の遺産が中心で、近代の都市公園のサクラ名所、伊豆諸島のツバキなども特徴的である。

　都の花はバラ科サクラ属のソメイヨシノ（染井吉野）である。花のみが咲き誇る満開、一瞬に散る花吹雪、早い成長から、多くの人々が最も愛で、最も広く普及したサクラの園芸品種である。江戸末期に染井村（現豊島区駒込）で植木職人がエドヒガンとオオシマザクラの雑種を接ぎ木で増やした。当初は吉野桜と呼び、明治になってソメイヨシノと命名された。

新宿御苑のサクラとキク

*春・秋、国民公園、
日本さくら名所100選

　江戸時代に信州高遠藩主、内藤氏の屋敷があったこの地は、1872（明治5）年に、近代農業振興を目的とする内藤新宿試験場が設置され、その後、宮内省所管の新宿植物御苑となり、1906（同39）年には日本初の皇室庭園である新宿御苑が誕生した。17（大正6）年からは観桜会（現在は、内閣総理大臣主催の「桜を見る会」）、29（昭和4）年からは観菊会（現在は、環境大臣主催の「菊を観る会」）の会場に定着した。45（同20）年5月の空襲では

　凡例　＊：観賞最適季節、国立・国定公園、国指定の史跡・名勝・天然記念物、日本遺産、世界遺産・ラムサール条約登録湿地、日本さくら名所100選などを示した

旧御涼亭と御休所を残して、ほぼ全焼という大きな打撃を受けた。戦後、国民公園として運営されることとなり、49（同24）年5月、国民公園新宿御苑として一般に開放された。現在の所管は環境省である。フランス式整形庭園、イギリス風景式庭園と日本庭園を巧みに組み合わせた庭園は、明治時代の代表的近代西洋庭園である。約65種、約1,100本の特色あふれるサクラが植えられ、種類によって開花期が異なるので、長い期間いろいろなサクラが楽しめるのが特徴である。また、皇室の伝統を受け継ぐ菊栽培が続けられ、菊花壇は、回遊式の日本庭園内に上家といわれる建物を設け、懸崖作り花壇、伊勢菊・丁子菊・嵯峨菊花壇、大作り花壇、江戸菊花壇、一文字菊・管物菊花壇、肥後菊花壇、大菊花壇など独自の様式を基調に飾り付ける。

上野恩賜公園のサクラとハス　　＊春・夏、日本さくら名所100選

　上野恩賜公園は、台東区にある総面積約53ヘクタールの東京都の公園で、通称は上野公園である。「上野の森」や「上野の山」とも呼ばれる。この台地は、江戸寛永年間（1624～44年）に寛永寺の境内地となり、大伽藍が建設された。その後元禄期以降に、花見の場所として公開されると、サクラの名所として賑わいをみせるようになった。歌川広重の「名所江戸百景」の「上野清水堂不忍ノ池」には満開のサクラが描かれている。また、不忍池は江戸随一のハスの名所として賑わい、池畔には茶屋などが建ち並び、上野の山とともに江戸有数の行楽地となった。幕末の動乱の際、上野の山は彰義隊と官軍の戦場になり、荒廃した。1873（明治6）年太政官布告で公園となり、宮内省が所管した時期があったが、1924（大正13）年、皇太子御成婚を記念して東京市に下賜され、上野恩賜公園となった。明治時代に上野公園が開設されると、上野公園一帯は博覧会をはじめとする日本の国家的な文化行事の開催の場となった。その流れを受け継ぐように、博物館（東京国立博物館、国立科学博物館）、美術館（国立西洋美術館、東京都美術館など）、動物園（恩賜上野動物園）などの多様な文化施設が設置され、わが国を代表する文化施設が集積する地区になっており、その年間利用者総数は約1,200万人である。園内一帯には、ソメイヨシノを中心に、オオカンザクラ、ヤマザクラなど約30種、約1,000本のサクラが咲き、春には花見の名所として約200万人の花見客が訪れる。地域住民と東京都・台東

区が協力した「上野桜守の会」が定期的に手入れを行っている。夏には池の一部を覆い尽くすほどのハスが生える不忍池は、戦後の一時期は水が抜かれて水田となり、その跡地に野球場を建設する案なども出されたが、49（昭和24）年に池のまま保存する合意がなされ現在に至っている。牡丹展・さつき展・骨董市・うえの夏まつりが開催されるなど、下町独自の文化を活かしたさまざまな行事や催事も催されている。

隅田公園のサクラ　　＊春、日本さくら名所100選

　隅田公園は、隅田川右岸の台東区と左岸の墨田区にまたがる公園である。墨田区側は、江戸時代からのサクラの名所である「墨堤の桜」と水戸藩の下屋敷「小梅御殿」の跡地が主体で、台東区側は新たに造成された区域が主体となっている。関東大震災後の復興のため、後藤新平の主導により、1931（昭和6）年、国施行の東京復興公園として誕生した。墨堤の桜は、四代将軍家綱の命で、皆と共に楽しむためにとサクラを植えたのが始まりで、1717（享保2）年には八代将軍吉宗が100本のサクラを植えた。現在は、隅田区側に約340本、対岸の台東区側にも約600本のサクラが植えられ、隅田川の両岸を約1キロにわたりサクラ並木が続く。震災から公園として復興する際に、大名庭園の池や遺構は、隅田公園の日本庭園に取り込まれた。

小金井公園のサクラ　　＊春、日本さくら名所100選

　小金井公園は、都立の都市公園で、都立公園の中で最大規模の約80ヘクタールの広大な敷地を持つ。南側には東西に五日市街道が通り、そこに沿って玉川上水が流れている。東京緑地計画を元に紀元二千六百年記念事業として計画された「小金井大緑地」が原形で、1954（昭和29）年1月に小金井公園として開園した。園内には雑木林と芝生が広がり、50種類、約1,700本のサクラがある。特に、約5.8ヘクタールある桜の園には約20種類、約380本のサクラが植えられている。「小金井公園桜守の会」が公園管理者と協働で、観察調査、根元保護、後継樹育成の接ぎ木などの活動を行っている。近隣の玉川上水の両岸のサクラ並木は、1737（元文2）年頃に植えられ、初代歌川広重が描いた「江戸近郊八景之内小金井橋夕照」などによって有名になり、「小金井桜」として毎年春には観桜客で大変賑わい、明治天皇をはじめ皇族も見物に訪れたほどで、1924（大正13）年に名勝に指定された。

しかし、1950年代になると五日市街道の拡幅整備により交通量も増え、サクラ並木も衰えてかつての面影はすっかり消えたことから、それに代わるものとして小金井公園に多くのサクラが植えられた。

井の頭恩賜公園のサクラ　＊春、日本さくら名所100選

　井の頭恩賜公園は、井の頭池、雑木林と自然文化園のある御殿山、そして運動施設のある西園、西園の南東にある第二公園の4区域からなり、総面積は約43ヘクタールある。井の頭付近一帯は1889（明治22）年に帝室御料林になり、1913（大正2）年に公園用地として東京都に下賜され、17（同6）年に公園として開園したもので、恩賜公園の名がついた。公園全体で約500本のサクラがあり、特に池の周囲には約250本のサクラが枝を広げている。七井橋の上からは満開のサクラが池にせり出して咲く様を眺めることができ、水面に散りゆく花吹雪も風情がある。西園には多くの品種のサクラがあり、早咲きのサクラが3月上旬頃から咲き出し、ヤエザクラやシダレザクラなどが次々と咲く。井の頭池は、古くから江戸近郊の名所として知られた所で、『江戸名所図絵』は、三代将軍家光が鷹狩りに訪れて池のかたわらのコブシの木に小刀で「井の頭」と彫りつけたのが池名の由来であるという説を伝えている。安藤広重は《名所雪月花》の中で、「井の頭の池弁財天の社雪の景」を描いた。井の頭池は初めて江戸に引かれた水道である神田上水の源であり、1898（明治31）年に改良水道ができるまで人々の飲み水として使われていた。

多摩森林科学園サクラ保存林のサクラ　　＊春

　八王子市高尾にある多摩森林科学園は、1921（大正10）年2月に宮内省帝室林野管理局林業試験場として発足し、88年（昭和63）年に多摩森林科学園となった。森林総合研究所の支所の一つとして、サクラの遺伝資源に関する研究などを行っている。8ヘクタールあるサクラ保存林は、各地の公園、神社、寺院などにあるサクラの銘木・古木の遺伝子を保存するために66（同41）年に設置が決まり、江戸時代から伝わる栽培品種や国の天然記念物に指定されたサクラのクローンなど、全国各地のサクラ約250種、約1,400本が植えられている。同じ場所に植えられた多種類のサクラについて、81（同56）年から30年以上にわたりの開花期の観測が継続されてい

る。咲く時期は種類によっていろいろで、2月中旬から4月下旬にかけて順次見頃となる。

亀戸天神社のフジとキク　＊春、秋

　亀戸天神社は、菅原道真をお祀りしており、古くは九州太宰府天満宮に対して東の宰府として「東宰府天満宮」、あるいは「亀戸宰府天満宮」と称されていた。1873（明治6）年に亀戸神社と号し、1936（昭和11）年に現在の名となった。江戸時代から「亀戸の五尺藤」「亀戸の藤浪」として広く親しまれていた、15棚100株のフジがある。歌川広重の《名所江戸百景》の「亀戸天神境内」にも境内の太鼓橋とフジが描かれている。天神社では、菊の花も好んだ菅原道真を偲び、神前において菊の花を賞賛した詩歌や連歌を奉納する催し物が行われていたが、1986（昭和61）年からは「菊まつり」が開催されるようになった。本殿の正面を取り囲むように、大作り、懸崖、ダルマ、管物、厚物、大木に菊の花を仕立てた木付など、約500鉢を展示している。菅原道真像のそばにある「五賢の梅」も有名で、1本の木に、白梅と紅梅が咲く。

湯島天満宮のウメ　＊冬

　湯島天満宮は、451年に雄略天皇の命令によって天之手力雄命を祀る神社として創建されたと伝えられている。1355（文和4）年には菅原道真が神社に合祀された。江戸時代になると、徳川家から信仰されるようになり、将軍家お抱えの学者や文人も多数参拝に訪れるようになった。江戸時代後期になると、富くじが境内で行われ、庶民のあいだで大変人気となる。菅原道真に縁ある花として、あらゆる場所にウメが植えられ、境内には約350本のウメがある。うち約300本が樹齢約70〜80年の白梅で、「湯島の白梅」といわれる。泉鏡花の『婦系図』をはじめとして、数多くの文学や歌謡の題材になってきた。園内には泉鏡花の筆塚がある。

根津神社のツツジ　＊春

　根津神社は、約1,900年前、日本武尊が千駄木の地に創祀したと伝えられる。江戸時代、五代将軍徳川綱吉は世継が定まった際に現在の社殿を奉建し、千駄木の旧社地より御遷座した。その時代に上州館林からツツジ

が移植され、「つつじが岡」と称された。現在では、約100種3,000株のツツジが植えられて、都内有数のツツジの名所として賑わう。「文京つつじまつり」は露天が並び賑わう。権現造りの本殿・幣殿・拝殿・唐門・西門・透塀・楼門の全てが欠けずに現存し、国の重要文化財に指定されている。森鴎外や夏目漱石といった日本を代表する文豪が近辺に住居を構えていたこともあり、これらの文豪に因んだ旧跡も残されている。

向島百花園のハギ　＊秋、史跡および名勝

　向島百花園は、文化・文政期（1804～30年）に、骨とう商を営んでいた佐原鞠塢が、交遊のあった江戸の文人墨客の協力を得て、向島の地に、花の咲く草花鑑賞を中心とした花園をつくったのが始まりである。開園当初は360本のウメが主体で、当時有名だった亀戸の梅屋敷に対して「新梅屋敷」と呼ばれた。その後、詩経や万葉集などに詠まれている歴史的な植物を集め、宮城野萩や野路の玉川の山吹など諸国の名所の名花名草を取り寄せて植え込むなど、四季を通じて花が咲くようにした。百花園の名称は、一説では、「梅は百花に魁けて咲く」または「四季百花の乱れ咲く園」という意味で付けられたという。明治末期に、洪水による被害などによって一時荒廃したが、隣接して別荘を構えていた小倉石油社長小倉常吉が買い取り、園内の旧景保存に努め、1938（昭和13）年10月に小倉未亡人から東京市に寄付された。第2次世界大戦の際、大空襲のためすっかり損壊したが、1949（昭和24）年から東京都により復興が図られ、78（同53）年、江戸時代の庶民文化の遺産として特異な存在であることから、国の名勝および史跡の指定を受けた。「萩のトンネル」が有名で、ミヤギノハギとシロバナハギの2種類、合わせて約120株が、アーチ状に組まれた竹を覆うように枝を伸ばし、高さ約2メートル、幅1.6メートル、長さ30メートルの見事なトンネルを形づくっている。トンネルは、大人2人が並んで歩いても十分に余裕がある。鞠塢が亡くなった時に行われた放生会の歴史を継ぐ「虫ききの会」が8月下旬に行われ、マツムシやスズムシを放って夜間公開する。入口付近の庭門には、蜀山人の扁額（横長の額）がかかげられ、芭蕉の句碑を含め、合計29の句碑、石柱が随所に立つ。毎年、春の七草を籠に仕立て七草籠をつくり、皇室に献上している。

神代植物公園のバラ　＊春、秋

　この都立公園は、もともと東京の街路樹などを育てるための苗圃だった場所に、1971（昭和46）年に都内では唯一の植物公園として開園した。変化に富んだ園内に、約4,500種類、10万株の植物が植えられている。バラ園、はぎ園、さくら園、ふくじゅそう園、花モモ園、梅園、さるすべり園、ぼたん園など、散策路に沿ってブロックごとに植物が植えられている。バラ園は、シンメトリックに設計された沈床式庭園になっており、野生種やオールドローズをはじめ、約40品種、約5,200本の春バラ、約300品種、約5,000本の秋バラが植えられている。2009（平成21）年6月に開催された第15回世界バラ会議で「世界バラ会連合優秀庭園賞」を受賞した。

伊豆大島のヤブツバキ　＊冬、富士箱根伊豆国立公園

　伊豆大島は、東京から南へおよそ120キロに位置する島で、島には約300万本のツバキが自生している。大島公園の椿園は、約7ヘクタールの敷地に、自生種であるヤブツバキ約5,000本、ツバキの園芸品種約1,000種、3,200本を有する。「椿資料館」には、江戸時代の絵巻《百椿図》のレプリカや、大島の古い地層から出土したツバキの葉の化石などが展示されている。島内では、ツバキのトンネルや、樹齢300年を超えるとされるツバキの大木などを見ることができる。伊豆大島での産業的な椿精油は江戸時代中期〜後期に始まったとされ、食用、灯用、薬用、化粧用とさまざまな用途で使われてきた。伊豆大島で最も普通に行われてきたツバキ栽培方法は、雑木林をツバキだけ残して伐採し椿山にするというもので、また、防風林として山畑の境に並木のように植えられてきた。1964（昭和39）年に発表された、都はるみの歌謡曲『アンコ椿は恋の花』（星野哲郎作詞、市川昭介作曲）が大ヒットし、伊豆大島を代表する歌になった。「アンコ」は、伊豆大島の言葉で目上の女性に対する敬称「姉っこ」がなまったものといわれ、現在では、絣の着物に前垂れ、頭に手ぬぐいをした女性の通称となっている。

公園 / 庭園

浜離宮庭園

地域の特色

　1603（慶長8）年、江戸に徳川幕府が開かれ、1868（慶応4）年、江戸が東京と改名されて明治新政府が置かれ、京都から遷都した。約400年以上にわたりわが国の首都として政治、経済、文化の中心であり続けた地域である。東京都の面積はわが国3位の小ささであるが、人口は群を抜いて1位で今も一極集中が進んでいる。関東平野を中心に、北は江戸川を境に千葉県に、南は多摩川などを境として神奈川県に接している。西端部は関東山地で埼玉・山梨県境に東京都最高峰の雲取山がそびえ、山麓には高尾山を擁し、東に進むにつれて、関東平野の多摩・狭山の丘陵地、武蔵野台地、沿岸の沖積低地となっている。

　行政区は東部の低地を占める東京都23区と、西部の台地・丘陵・山地を占める市町村からなる三多摩地区に大きく分けられ、三多摩地区には多摩川沿いにそれぞれ東から府中、八王子、青梅の町が中心となっていた。武蔵野台地の東に標高約50mの山手台地が連なり、その東縁部には石神井・井の頭などの湧水池が南北に並び、東端は上野・芝・品川などの崖で終わる。山手台地は浸食による谷地形が発達し、斜面や坂道が多くなっている。また、今は一部が暗渠化されたりしているが、神田川、渋谷川、目黒川などの川も流れる。武蔵野台地の南端には明瞭な崖が連なり、湧水や清流が見られる。江戸時代には玉川など上水が多く整備された。

　東京都は世界文化遺産の「ル・コルビュジエの建築作品」が存在するが、世界自然遺産の小笠原諸島、東日本火山帯の旧富士火山帯の伊豆諸島など太平洋の広大な地域の諸島も含んでいる。自然公園はこれらの諸島が傑出している。江戸・東京は火災・地震・空襲などの災禍に見舞われてきたが、都市公園は首都にふさわしい新旧の優れた公園があり、庭園も江戸時代の上屋敷・下屋敷の地形を生かした庭園などが残っている。

凡例　圓 自然公園、都 都市公園・国民公園、庭 庭園

🔳 小笠原国立公園小笠原諸島 ＊世界遺産、天然記念物

　小笠原諸島は東京から南南東に約1,000km、沖縄本島とほぼ同緯度の太平洋に浮かぶ亜熱帯の火山の島々で、大型定期船で東京から約25時間かかる。北から聟島諸島、嫁島、父島列島、母島列島、火山列島と南北に連なり、西にはずれて海底火山活動で拡大中の西之島がある。すべて東京都小笠原村で、有人島は大きな父島と母島のみである。火山列島の南端の南硫黄島は元国立公園であったが、1975（昭和50）年、原生自然環境保全地域となって公園は解除された。2014（平成26）年の慶良間諸島国立公園誕生まで、陸域面積としては小笠原国立公園の6,629haが国立公園中最小であった。小笠原諸島は誕生時から孤立した海洋島で、独自の進化を示すことから、11（平成23）年、わが国4番目の世界自然遺産となった。

　世界的にめずらしい地形地質があり、父島では過去の海底火山のマグマが冷え固まり、隆起によって地表に現れた枕状溶岩が見られる。小笠原諸島の英語名はボニン・アイランズであるが、この地名からこの地の特殊な溶岩を「ボニナイト」（無人岩）と命名している。ボニンは「無人」であり、江戸時代、当地は「無人島」といわれた。「小笠原」は領土権主張のため無理にこじつけた発見者名である。1853（嘉永6）年、ペリー艦隊の黒船は浦賀来航の前に父島に寄っている。小笠原諸島の生物は独自の進化をとげた結果、固有種が多く、その割合は植物（維管束植物）36％、昆虫類28％、陸産貝類94％などとなっている。しかし、反面で人間の活動や外来生物や環境のわずかな変化に弱く、絶滅種や絶滅危惧種が多い。小笠原諸島で種の保存法の国内希少野生動植物種に指定され、保護増殖が図られている種としてオガサワラオオコウモリ、オガサワラシジミ、ムニンツツジ、ムニンノボタンなどがある。世界自然遺産登録時には外来生物のトカゲのグリーンアノールの駆除が問題となった。海域ではザトウクジラやイルカなどの海棲ほ乳類が見られ、ホエールウォッチングの自主ルールが定められている。サンゴ礁や熱帯魚などの海域公園地区は14地区に達している。小笠原国立公園は自然資源を守るために東京都が2002（平成14）年に利用を管理する入島制限制度を確立し、エコツアーで南島と母島石門で入島人数を制

限した。自然公園法も同年、入山制限などの利用調整地区制度を創設した。

𐤆 富士箱根伊豆国立公園伊豆諸島　＊天然記念物

　伊豆諸島は、伊豆半島の南西の太平洋の大島から八丈島などに連なる島々を指し、東日本火山帯の旧富士火山帯の東京都に属する8島の火山島が公園となっている。大島、利島、三宅島、御蔵島、八丈島は玄武岩質の粘性の低い溶岩を主とし、新島、式根島、神津島は流紋岩質の粘性の高い溶岩からなっている。大島の三原山と三宅島の雄山は今も活発に活動し、流れだした溶岩の新旧の跡が見られる。八丈島は二つの火山が合体した島である。御蔵島の海食崖の絶壁は高さ約480mに達し、わが国最大級である。大島の海浜植物群落は国の天然記念物になっている。

𐤆 明治の森高尾国定公園高尾山

　東京都心近郊に位置しながら豊かな森林を保っている公園であり、1967（昭和42）年、明治100年を記念して、大阪府の箕面とともに指定された。高尾陣馬都立自然公園の一部を昇格させたもので、面積777haと国立・国定公園中最小である。古くから薬王院有喜寺の修験道根本道場として、また、江戸時代は徳川幕府によって、明治時代は帝室御料林（皇室の森林）として、戦後は国有林として守られてきた。天狗信仰の霊山でもある。

𐤆 上野恩賜公園　＊世界遺産、重要文化財、登録記念物、日本の都市公園100選、日本の歴史公園100選

　東京都台東区、不忍池から上野山内一帯を占める上野恩賜公園（以下、上野公園）は、日本で最も古く、有名な公園の一つである。花見といえば、まず上野公園である。また、犬を連れた西郷隆盛の銅像や動物園のパンダは、本園の象徴的な存在として広く知られている。日本を代表する博物館や美術館が密集しており、一大文化ゾーンが形成されている。これらの文化施設には著名な建築家が手がけたものも多く、ル・コルビュジエが設計し1959（昭和34）年に開館した国立西洋美術館の本館は、2016（平成28）年7月に「ル・コルビュジエの建築作品－近代建築運動への顕著な貢献」の構成資産の一つとして世界文化遺産に登録された。

　そもそもこの地は江戸時代、東叡山寛永寺の境内であった。京都の鬼門である艮の方角（東北）には788（延暦7）年に比叡山延暦寺が建てられ、

千年の都を鎮護した。これに倣い東都も千年鎮護すべく、江戸城の艮の方角にある上野の山に、1625（寛永2）年東叡山寛永寺が建立されたのである。このように、寛永寺は呪術的情念により誕生した徳川家の霊廟であるが、同時に江戸を代表する花見の名所として広く知られ、春には大勢の花見客が集う賑やかな場でもあった。現在の上野公園に付随する花見の一大名所としての性格は、この寛永寺時代に由来する。徳川家は幕末、西郷らによって東都の主人たる地位を追われ、この地もまた戦場となり、寛永寺は灰燼に帰す。明治に入り、1876（明治9）年、旧寛永寺境内は、国内最初の公園「上野公園」として開放された。日本の公園制度の始まりである太政官布告に基づく公園のなかで、ここは唯一、府県ではなく内務省の直接の管轄下に置かれた、国家的性格の強い特別な存在であった。翌77（明治10）年の第1回内国勧業博覧会を皮切りに明治期に三度の大規模な博覧会会場となり、公園の形もこのような国家主導のイベント相応しい空間に構築された。これにより備わった西欧宮廷風の博物館建築と広々とした前庭、そこにいたる広幅員のアプローチからなる基本骨格は、1924（大正13）年に本園が宮内省から東京市（現東京都）に下付された際にも、後世に存続させることが条件として明記されており、以後も近現代を通して意識的に継承されていった。現在の上野公園には、このような特異な来歴がさまざまなかたちとなって積層しており、独特の深みのある風致が備わっている。

都 日比谷公園 ＊日本の都市公園100選、日本の歴史公園100選

　東京都千代田区、日本を代表するビジネス街である丸の内や、官公庁の集積地である霞が関に隣接した約17haの都会のオアシスである。この都市公園は、現代的なビル郡の只中にある貴重な緑のオープンスペースであるのみならず、非常に魅力的な歴史を内包する近代の造園遺産でもある。1889（明治22）年、日本初の都市計画である「東京市区改正設計」事業が始まった。この近代都市建設の一環として、新首都東京の中心部である日比谷練兵場跡地に、都市の顔となる「公園」を新設することが議決された。これが日比谷公園の始まりである。日本の公園制度は、すでに73（明治6）年に創設されていたが、その実態は江戸時代の寺社境内地や景勝地等の名所に公園の名を冠したものであった。そのため、西洋の諸都市に劣らぬ近代的な洋風公園を初めて創出しようと、九つもの案が作成され、8年間に

もおよぶ検討を重ねた末に、ようやく本多静六と助手の本郷高徳がドイツの最新の公園設計書を模範に描いた設計図が採用された。1903（明治36）年、開園した日比谷公園のニュースは日本初の大規模洋風公園の誕生として新聞のトップを飾り、これまでふれたことのないハイカラな雰囲気が多くの人々を惹きつけた。その後、日本各地の県庁所在地の中央公園もまた、この日比谷公園をモデルとしてつくられていった。涼しげな水しぶきを高々と上げる噴水、芝生を敷き詰めた広場、色とりどりの花が植え込まれた花壇、大きな緑陰をつくるイチョウ並木、運動場、野外音楽堂、洋風のレストラン等々、人々が自由に憩い、集い、楽しむための多様な施設が配された本園は、西洋都市に憧れた近代日本の人々の生活風景を今に伝えている。

都 国営昭和記念公園　　＊国営公園、日本の都市公園100選

　東京都の西部に広がる武蔵野台地の一角に、立川市と昭島をまたいで大規模な都市公園が存在する。それが、国営昭和記念公園である。この場所は戦前に立川飛行場が建設され、戦後米軍基地となっていたが、1973（昭和48）年に全面返還が決定された。これを受けて国は、昭和天皇在位50年記念事業として整備し、83（昭和58）年に約70haをもって第1期開園した。その後営々と施設整備が進められ、現在は計画総面積約180haのうち大半が開園している。メイン入口からは約200mのイチョウ並木とカナールが連なり、公園の中心には約11haの芝生広場が広がる。自由に入ることのできる巨大な芝生がまだめずらしかった時代に導入されたこの広大な原っぱには、1本の美しいケヤキの大木がどっしりと根を下ろし、本園のシンボルとなっている。この広場を中心に、四季の花々に彩られた園地は南北と東西に延びた長方形の敷地が大きなL字型をなし、南から北にかけて都市、里、野原、森へと自然の深まりを、東の入口から西にかけて文化施設、展示施設、水辺と都市生活と自然の理想的な出会いのさまざまな形を体験できるように工夫されている。「緑の回復と人間性の向上」という基本理念への需要がますます高まるなか、この場所は来園者を再創造する力であふれている。

庭 旧浜離宮庭園　　＊特別史跡、特別名勝、日本の歴史公園100選

　中央区の旧浜離宮庭園の場所は、江戸初期（17世紀初頭）には海浜で、

将軍家の狩猟場だった。1658（万治元）年に4代将軍徳川家綱が、ここを弟の甲府藩主徳川綱重に与えたことから、埋め立てられて下屋敷になった。綱重の子の綱豊が5代将軍綱吉の養子になり、6代将軍家宣になったために幕府の直轄地になって、建物や庭園が整備され「浜御殿」と改称された。

現在、園内の南側には「お伝い橋」がある大規模な園池（大泉水）があり、西側に新銭座鴨池、東側に庚申堂鴨池と横堀が存在している。以前は東南側からお台場や房総の山々、富士見山からは西方に富士山が望められたという。敷地北側には明治期に使用された延遼館の跡が残る。

旧浜離宮庭園の特色は、海岸を埋め立てて屋敷を造営したことから、海水を取り入れた「潮入りの庭」になっていることだった。池の島には中島の御茶屋（1983〈昭和58〉年の再建）が建てられ、そこに行くためにお伝い橋が架けられていて、それがこの園池の風情にもなっている。園池の周囲にも茶屋がいくつも建てられていたことから、2010（平成22）年に松の御茶屋、15（平成27）年には燕の御茶屋が復元されている。

浜御殿のもう一つ特色は、野生の鴨を捕るための猟場をこしらえていたことだった。1778（安永7）年に新銭座鴨池、91（寛政3）年に庚申堂鴨池が設けられている。鴨をおびき寄せるための引堀が、どちらも何カ所も掘られて、奇妙な形をした池になっている。11代家斉（1773〜1841）はしばしばここを訪れて、鴨池で狩猟を楽しんでいた。

12代家慶の時代になると、1853（嘉永6）年にペリーがアメリカの艦隊を率いて浦賀に入港したことから、浜御殿は城砦化していった。1848〜54年（嘉永年間）には南端に砲台が建設され、66（慶応2）年には海軍奉行の管轄になった。明治維新後には新政府に接収されて、70（明治3）年には宮内省の所管になって浜離宮と改められ、日本初の西洋風石造建築物とされる延遼館が迎賓館として利用された。関東大震災と第二次世界大戦で建物はすべて焼失して、1945（昭和20）年に東京都に移管され、浜離宮恩賜庭園と改称された。

庭 **小石川後楽園**　＊特別史跡、特別名勝、日本の歴史公園100選

文京区後楽1丁目にある東京ドームと小石川後楽園は、もとは一つの敷地だった。2代将軍徳川秀忠が1629（寛永6）年に、弟の水戸初代藩主徳川頼房に、会津藩蒲生忠郷の屋敷だったこの場所を与えたことから、水戸藩

の別邸が建てられている。当初の面積は76,689坪（約25ha）という広大なものだった。後楽園という名称は、中国・宋代の『岳陽楼記』の「天下楽しむ後に楽しむ」から命名されたという。

園内に入ると東京ドームが目障りになるが、広大な園池（大泉水）が広がっているので救われる。北側は築山的な丘陵があって、得仁堂や通天橋がある。この橋の下が大堰川で、その先の池に西湖の堤が設けられている。大泉水北側には白糸の滝や藤棚があり、奥に円月橋がある。南側の内庭と呼ばれている園池がある所は、昔は御殿が建っていた場所だった。

徳川頼房は後楽園をつくる際に、有職故実に詳しい徳大寺左兵衛に命じて、古木を切らずに地形の起伏にまかせて造営させたという。園池には神田上水を引き入れて、通天橋のそばにあった滝から落としていた。頼房の後を継いだ光圀は、中国・明から亡命してきた儒学者朱舜水（1600〜82）の影響をうけて、中国の風物を庭園に取り入れている。石造りの円月橋は朱舜水自身が設計しているが、現存する西湖の堤は渡辺幸庵という人物が、中国で見てきたとおりにつくり直している。

1703（元禄16）年に地震で大破したうえに、屋敷内からの出火で御殿は全焼してしまった。焼失以前の庭園内の状況について、俳人の榎本其角が『後楽園拝見の記』に、「棕櫚山、西行堂、桜の馬場、西湖、びいどろ茶屋、清水寺、孔子堂、唐橋、藤棚、八角堂、八橋、酒茶屋、福禄堂、長橋、竹生島」などがあったと書きとめている。焼失前作成の「水戸様江戸御屋敷御庭之図」には、園池に現在は存在しない53間（約106m）の橋が描かれているから、これが「長橋」になるのだろう。

日本の風景の細やかさを、築山、園池、流れのかたちでそのまま庭園に持ち込んだだけでなく、当時の人々の関心を引いていた日本や中国の文学や宗教、思想などを、建物や石造品を加えることで具現化したのが後楽園だったといえる。

庭 六義園　＊特別名勝、日本の歴史公園100選

柳沢吉保は5代将軍徳川綱吉の側用人になって、川越城主や甲府城主になり、最高位の老中にまで出世している。綱吉から1695（元禄8）年に拝領した駒込の地（文京区本駒込6丁目）に、吉保は7年半かけて庭園を造営している。当初の敷地面積は45,862坪（約15.2ha）だったが、後に56,000

坪（約18.6ha）に拡張された。現在は明治に削減されたために、3分の1ほどの面積になっている。

　吉保の文芸趣味が生かされて、著名な和歌や漢詩などから題材がとられ、園池、築山、石組、橋、流れ、四阿などに、景勝地として八十八境がつくられた。和歌の六つの良いとされる「六義」から、吉保は庭園を六義園と命名している。吉保の側室だった正親町町子の『松蔭日記』によれば、1702（元禄15）年の夏は工事の最終段階に入っていたが、吉保は政務が多忙だったために、作成させた庭の絵図を見ては家人を毎日のように行かせて、庭石や樹木の配置を指揮させている。諸方から名石・名木の寄贈があって、山をなすほどの庭石の運搬に往来は騒然としていたという。

　園池の南側は平坦だが、東岸から北岸、西岸にかけて二重、三重に築山を設けるという複雑な配置になっている。数多くの築山や入り江や流れを設けたために、このような構成になったようだ。当時の六義園の状況を描いた絵図を見ると、築山が目立っていて、植栽は数が少なく簡潔なものだった。各部分に名称を付けたことから、植栽を単純化することで八十八境を際立たせようとしたのだろう。自然的な景観を楽しむよりも、和歌や漢詩の中に遊ぶことを徹底したのが、六義園だったということになる。

　1878（明治11）年に岩崎弥太郎の別邸となり、弟の弥之助が86（明治19）年に改修を行い、数万本の樹木と各地の庭石を入れ、茶屋などを建てている。1938（昭和13）年に東京都に庭園が寄贈されたが、45（昭和20）年の空襲で心泉亭、滝見の茶屋、吟花亭、芦辺の茶屋などを失った。

庭 旧芝離宮庭園　＊名勝

　旧芝離宮庭園はJR浜松町駅北口からすぐの、港区海岸1丁目に位置している。小田原藩主大久保忠朝が、1678（延宝6）年に4代将軍徳川家綱から1万坪ほどの土地を与えられ、下屋敷として造営して庭園を楽寿園と命名したのが始まりだった。現在は海水は入っていないが、海岸に立地していることを生かして、海水を引き入れた「潮入りの庭」になっていた。

　中央の中島から横の小島には、引き潮の時に歩いて渡れるように、沢飛石が置かれていた跡が今も残っている。中島に通じる石橋は「西湖堤」と呼ばれているように、中国趣味を取り入れたものだった。護岸にはクロボク（溶岩）、築山には根府川石が使われているが、石の配置や組み方は絶妙

で、背後の高層ビルの圧迫に負けない造形力がある。

　1818（文政元）年に下総の佐倉藩主堀田氏の所有になったが、その後も所有者が変わり、75（明治8）年に皇室が買い上げて「芝離宮」と命名した。1924（大正13）年に東京市に寄付されたことから「旧芝離宮恩賜庭園」という名称になったが、30（昭和5）年に前面の海側が埋め立てられて、潮入りの庭でなくなってしまったのは残念なことだ。

庭 向島百花園　＊史跡、名勝

　墨田区東向島3丁目にある向島百花園は、東武スカイツリーラインの東向島駅ができて行きやすくなった。江戸後期には、花の見頃の時期に一般に庭園を公開して営業する所がいくつか出現しているが、向島百花園もその一つだった。1804（文化元）年に骨董商の北野屋平兵衛（菊塢）が、寺島村の3,000坪ほどの屋敷地を購入して梅園をつくったのが始まりだった。次第に人が来るようになってからは、「梅、山吹、牡丹、燕子花、芍薬、蓮、牽牛花、秋七草、萩」などの季節感が出る植物を植えて、将軍が訪れるまでになっている。1910（明治43）年の洪水で壊滅的打撃を受け、38（昭和13）年に東京市に寄付されたが、戦火で焼失して49（昭和24）年に復元された。

庭 旧古河氏庭園　＊名勝、日本の歴史公園100選

　北区西ヶ原1丁目にある旧古河氏庭園は、元は明治期に活躍した陸奥宗光の邸宅だった。ところが、息子の潤吉が足尾銅山の再開発で成功した古河市兵衛の養子になったために、1899（明治32）年頃に古河家の所有に変わった。武蔵野台地の端に位置することから、高台に英国人ジョサイア・コンドルの設計で、1917（大正6）年に洋館と整形花壇をもつ洋風庭園が設けられ、低地には19（大正8）年に、京都の小川治兵衛（植治）が和風庭園をつくっている。庭園の要所に巨大な燈籠や庭石を置いているのが、明治期らしい特色といえる。

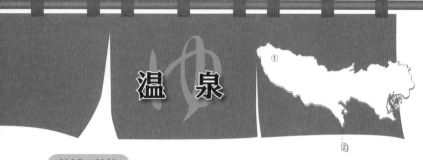

温　泉

地域の特性

　東京都は、日本の政治、経済、文化の中心地域であり、首都として国内はもちろん、世界各地からも多数の人々が来訪する国際都市である。中核をなす都心部は23の特別区に分けられており、その他は市町村で構成されている。東京都は面積では全国都道府県の45位であるが、人口は1,266万人（2011年）でトップであり、2位の神奈川県の890万人を大きく引き離している。東京23区のみで859万人を数え、神奈川県の人口に匹敵するほどである。

　1603（慶長8）年に徳川家康によって江戸幕府が開かれて以後、265年に及んだ幕藩体制が崩れて明治時代となった。西欧文明の導入によって急速な経済発展をとげ、今日の世界都市としての地位を築いた。江戸城跡の皇居をはじめ、都心の各所に歴史遺産や文化施設があり、渋谷、新宿、池袋、上野、浅草などは庶民のレジャーとショッピングの場、東京タワー、東京スカイツリーは大東京を俯瞰する展望所として国内外からの客を集めている。また、浅草の三社祭、鷲神社の酉の市や神田祭りなどは、江戸の文化を今に伝えている。

◆旧国名：武蔵、伊豆　都花：ソメイヨシノ　都鳥：ユリカモメ

温泉地の特色

　都内には宿泊施設のある温泉地が17カ所あり、源泉総数は162カ所である。25℃未満が70カ所で多く、25〜42℃未満が54カ所、42℃以上の高温泉が34カ所である。湧出量は意外に多く毎分2万7,000ℓであり、全国27位にランクされる。42℃以上の高温泉も60％を占めており、温泉を利用している銭湯もある。温泉資源としては温度、湯量ともに中位にあるが、年間延べ宿泊客数は26万人で、全国最下位の47位である。

主な温泉地

①奥多摩 <small>おくたま</small>　メタけい酸

　都西部、奥多摩町の山峡に、動力で温泉を汲み上げて利用している奥多摩温泉、氷川郷麻場の湯温泉、鶴の湯温泉があり、自噴では松乃温泉がある。泉質は奥多摩温泉がメタけい酸、その他が硫黄泉である。奥多摩温泉は9軒、鶴の湯温泉は6軒の宿泊施設へ配湯されていて温泉浴が楽しめる。近くに御岳山、奥多摩湖、日原鍾乳洞もあり、主に東京都内各地からのハイキング客などが訪れている。

交通：JR青梅線奥多摩駅、バス15分

②大島 <small>おおしま</small>　単純温泉、塩化物泉

　都南部、相模灘に浮かぶ大島町の宿泊施設のある温泉地は、大島、椿園、黒潮、御神火、御神火椿、平成の湯、為朝湯などで、それぞれ年間約1,500〜2万人の客を迎えている。泉質は単純温泉、塩化物泉などで、中心的な大島温泉は三原山の北側山腹にあり、80℃を超える高温泉が湧出している。また、ジャグジー、打たせ湯、サウナ、温泉プールなど各種温泉施設がある御神火温泉や、海浜の露天風呂で夕日を眺めながら入浴できる公共の浜の湯が整備されている。島を一周する道路の断面に火山噴火物が堆積した地層が観察でき、三原山の火口をのぞくこともできる。

交通：大島元町、バス20分

執筆者 / 出典一覧

※参考参照文献は紙面の都合上割愛
しましたので各出典をご覧ください

I 歴史の文化編

【遺　跡】　石神裕之　（京都芸術大学歴史遺産学科教授）『47都道府県・遺跡百科』(2018)

【国宝 / 重要文化財】　森本和男　（歴史家）『47都道府県・国宝 / 重要文化財百科』(2018)

【城　郭】　西ヶ谷恭弘　（日本城郭史学会代表）『47都道府県・城郭百科』(2022)

【戦国大名】　森岡浩　（姓氏研究家）『47都道府県・戦国大名百科』(2023)

【名門 / 名家】　森岡浩　（姓氏研究家）『47都道府県・名門 / 名家百科』(2020)

【博物館】　草刈清人　（ミュージアム・フリーター）・可児光生　（美濃加茂市民ミュージアム館長）・坂本昇　（伊丹市昆虫館館長）・髙田浩二　（元海の中道海洋生態科学館館長）『47都道府県・博物館百科』(2022)

【名　字】　森岡浩　（姓氏研究家）『47都道府県・名字百科』(2019)

II 食の文化編

【米 / 雑穀】　井上繁　（日本経済新聞社社友）『47都道府県・米 / 雑穀百科』(2017)

【こなもの】　成瀬宇平　（鎌倉女子大学名誉教授）『47都道府県・こなもの食文化百科』(2012)

【くだもの】　井上繁　（日本経済新聞社社友）『47都道府県・くだもの百科』(2017)

【魚　食】　成瀬宇平　（鎌倉女子大学名誉教授）『47都道府県・魚食文化百科』(2011)

【肉　食】　成瀬宇平　（鎌倉女子大学名誉教授）・横山次郎　（日本農産工業株式会社）『47都道府県・肉食文化百科』(2015)

【地　鶏】　成瀬宇平　（鎌倉女子大学名誉教授）・横山次郎　（日本農産工業株式会社）『47都道府県・地鶏百科』(2014)

【汁　物】　野﨑洋光　（元「分とく山」総料理長）・成瀬宇平　（鎌倉女子大学名誉教授）『47都道府県・汁物百科』(2015)

【伝統調味料】　成瀬宇平　（鎌倉女子大学名誉教授）『47都道府県・伝統調味料百科』(2013)

【発　酵】　北本勝ひこ　（日本薬科大学特任教授）『47都道府県・発酵文化百科』(2021)

【和菓子 / 郷土菓子】 亀井千歩子 （日本地域文化研究所代表）『47都道府県・和菓子 / 郷土菓子百科』(2016)

【乾物 / 干物】 星名桂治 （日本かんぶつ協会シニアアドバイザー)『47都道府県・乾物 / 干物百科』(2017)

Ⅲ　営みの文化編

【伝統行事】 神崎宣武 （民俗学者)『47都道府県・伝統行事百科』(2012)

【寺社信仰】 中山和久 （人間総合科学大学人間科学部教授)『47都道府県・寺社信仰百科』(2017)

【伝統工芸】 関根由子・指田京子・佐々木千雅子 （和くらし・くらぶ)『47都道府県・伝統工芸百科』(2021)

【民　話】 立石展大 （高千穂大学人間科学部教授) / 花部英雄・小堀光夫編『47都道府県・民話百科』(2019)

【妖怪伝承】 飯倉義之 （國學院大學文学部准教授) / 飯倉義之・香川雅信編、常光 徹・小松和彦監修『47都道府県・妖怪伝承百科』(2017)イラスト◎東雲騎人

【高校野球】 森岡 浩 （姓氏研究家)『47都道府県・高校野球百科』(2021)

【やきもの】 神崎宣武 （民俗学者)『47都道府県・やきもの百科』(2021)

Ⅳ　風景の文化編

【地名由来】 谷川彰英 （筑波大学名誉教授)『47都道府県・地名由来百科』(2015)

【商店街】 杉山伸一 （大阪学院大学教育開発支援センター准教授) / 正木久仁・杉山伸一編著『47都道府県・商店街百科』(2019)

【花風景】 西田正憲 （奈良県立大学名誉教授)『47都道府県・花風景百科』(2019)

【公園 / 庭園】 西田正憲 （奈良県立大学名誉教授)・飛田範夫 （庭園史研究家)・井原 緑 （奈良県立大学地域創造学部教授)・黒田乃生 （筑波大学芸術系教授)『47都道府県・公園 / 庭園百科』(2017)

【温　泉】 山村順次 （元城西国際大学観光学部教授)『47都道府県・温泉百科』(2015)

索　引

47都道府県ご当地文化百科・東京都

　　　　　　　　　　　　令和6年7月30日　発　行

編　者　丸　善　出　版

発行者　池　田　和　博

発行所　丸善出版株式会社
　　　　〒101-0051 東京都千代田区神田神保町二丁目17番
　　　　編集：電話（03）3512-3264／FAX（03）3512-3272
　　　　営業：電話（03）3512-3256／FAX（03）3512-3270
　　　　https://www.maruzen-publishing.co.jp

組版印刷・富士美術印刷株式会社／製本・株式会社 松岳社

ISBN 978-4-621-30936-0　 C 0525　　　　　　　Printed in Japan